新时代大学生思想政治教育理论与实践研究

马晓燕　乌　亮　崔安琪◎著

线装书局

图书在版编目（CIP）数据

新时代大学生思想政治教育理论与实践研究 / 马晓燕，乌亮，崔安琪著. -- 北京：线装书局，2024.3
ISBN 978-7-5120-6022-7

I. ①新… II. ①马… ②乌… ③崔… III. ①大学生－思想政治教育－研究－中国 IV. ①G641

中国国家版本馆 CIP 数据核字(2024)第 060115 号

新时代大学生思想政治教育理论与实践研究
XINSHIDAI DAXUESHENG SIXIANG ZHENGZHI JIAOYU LILUN YU SHIJIAN YANJIU

作　　者：	马晓燕　乌　亮　崔安琪
责任编辑：	白　晨
出版发行：	线装书局
地　　址：	北京市丰台区方庄日月天地大厦 B 座 17 层（100078）
电　　话：	010-58077126（发行部）010-58076938（总编室）
网　　址：	www.zgxzsj.com
经　　销：	新华书店
印　　制：	三河市腾飞印务有限公司
开　　本：	787mm×1092mm　　1/16
印　　张：	13.75
字　　数：	310 千字
印　　次：	2025 年 1 月第 1 版第 1 次印刷

定　　价：68.00 元

前　言

"青年兴则国家兴，青年强则国家强。"大学生是祖国的希望与未来，其思想政治素质如何，将决定中国特色社会主义能否顺利推进。习近平总书记在十九大报告中指出："中国特色社会主义进入了新时代，这是我国发展新的历史方位。"面对这一新的历史方位，我国的时代特点也随之发生改变，大学生作为思想政治教育的受教育者，正处于思想观念、价值观日趋成熟的阶段，时代特点必然会向大学生提出新要求、赋予新使命，给大学生思想政治教育带来机遇，同时也不可避免地给大学生思想政治教育带来新问题。因此，在社会经济飞速发展的今天，提高大学生思想政治水平和道德水平，让大学生自觉承担起建设中国特色社会主义的重要责任，已成为新时代的一项重要课题。

高校大学生思想政治教育实践与思想政治理论教育是加强和改进大学生思想政治教育的两个重要环节，前者是主阵地，后者是主渠道，两者各有侧重，互相结合，共同构成了高校大学生思想政治教育的体系。大学生思想政治教育关系到我国人才培养的质量和方向，但传统大学生思想政治教育方法与现代社会发展差距不断扩大，使高校思想政治教育达不到应有的效果，因此方法的创新势在必行。针对这一情况，本书根据当代大学生的思想特点，以增强大学生思想政治教育实效性为核心目标，探究符合大学生思想心理发展特点与教育内容要求的操作性强、针对性强、实效性强的大学生思想政治教育新方法。在此基础上，本书一并对大学生思想政治教育方法的创新性问题做了介绍，为提高大学生的综合素质提供些许参考。

全书共计八个章节，第一章是新时代大学生思想政治教育，主要内容有：大学生思想政治教育的内涵、指导思想和基本原则、价值以及教育的环境；第二章为高校思想政治教育面临的机遇与挑战，主要内容有：高校思想政治教育面临的新机遇、新挑战；第三章讨论了新时代大学生思想政治教育对象的特点，主要内容有：新时代大学生的思想特性、行为特点以及成长规律；第四章分析了新时代思想政治育人体系建设研究，主要内容有：高校思政育人体系概述、高校思政育人工作的理论基础与政策依据以及高校思政育人体系建设的时代特征与价值；第五章研究了新时代大学生思想政治教育与心理健康教育融合实践研究，主要内容有：大学生思想政治教育与心理健康教育的概述、大学生思想政治教育与人文关怀以及大学生思想政治教育与心理健康教育的有效结合；第六章是新时代大学生思想政治教育与新媒体融合实践研究，主要内容有：新媒体时代大学生思想政治教育概述、大学生网络思想政治教育以及新媒体与思想政治教育相结合的实践探索；第七章为新时代大学生思想政治教育与素质教育融合实践研究,主要内容有:大学生文化素质教育概述、高校校园文化与思想政治教育以及大学生思想政治教育中的文化建设;第八章探索了新时代大学生思想政治教育与创新创业教育融合实践研究,主要内容有:思想政治教育与创新工作融合的基本问题、地方高等院校开展中国近现代史纲要课程的创新探索、开设思想政治理论课选修课的创新探索以及思想政治教育融入工匠精神和创新人才培养工作的探索。

在编写过程中,我们既对前辈学者的研究成果有所参考和借鉴,也注重将自身的研究成果充实于其中。尽管如此,囿于编者学识眼界,本书瑕疵之处难以避免,切望同行专家及读者提出批评意见。

本书可作为在高等学校从事学生工作特别是思想政治理论教育工作的相关教师参考使用,也可供相关科研管理人员参考,以及作为思想政治教育专业学生教学用书。

编委会

肖希蓉　梁　爽　邵诗桓
张春丽　张　笛　岳　静
李德良　于小英　郁　杨
包瑞江　蔡　飞　赵文文
张　敏　张金果　韩　东
杨徐飞　曾　玲　周玉霞
付　瑶

内容简介

本书立足于新时代习近平总书记对教育的主要论述,以立德树人为根本目标,落实新时代党和国家的教育政策。在此基础上,较为详细地介绍了在新时代大学生思想政治教育的相关理论及实践研究,为当前大学生思想政治教育工作开展提供有益的指南。本书既有较深厚的理论基础,为读者提供理论的指引;又有实践的方法路径,为读者提供具体的工作参考,展现新时代大学生思想政治教育工作的方方面面。本书紧扣高校立德树人的主题,回答育人三问,具有时代性、理论性和实践性的特点,兼顾理论和实践,具有深度也具有温度,能成为大学生思想政治教育一线工作者的案边书。

目 录

第一章 新时代大学生思想政治教育 ……………………………………（1）
    第一节 大学生思想政治教育的内涵 ……………………………（1）
    第二节 大学生思想政治教育指导思想和基本原则 ……………（8）
    第三节 大学生思想政治教育的价值 ……………………………（12）
    第四节 大学生思想政治教育的环境 ……………………………（20）

第二章 高校思想政治教育面临的机遇与挑战 …………………………（25）
    第一节 高校思想政治教育面临的新机遇 ………………………（25）
    第二节 高校思想政治教育面临的新挑战 ………………………（34）

第三章 新时代大学生思想政治教育对象的特点 ………………………（45）
    第一节 新时代大学生的思想特性 ………………………………（45）
    第二节 新时代大学生的行为特点 ………………………………（49）
    第三节 新时代大学生的成长规律 ………………………………（52）

第四章 新时代思想政治育人体系建设研究 ……………………………（60）
    第一节 高校思政育人体系概述 …………………………………（60）
    第二节 高校思政育人工作的理论基础与政策依据 ……………（67）
    第三节 高校思政育人体系建设的时代特征与价值 ……………（72）

第五章 新时代大学生思想政治教育与心理健康教育融合实践研究 …（80）
    第一节 大学生思想政治教育与心理健康教育的概述 …………（80）
    第二节 大学生思想政治教育与人文关怀 ………………………（90）
    第三节 大学生思想政治教育与心理健康教育的有效结合 …（100）

第六章 新时代大学生思想政治教育与新媒体融合实践研究 ………（103）
    第一节 新媒体时代大学生思想政治教育概述 ………………（103）
    第二节 新媒体环境下高校思想政治教育的实践探索 ………（115）
    第三节 新媒体时代高校思想政治教育的话语变革 …………（134）

第七章 新时代大学生思想政治教育与素质教育融合实践研究 ……（164）

第一节　大学生文化素质教育概述 …………………………………（164）
第二节　高校校园文化与思想政治教育……………………………（165）
第三节　大学生思想政治教育中的文化建设………………………（174）

第八章　新时代大学生思想政治教育与创新创业教育融合实践研究 …………（181）
第一节　思想政治教育与创新工作融合的基本问题………………（181）
第二节　地方高等院校开展中国近现代史纲要课程的创新探索…（183）
第三节　开设思想政治理论课选修课的创新探索…………………（194）
第四节　思想政治教育融入工匠精神和创新人才培养工作的探索…（203）

参考文献 ……………………………………………………………（207）

第一章　新时代大学生思想政治教育

新时代大学生思想政治教育的基本理论中涉及大学生思想政治教育内涵、特点、价值等内容。通过对新时代大学生思想政治教育的基本理论的剖析，从学理层次认识和解读大学生思想政治教育，引领大学生思想政治教育的实践工作。

第一节　大学生思想政治教育的内涵

一、大学生思想政治教育的含义

在当前时代发展环境不断变化的前提下，如何理解大学生思想政治教育的首要问题就是要从基础的概念出发，分析其基本的内涵。同时还要加深对基本目标、主要内容以及如何实现的途径等方面的理解。

（一）思想政治教育与大学生思想政治教育

思想政治教育的范畴与大学生思想政治教育的范畴有不同的界定，思想政治教育的含义大于大学生思想政治教育的应有之意。大学生思想政治教育针对特定的大学生群体，具有更为明确的主体对象。

1.思想政治教育概念的界定

从现有的研究成果来看，张耀灿对"思想政治教育"所做出的解释和界定得到理论界的普遍认同。思想政治教育是指一定的阶级、政党、社会群体遵循人们思想品德所形成发展的规律，用一定的思想观念、政治观点、道德规范，对其成员施加的有目的、有计划、有组织的影响，并使其形成符合一定社会、一定阶级所需要的思想品德的社会实践活动。①这一论述为学者们提供了重要的学术参考和研究方向。

本章通过整合众多学者的观点，结合时代的发展特征，提炼和升华不同学者观点中的核心点和共通点，既要突显政治教育的重要性，也应达到内化于心的效果，从而才能有效扩充这个富含历史性和时代性的概念的内容。思想政治教育是指一定的阶级、政党、社会群体为达到自己的政治目的，受社会政治、社会经济、社会文化的制约和影响，在遵循人们思想品德形成发展规律的同时，通过一定的基础性、主导性和拓展性内容的思想对其所有社会成员施加有目的、有计划、有组织的意识形态影响，实现以政治教育为主导，兼具思想观念、政治观点、道德规范、心理综合教育等，使其接受并内化的一种社会实践活动。思想政治教育，从实质上讲就是对个体实际需要和社会发展需求的满足，它以人为主要载体和实践对象，分层、分阶段进行有目标、有计划的实现满足人的各种需要的教育实践活动。

2.大学生思想政治教育

大学生思想政治教育就是以大学生为主体开展的教育实践活动，有特定的主体对象、要素内涵和方法路径。这个概念的关键词是大学生和思想政治教育，二者综合为一个独特的教育实践。大学生主要是以高等院校的学生为特定的教育主体和教育对象。这一群体个体意识发展阶段中处于青年初期水平，有这个阶段独特的个体思想特点、情感特点、行为特点，在教育过程中必须遵循相应的规律。同时还要结合当前国家和政党人才培养的需求，以立德树人为中心任务。大学生思想政治教育的目标就是要培养社会主义的建设者和接班人，要学习党史、新中国史、改革开放史、社会主义发展史，要提升道德修养和综合素质。可以说，大学生思想政治教育是指，高校以马克思主义理论为指导，根据社会发展需求和自身发展需要，在适应社会发展脚步、满足社会发展需求、获取社会发展反馈的过程中，通过理论学习和实践锻炼等多种方法，让大学生学习、理解、接受、内化、实践党的路线方针政策，保证思想政治教育的延续性和有效性。

思想政治理论课和日常思想政治教育是主阵地和主渠道。主阵地是课堂，有思政课程和课程思政，在课堂上无论是思想政治理论课教师、哲学社会科学教师还是其他课程教师都应当通过课堂教授党的理论、传递正能量。从而从思想上引领学生形成正确的世界观、人生观和价值观，自觉抵制错误思潮。主渠道是日常思想政治教育，包括辅导员工作、学生党团活动、第二课堂活动等，实现思想政

---

① 张耀灿等.现代思想政治教育学［M］.北京：人民出版社，2006：50.

治教育全过程的全覆盖，在空间上包括校内外的场所，在时间上包括课堂内外的时间。大学生接受的思想引领是一致的，没有出现消解和消耗，让教育能够持续发挥作用。

目前，马克思主义信仰火种已经在中国大地生根发芽，中国正朝着第二个目标奋进。面对两个伟大变局，面对高速发展的列车，坚持党的领导是核心保证，高校始终坚持社会主义办学方针，擦亮鲜明的底色，应当始终坚定不移地以马克思主义为指导，至死不渝地以发展马克思主义为己任。培养有志气有骨气有底气的新时代青年，让青年成为中华民族伟大复兴事业的继承人。在此前提下，青年大学生从最初的感知表象逐渐过渡到理解本质，青年大学生正确理解和感悟真学真懂真信，进而在认知的层面上逐渐形成和保持一致，认识"成为什么人"的问题，在身心认同的基础上继而接受用唯物主义辩证法思考问题、解决问题，最终从被动接受转化成自己内心的信仰，并用行动践行理论。

（二）大学生思想政治教育的内涵

目标是导向和引领，有了目标才能让工作具有明确的方向，指导具体的行动。大学生思想政治教育的目标就是解决"为谁培养人，培养什么人，怎样培养人"的问题，厘清这一问题指导教育实践，为党育人、为国育才。

1.新时代大学生思想政治教育的基本目标

高等教育坚持的原则是保持社会主义办学的方向，全面落实人才培养坚持党的领导，不能有丝毫的懈怠和变通。在大船行驶过程中不能偏航、不能抛锚，遇到狂风暴雨保持清醒的定力和良好的工作方法，闯过风雨就会迎接目标的实现。根本是立德树人，十年树木百年树人，通过思想政治教育让党的理论方针政策路线得到广大青年的认可和拥护，让青年树立崇高的理想，在政治观点、道德要求等方面都能适应社会发展的需求，并为社会发展作出自己应有的贡献。每一代人都有自己的使命和责任，新时代青年就是中华民族伟大复兴的重要力量，青年强则国强。

2.新时代大学生思想政治教育的主要平台和实现路径

大学生思想政治教育活动的开展有丰富的平台，思政课程、课程思政、哲学社会科学课程、社团活动等，构建了系统、整合、完善的教育体系，提供思想政治教育的理论灌输与实践引导。

（1）新时代大学生思想政治理论教育的主要平台。新时代大学生思想政治理论教育的核心要点在于落实思想理论教育和完成价值引领，它的主要内容及实现途径主要体现在以下四个方面。

思想政治理论课的主渠道。高校思想政治理论课是大学生在校接受教育过程中的必修课程,是高校思政老师一直在不断探索和追求的事业。通过小课堂讲出大道理,用中国共产党百年历史和伟大的实践感染学生,用先进典型事例打动学生和激发学生。如2021年"七一勋章"的获得者,《谁是最可爱的人》原型之一柴云振;解放战争时期支前英模的杰出代表,闻名全国的"渡江英雄"马毛姐;战功赫赫的百战老兵,出生入死、英勇杀敌,离休后倾心传播红色革命基因的王占山;荣获"抗美援朝一级战士荣誉勋章"、永葆革命本色的战斗功臣孙景坤;首次提出"回收卫星"概念,为"两弹一星"工程及航天重大工程建设作出卓越贡献的陆元九等,他们的事迹都是生动的教科书。持续推动高校思想政治理论课建设体系创新,进一步建设教师队伍,提升教师综合素质,优化创新教学的方式方法,优化课程设置,提高思政课堂的影响力,让大学生在课堂上抬头听讲、低头做笔记,用丰富的形式串起厚重的理论。

开展形势政策教育。通过课堂学习和贯彻落实习近平总书记最新讲话精神,紧密结合国际国内形势变化深度解读世情国情党情,有理有据有效地回应学生关注的热点问题、难点问题,在双向对话中完成教育目标。及时、准确、深入地推动习近平新时代中国特色社会主义思想走进教材、走进课堂、走进学生头脑,帮助大学生正确认识国际国内形势,引导大学生准确理解政治理论创新的最新成果、新时代坚持和发展中国特色社会主义的伟大实践,牢固树立"四个意识",还要把坚定"四个自信"贯穿思政课教学的全过程,培养学生的时代使命感、引导学生树立远大理想,使学生能够成为担当中华民族复兴大任的时代新人。

发挥哲学社会科学的优势。哲学社会科学大部分学科具有鲜明的意识形态属性,各学科都要结合学科特点,深入挖掘党史、新中国史、改革开放史、社会主义发展史等内容,实现有机融合。其次在教学过程中应该充分贯彻落实习近平新时代中国特色社会主义思想,推进习近平新时代中国特色社会主义思想进课程进教材,不断丰富学习内容,增强可行性与可学性。然后还要发扬理论联系实际的精神,围绕大学生普遍关注的国家社会重大问题、自身发展的具体问题,在真问题上实现理论与实践的双重互动,帮助大学生构建科学的理论基础、坚定正确的政治方向、形成并强化观察和思辨的能力,引导学生在学思践悟中坚定理想信念,在奋发有为中践行初心使命,不断增强历史定力、锤炼历史思维。

创新课程思政。各学科的专业课程围绕自身特点与习近平新时代中国特色社会主义思想的相关内容有效衔接与有机融合。专业课程中的许多问题是可以和中国发展、中国共产党的历程等内容有机结合的。以经济学类课程为例,中国近代经济发展,尤其是社会主义建设、改革开放、全面建成小康社会,就是一部非常厚重的经济发展史,理论与实践紧密结合的经济实践史。讲透计划经济到市场经济的过渡,政治与经济的关系等问题,就能够让广大青年看到百年来中国经济发展离不开中国共产党的坚强领导。课程思政的创新通过教学目标、内容大纲、案例设计等让专业课润物细无声，同心同向培养人。

（2）新时代大学生日常思想政治教育的主要实现途径。随着时代社会的发展需求和大学生自身发展成长的需要不断扩大，大学生思想政治教育实现途径主要体现在以下四个方面。

加强理想信念教育，教育引导学生全面系统地学习马克思列宁主义、毛泽东思想、"三个代表"重要思想、科学发展观、习近平新时代中国特色社会主义思想。通过学习原著、原理，回到原点，认识理论产生的时代背景、现实意义。用科学的理论武装头脑，引领实践。大学生要增强做中国人的志气、骨气、底气，不负时代、不负韶华、不负党和国家的殷切希望，才能成长为担当民族复兴大任的时代新人。

加强国家安全教育、国家意识教育，加强民族团结进步教育、社会责任意识教育，加强法治意识教育、国家科学精神教育，以诚信教育为基础和根本，加强广大青年学生社会公德、家庭美德、个人品德、职业道德教育。认识到两个伟大变局，世界除了和平也存在局部的战争，意识形态领域的斗争从未结束，外部环境、内部环境都面临挑战。引导广大青年学生增强"四个意识"、坚定"四个自信"。

弘扬中华优秀传统文化。中华文明源远流长，中华民族有许多千年来形成的优秀品质，尤其是近代以来中华民族面对列强的侵略，中国共产党引领中国人民在探索新的道路上形成了许多伟大精神。以伟大建党精神统领的精神谱系是最好的教育资源。利用我国重大历史事件纪念活动、爱国主义教育基地、改革发展的伟大成就、国家公祭仪式等鲜活文化载体来组织开展主题教育，使学生更能感同身受、身体力行。

党团建设及活动开展。党支部是最基层的党组织，是党的战斗堡垒。通过党员的学习活动、主题活动等，入党积极分子、预备党员能够对党组织产生归属感、认同感。各学生组织开展活动也是进行思想政治教育延伸的重要渠道，通过贴近大学生的实际需求，用创新的方式开展活动。如网络思想政治教育活动中，共青团中央在哔哩哔哩网有828万粉丝，获赞1.5亿次，播放量15.5亿次，阅读数1680.9万次。哔哩哔哩网是中国年轻人的网络聚集地，具有学习、娱乐等一系列功能，深受年轻人的青睐。

二、大学生思想政治教育的特点

在具体的大学生思想政治教育工作中，将大学生群体的特有性作为工作的起点，全面遵循教育规律，准确设置最高目标、中级目标和基本目标，从而保证工作的实效性和有效性。

1.时代性与民族性相结合

时代精神和民族精神皆是大学生思想政治教育的重要内容，而时代性与民族性的结合也是其首要的特点。时代性是当下的国际国内社会发展情况的具体体现，民族性是民族精神的赓续，具有民族发展历程中独特的基因密码。首先，大学生思想政治教育活动始终与时代发展保持着紧密联系。当今时代飞速发展，各类新事物不断涌现，当下的大学生们自信、好强、好奇、好动手，他们拥有充分的动机和浓厚的兴趣去面对处于雏形的新事物或已然发展的新事物，并且对新事物抱以足够的容纳度。在新的历史时期，2021年7月1日，中国共产党成立100周年庆祝大会上，习近平总书记庄严宣告，"我们实现了第一个百年奋斗目标，在中华大地上全面建成了小康社会，历史性地解决了绝对贫困问题，正在意气风发向着全面建成社会主义现代化强国的第二个百年奋斗目标迈进"。这就是我们当前最大的时代特点，中国社会主要矛盾已经发生转变，社会物质条件不断丰富，精神文明建设也在进一步发展过程中。同时国际形势中仍存在不稳定的因素，意识形态领域斗争仍然相当激烈。物质发展过程中，新时代青年的思想特点、价值观念等都有变化，呈现出新的时代特点。马克思主义中国化的进程也就是将马克思主义根植于中国的优秀文化之中并不断融合、发展和创新的过程。中华民族几千年来沉淀的优秀品质和基因密码在新的时代仍然显现出生命力。中华民族共同体的民族性在新的历史时期仍然是追求中华民族伟大复兴的精神内核。以2021年9月1日开学第一课为例，三代人守护祖国边疆的壮美故事就是一种民族精神的传承，历代中国航天人追求飞天梦想从无到有的不懈追求都是民族精神最好的例证。

2.综合性与生动性相结合

思想政治教育是一个系统活动，包含着大中小学教育活动的衔接，以及社会思想政治工作。而大学生思想政治教育同样具有场域性、内容性的整合，并非一个独立的活动，而是综合性的系统工程。大学生是一个特殊的学生群体，从低年级到高年级处于不同成长阶段的大学生都有大大小小、不尽相同的发展需求和成长需要，如低年级时有选择专业、恋爱交往的困扰等诸多问题，而在高年级时则对就业升学、未来发展等有着不同程度的困惑，这些具体的看似微不足道的日常问题实际上都会影响学生们当下或未来的发展。这些问题普遍存在且具有一定的共通性，但对不同学生而言这些问题的侧重点可能并不相同，比如学生之间存在着个体差异性、专业的不一致性、性格类型不同等千差万别，呈现出共性与个性、普遍性与特殊性的关系。大学生思想政治教育工作就是要从学生的具体实际出发，根据学生的具体需求，以学生的终身发展为落脚点，针对性地解决各种学生关心的实际问题，只有具体的生动的教育形式和教育实践活动才能让学生真正拥有获得感和满足感，也只有这样，思想政治教育的价值才能真正得以实现。

生动性是思想政治教育活动贴近学生实际产生的情感共鸣，贴合新的事实、新的情况、新时代的青年。2018年是00后学生普遍进入高校学习的第一年，这些出生在21世纪、成长在21世纪的大学生在思想上、行为特点上有别于80后、90后，他们朝气蓬勃、开放自信，与网络世界深层次接触，知识面宽广、思维活跃、敢于尝试未知领域和新鲜事物，具有较强的正义感，但也存在以自我为中心、眼高手低的现象，抗挫折能力弱。同时，他们的价值观还处于雏形或待成熟的发展过程中，心智尚未成熟，对社会事件、网络信息的甄别能力还有待提高，对典型事件较为敏感，敢于发表自己的看法。面对纷繁复杂、思想文化多元的互联网世界，00后大学生更容易受到网络社交平台各种新闻事件、各类信息的影响，这给高校思想政治教育工作带来了新的任务和挑战。丰富多样的网络文化平台、网络社交平台、网络游戏使学生们的思维习惯、生活习惯、语言习惯更加个性化，他们渴望表现出成熟的特点，却又常常眼高手低、纸上谈兵。升入大学后，很多"00后"大学生很难快速适应高校的学习生活节奏，得不到周围同学老师们的认可，无法找到高效的且适合自己的学习方式，生活自理自律较差，也不太能适应集体生活，进而依赖、沉迷于网络，逐渐与现实脱节。很多"00后"大学生具有盲目自信的心理状态，喜欢冒险，企图通过尝试标新立异获得成就感，渴望被人关注和认同，但同时抗挫折能力较弱，由于成长过程中顺境远多于逆境，表扬多于责备，一旦遇到挫折就会茫然慌乱、束手无策，害怕被人冷落。在日常学习方面，由于个人思维经常被虚拟世界占据，一部分学生呈现出明显的趋避冲突的心态，因此对网络虚拟世界和现实学习生活两者分配的时间和精力就出现了较大的偏差，趋向网络虚拟世界而规避现实学习生活，从而造成主动学习动力不足，平均成绩下降，不及格率升高。这就要求新时代大学生思想政治教育活动既要生动有趣又得以理服人，既要重视课堂教学入脑入心又要有意识地引导大学生积极主动参与社会实践锻炼。显然，新时期下的思想政治教育更加微观、更加贴切日常、更加集中于学生本身，因而应当常态化地将思想政治教育贯穿于大学生学习、生活等各个方面，以更好地满足当下的发展需求以及学生的发展需要。

3.历史性、现实性与理想性相结合

新时代大学生思想政治教育活动有历史性、现实性、理想性结合的特点。出于历史与现实的原因，大学生缺乏社会经验、社会阅历较少、历史沉淀文化积累不足，但他们拥有青春年少的绝对优势，对自己所处社会的历史文化表现出浓厚的兴趣，并积极主动地去了解去践行，同时希冀自己能深深植根于民族文化之中、能为民族文化发展添砖加瓦。但是，他们也常会感到迷茫与困惑，对现实社会中出现的各种现象、社会新闻事件异常关注和敏感，想要去了解、探索和研究，也会经常提出各种问题、各类矛盾，希望得到权威的解答。因此，大学生思想政治教育必须紧密联系学生的思想、学习、生活等具体实际，及时为学生们答疑解惑，解除他们成长过程中的各类困扰，在工作中把解决思想困惑和生活实际相结合起来，指引他们顺利健康快乐地成长。另外，大学生朝气蓬勃、对未来抱有期待、对个人的未来发展有憧憬，思想政治教育必须结合学生的具体实际，引导他们走往正确的方向和进行合理的价值选择，树立远大的理想信念并脚踏实地、刻苦肯干。大学生思想政治教育的历史性、现实性与理想性，是相互贯通、互相转化的。

习近平总书记曾指出全党要关心和爱护青年，因为青年是未来的人才，是历史重任的继承者。要让大学生思想政治教育在青年全面健康成长的过程中发挥极其重要的作用。对于"00后"的大学生，除了创新方法外，继承理论的运用也非常有必要。思想政治教育随着时代的发展和学生情况的发展要不断做出调整，要做到实事求是、与时俱进，不断改革和创新，为新时代高校人才培养、国家综合实力不断提高、实现"第二个百年"目标、实现中华民族伟大复兴的中国梦贡献积极的力量。

第二节 大学生思想政治教育指导思想和基本原则

进入新时代以来，党中央高度重视思想政治工作，尤其是为新时代大学生的思想政治教育工作。开展大学生思想政治教育工作首先就要明确指导思想和基本原则，正确的指导思想和原则是准确回答新时代培养什么样的大学生、如何培养以及为谁培养的根本性问题，也是思想政治教育在实践中能够取得良好效果的前提条件。

一、大学生思想政治教育的指导思想

经过百年的发展历程，思想政治工作已经成为中国共产党的优良传统和政治优势，历届党的领导人给予了思想政治工作高度重视，特别是对大学生的思想政治工作。进入新时代，面临新的发展形势，高校思想政治工作已经成为一项复杂严峻的工程。这项工程不仅涉及了高校领导班子的交替，还影响着培养中国特色社会主义事业接班人的工作。

1.坚持马克思列宁主义及其中国化成果

2004年10月14日，中共中央、国务院发布《关于进一步加强和改进大学生思想政治教育的意见》，明确指出加强和改进大学生思想政治教育的指导思想为："坚持以马克思列宁主义、毛泽东思想、邓小平理论和'三个代表'重要思想为指导……培养德智体美全面发展的社会主义合格建设者和可靠接班人。"正是在这一

正确指导思想的指引下,提出了加强和改进大学生思想政治教育的六大基本原则:一是教书与育人相结合;二是坚持教育与自我教育相结合;三是坚持政治理论教育与社会实践相结合;四是坚持解决思想问题与解决实际问题相结合;五是坚持教育与管理相结合;六是坚持优良传统与改进创新相结合。这些指导思想和基本原则提出至今已经有近20年的时间,但并不意味着这些思想和原则已经过时,它们仍然在目前的大学生思想政治教育中发挥着重要指导作用。此后党中央和国务院多次就思想政治工作发表相关意见,这些意见大多是从宏观层面进行阐释,引导思想政治教育工作的发展。

2017年2月27日,中共中央、国务院印发了《关于加强和改进新形势下高校思想政治工作的意见》(以下简称《意见》),《意见》对加强和改进高校思想政治工作的指导思想进行了全新的表述,即"高举中国特色社会主义伟大旗帜……培养又红又专、德才兼备、全面发展的中国特色社会主义合格建设者和可靠接班人"。《意见》还同时阐述了加强和改进高校思想政治工作的五项基本原则:一是坚持党对高校的领导;二是坚持社会主义办学方向;三是坚持全员全过程全方位育人;四是坚持遵循教育规律、思想政治工作规律、学生成长规律;五是坚持改革创新。2017年印发的《意见》中没有直接指向大学生思想政治教育,但我们仍然可以从2004年和2017年两版《意见》中有关指导思想和基本原则的表述和调整变化看出,党中央越来越重视高校的思想政治教育工作,高校思想政治教育的地位也随之不断提高,这些调整和变化也体现了党中央对高校思想政治教育工作要求的不断提高,这对高校思想政治教育和大学生思想政治教育来讲既是机遇也是挑战。

2.坚持习近平新时代中国特色社会主义思想

2020年4月28日,教育部等八部委发布的《关于加快高校思想政治工作体系建设的意见》明确提出了加快高校思想政治工作体系建设的指导思想是:"以习近平新时代中国特色社会主义思想为指导……全面提升高校思想政治工作质量。"在这里我们可以看出,2020年发布的《意见》是对2017年《意见》的发展延续和补充配套,这显示了党中央对高校思想政治教育的重视程度。这些《意见》的发布不仅有助于我们在理论上进行研究,而且有助于我们在实际中开展工作,可以说为高校思想政治工作和大学生思想政治教育提供了正确的方向性指导以及切实的实践指引。

二、大学生思想政治教育的指导原则

作为高校思想政治教育的重要组成部分,大学生思想政治教育所遵循和坚持的指导思想和基本原则应当与高校思想政治工作的指导思想和基本原则是一致的。

那应当怎样将这一指导思想和基本原则在实践中贯彻落实呢？笔者认为应当要做好以下两点：一是做到坚持社会主义办学方向，并且要落实好立德树人的根本任务；二是要正确把握大学生思想政治教育基本原则的四大特征，即政治性、全面性、科学性和创新性。

1.坚持社会主义办学方向，是新时代坚持和发展中国特色社会主义教育的根本原则

习近平总书记在2016年12月召开的全国高校思想政治工作会议上强调："我国高等教育肩负着培养德智体美全面发展的社会主义事业建设者和接班人的重大任务，必须坚持正确政治方向。"认真领悟习近平总书记的这次讲话，我们能够认识到我国的国家性质和党的领导地位决定了要办好具有中国特色的世界水平的现代化教育首先应当坚持办学的社会主义方向，以构建德智体美劳全面培养的教育体系为目标，把培养德智体美劳全面发展的社会主义建设者和接班人作为根本任务。其次，应当把"坚持为人民服务、为中国共产党治国理政服务、为巩固和发展中国特色社会主义制度服务、为改革开放和社会主义现代化建设服务"作为社会主义办学的根本要求，推进人才培养体系向更高层次发展，培养学生树立社会主义核心价值观、全方位的品格和重要能力，坚持把立德树人融入对大学生思想政治教育的全过程中，重视对学生道德方面的教育，用中华优秀传统文化感染学生，推进全员、全程、全方位的育人。再次，在高校思想政治工作中体现社会主义意识形态的根本特征，将高校意识形态工作的领导权、管理权和话语权掌握在自己手中，让马克思主义在意识形态阵地占据主导地位，提升社会主义意识形态的凝聚力和引领力，将社会主义核心价值观潜移默化的教给学生，帮助学生将其内化为自己的精神追求，外化为自己的实际行动。最后，着力教师队伍的建设，教师是思想政治工作的具体实施者，教师队伍建设应当把政治素质过硬、业务能力精湛、育人水平高超作为根本目标，同时将调动教师的积极性、主动性、创造性贯穿于整个培养和打造的过程中，提高教师队伍的专业化和职业化水平。

2.把握好大学生思想政治教育基本原则的主要特征，更好地贯彻落实高校思想政治工作的指导思想和基本原则

（1）政治性。坚持党对高校的领导是大学生思想政治教育基本原则的政治性主要体现。中国共产党是中国特色社会主义事业的领导核心，高校党建是国家教育事业的重要组成部分。中国特色社会主义制度的最大优势就是可以集中力量办大事，所以我国的教育事业才用短短十几年的时间，就能从精英教育转变为大众教育，高等学校在校学生的规模也跃居世界第一。历史已经证明，只有坚持党对高校的领导是实现高等教育事业持续健康发展的根本保证。坚持党对高校的领导，就要牢牢把握意识形态工作的主导权和话语权，以马克思主义的理论武装头脑，

指导实践，发挥高校党委在学校工作中的主体责任，完善党委领导下的校长负责制，保证高校党建正确的政治方向，以实际行动维护以习近平同志为核心的党中央的权威和集中统一的领导。

（2）全面性。全员、全过程、全方位育人是大学生思想政治教育基本原则全面性的主要体现。全员、全过程，全方位育人也可称为"三全育人"。全员育人指的是既包括高校教师在内的专门从事思想政治工作的人员，还包括了其他教职员工以及后勤保障人员在内所有高校人员都应当参与到高校思想政治工作中来，没有人是置身事外的，每个人都承担着一份责任，这是一项多方参与的、全面开放的教育方式。全过程育人指的是不仅在课堂上或活动中对学生开展教育，还应当对整个思想政治工作的过程每一环节进行完善，从各个角度在学生的日常生活中融入思想政治工作，潜移默化地影响学生，内化于心，外化于行。全方位育人则指向影响学生思想品德形成的各个方面，主要涉及育人的基础设施、育人的环境、育人者的思想行为、学生间的人际关系、每个学生的生活习惯等，这些都是全方位育人需要考虑在内的因素。

（3）科学性。遵循教育规律、思想政治工作规律以及学生成长规律是大学生思想政治教育基本原则的科学性的主要体现。教育规律体现在教书为手段，育人为目的的内在统一关系。高等学校是为社会和国家培养人才的重要场所，教师不仅要做到要把知识教给学生，还要教会学生怎么做人，实现教书育人相结合。当前我国高等学校中，一些教师认为，教学任务的完成等同于育人任务的完成，只需要传授给学生专业知识，思想政治工作是领导、辅导员、党政人员的责任，与自己无关，这就导致了"重教书轻育人"不良现象的存在。教书与育人是不可分割的，做好高校思想政治工作要把教书和育人结合起来，遵循教书育人的规律。遵循思想政治工作规律就是要顺应形势和时代的变化，实现高校思想政治工作的改革创先，研究高校思想政治工作的新特点，遵循适度张力的规律、教育与自我教育的规律、协调各因素同向发挥作用规律，采取贴近学生实际的喜闻乐见的方式进行认知教育。遵循学生成长规律指的是树立以学生为本的理念，把握学生特点，认识发展的阶段性和连续性、共性和个性。以学生的发展为出发点和落脚点，不能脱离学生，结合学生的学习、生活和思想等各方面的实际情况，为其量身定做思想政治教育活动，推出能够受到他们广泛接受和认可的活动，促进其主动接受这些活动背后的价值理念，培养他们成为德才兼备、全面发展的人才。

（4）创新性。观念、内容、机制、方式的创新是大学生思想政治教育基本原则的创新性的主要体现。观念的创新指的是在新时代背景下，高校思想政治工作者应当跟上时代发展，摒弃过去腐朽落后的教育理念，跟上学生的步伐，树立全新的价值观、任务观和主体观。新时代更加强调民主平等，思想政治工作者应当主动放低姿态与学生平等交流，对其进行正面积极的引导。内容的创新指的是高校思想政治工作者要关注时事，敏锐洞察社会发展趋势，提高工作的实效性，充分利用新现象、新案例开展教育工作，与时俱进，适当运用网络流行语拉近与学生距离，提高工作针对性，这样才能为建设中国特色社会主义现代化事业培养与时代无缝接轨的建设者和接班人。工作机制的创新指的是在坚持马克思主义理论的指导地位基础上，结合高校本身的具体情况，全方位考虑全校人员学习、工作、生活等各方面的因素，着力思考解决目前的突出问题，打造一个协调、全面、有序的高校工作运行机制，进而提高高校思想政治工作的制度化、规范化水平。方式的创新指的是利用各种现代化信息沟通渠道掌握学生的思想动态，如利用微信、QQ、微博等方式与学生进行一对一的交流，此外还可以鼓励学生在学校的论坛或网站上留言，表达自己的想法，根据学生的思想发展动态，进行针对性的沟通与引导。

第三节 大学生思想政治教育的价值

在整个学术界，对思想政治教育价值这个概念的定义被广泛认可和接受的是项久雨做出的较为详细的论述。"主体在思想政治教育的实践和认识活动中建立起来的，以主体尺度为尺度的一种客观的主客体关系，是思想政治教育的存在及其性质是否与主体的本性、目的和需要等相一致、相适合、相接近的关系。"[①]在教育实践活动中这种关系对受教育者的发展起到了一定的作用，在社会关系中对人类社会的发展与进步呈现出一种积极的作用。

在不同的依据下，思想政治教育价值呈现多样性、涵盖多种类型。其中以不同的主体属性，可将其划分为社会价值、集体价值和个体价值。本节接下来将从这三个方面分别展开论述。

一、社会价值

1.思想政治教育的社会价值内容

思想政治教育的社会价值所包含的内容，目前整个学术界没有达成同一观点。有的学者认为其内容主要包括经济价值、政治价值、文化价值和生态价值，也有学者认为其内容主要体现在"保障物质文明建设、推进政治文明建设、促进精神文明建设和推动生态文明建设"。笔者认为以上学者的观点很明显地是以作用的具

[①]项久雨.思想政治教育价值论[M].北京：中国社会科学出版社，2003：201.

体社会领域作为分类的依据，突显在社会领域思想政治教育对各个主体需求的满足。从其内容的结构来看，可以说完全是无差异的，只是在表达方式上展现出了差异性。另有学者认为思想政治教育"具有维系社会生存、推动社会发展、实现社会管理的价值"，"社会价值表现为两个文明建设的根本保证、社会治理的重要手段、塑造人格的主导力量"。以上两个观点的表述更倾向于给其社会功能和作用做出解释而并非是给社会价值下定义，它们更多的是在突显思想政治教育对维护社会稳定和促进社会发展的意义和作用。也有人认为思想政治教育"具有整合社会思想、引领主流价值、疏导社会心理、规范社会行为、协调社会关系、维护社会稳定等方面的价值"。显而易见，这是从社会治理的角度对思想政治教育的作用做了结构较为完整的阐述，对之前所忽略的中观层面社会需求进行了补充和完善。

综上，本书认为思想政治教育的社会价值要建立在人的意识形态发展和社会道德形成发展规律的基础之上，以个体思想品德和社会良好风气的形成发展规律为依据。通过开展形式多样的教育实践活动，最终实现满足社会发展、推动社会稳步前进的目标。

2.思想政治教育的社会价值的特征

思想政治教育的社会价值一方面具有激励性的特征，它包括目标和情感的激励，即能够以社会发展目标带动社会成员，也可以通过某一感性因素鼓舞社会成员，使其团结在共产主义目标的旗帜下，从内心认可变为主动参与到建设社会主义伟大事业的实践活动当中，再进一步演变成为社会主义伟大事业而终身不懈奋斗。另一方面，思想政治教育的社会价值还表现在物质价值和精神价值方面，它拥有这两者的双重特性，并且实现两者之间的相互转化，但只有经历复杂的实践过程后才能将精神价值真正转化为物质价值，实现物质价值与精神价值的统一。比如，当社会成员拥有较强的主人翁精神和历史责任感、使命感并以此指导实践，其实践的结果多半是正向的积极的，这代表精神价值向物质价值转化的成功，而思想政治教育的社会价值的精神价值也需要通过实践才能变成有利于社会发展的物质价值。

3.大学生思想政治教育的社会价值

在当前的新时代新形势下，如果要强化大学生思想政治教育的社会价值，就要对广大青年一代进行系统的主旋律教育。利用好思想政治理论课这个主渠道，开展形式多样内容丰富的思想政治教育，发挥其价值引领作用。例如，开展中国特色社会主义教育、爱国主义教育、理想信念教育、责任担当教育时，可结合当今社会较为热门的议题。庚子之年，面对突如其来的疫情，党中央高度重视，统揽全局，举国同心，全国上下一盘棋，有效遏制病毒的蔓延，保护了人民群众的生命安全，这就是中国特色社会主义制度的优越性的有力彰显。面对重大疫情时中国人民群众是如何应对的,医疗工作者们、共产党员同志们和志愿者们又是如何冲锋在前的,等等,这些生动的素材都可与思想政治教育相结合。让大学生们感悟到"中国优势"、体悟到伟大的抗"疫"精神、认识到医疗工作者们为了救死扶伤舍生忘死的精神、感受到共产党员同志们为了初心和使命甘为奉献的精神、体会到志愿者们服务社会服务他人的伟大精神。通过课堂教学、典型案例、文化熏陶、社会实践等形式教育学生养成优良的传统伦理和信仰,帮助其形成正确的价值观和高度的社会责任观,同时心怀爱国之情,立志为中国特色社会主义事业奋斗终生,肩负民族复兴时代重任。

还应该意识到,大学生最终还是要在社会中扮演角色,在社会中服务他人,得到社会的评价和肯定。因而不能仅仅局限于"第一课堂",即思想政治理论课堂,还应认识到"第二课堂"——实践教育也尤为重要。由此,除了学生课程体系中已规定的外,还应为学生创造更多的社会实践机会。例如,不断给学生树立正确的实践观,努力实现社会实践常态化,从宿舍、班级、社团,到学校、社会,让学生们意识到社会实践不只是在周末、寒暑假的一种形式化的活动、突击性的活动,还应该是日常性的志愿服务、勤工助学、教学实习等各类课外、社会活动等,逐渐养成良好的服务意识,为同学们服务、为人民服务,模范遵守社会公德,学会规范自我行为,增强服务社会的能力,向社会传递正能量。另外还需要进一步增强社会实践活动的实效性。虽然当前很多高校已经将社会实践纳入课程体系管理,具体形式表现为专业实践、社会志愿服务等,但还是可以说在具体操作过程中,存在着实践内容单一化、实践考核形式化、实践效果一般化的问题,这就要求高校进一步改进管理、运行、考核体系,确保专职教师负责,提供足够的经费支持,真正发挥社会实践推动思想政治教育发展的实效性作用,同时加强实践教育内涵建设,坚持顶层设计,明确其目的、着眼点,而后有针对性地将思想内涵融入实践的各个环节,使大学生真正在实践中丰富思想政治内容和提高自身素质,进一步提升思想政治教育的效果和效率。

二、集体价值

(一)思想政治教育集体价值的内涵

马克思主义认为,人总是个体的人与作为类的人的统一。在现实生活中,个体的人不是抽象地单个地生活在社会中,而是处在由多位成员组成的某个集体中,通过集体的这一形式与社会发生关系。延伸到思想政治教育集体价值,简单地说就是指以思想政治教育的功能去满足由多位成员组成的集合体的发展需要的效益关系。如同集体与社会、个人之间的关系,思想政治教育集体价值是连接社会价值和个体价值的桥梁和中介，承上启下，同时也深刻影响着社会价值与个体价值。

思想政治教育的集体价值主要体现在三个方面：一是形成正确的积极的集体心理；二是促成和巩固集体团结；三是构筑健康向上的集体文化。

1.形成正确的积极的集体心理

通过持续地研究集体成员的意识形态，实践行为的来源、产生及逐渐进步的过程，规范调整集体成员的心理偏差与动机，逐步调整集体成员的心理发展，最终形成正确的意识形态和思想观念。在规范集体成员的心理发展的整个过程中，要崇尚一致的追求目标，维持一种催人向上的积极的心理动力，继而经过较为烦琐的过程后逐渐形成正确的积极的集体心理。

例如，在中国全面抗击新冠疫情的斗争时，网络舆情纷繁复杂，出现了个别不当言论，比如道听途说地杜撰、任意抹黑事实等，随着时间的推移和事件持续发酵，事件愈演愈烈，可谓是触犯众怒，网络上呈现一边倒的口诛笔伐。显而易见，在个体就社会某一热点矛盾表达错误观点或思想消极时，集体就会进行纠正规范，而后统一形成一致的意识形态和思想观念，并广而告之，最终发展成为正确的积极的集体心理。

2.促成和巩固集体团结

形成积极的正确的集体心理，最终的目的是为了实现个人目标与行为融入集体目标与行为中。主要表现在每一个个体能明确自身需求并能通过多种渠道表达自己的需求，同时也能了解其他个体的需求，从而使矛盾得到解决并不再存在。通过有意识地引导，集体中的成员能正确认识到个体与集体间的联系，认识到个人是需要借助集体这一重要平台才能实现自我价值的现实处境，认识到两者之间是互相具有义务的。具体表现为个人要自觉维护集体利益，集体也要尽力保障个人利益。另外，集体中的成员在自觉将集体目标与个体目标相融合时，要充分认识目标存在的合理性，努力为实现共同的集体目标而持续奋斗。

正如2020年全民抗"疫"战役中，为了尽快遏制病毒的蔓延和危害，举全国之力集中专家、医疗资源来救治患者，举国上下各行各业都在为抗"疫"贡献自己的一分力量。湖北人民居家配合疫情防控，共产党员、志愿者们挺身而出、迎难而上，逆行的医疗工作者们肉搏病毒、舍我其谁，普通群众捐款捐物、闭门隔离，无不体现了中华民族对共同信念的价值追求。

3.构筑健康向上的集体文化

文化是思想观念的最高形态。集体价值信念的教育，不仅为人们的行为方式提供价值信念的共识，还能提高人们对集体统一价值信念的认知与觉悟水平。在教育过程中通过各种方式的宣传，引导集体中的成员清醒地认识到错误信息、负面信息的危害性，对错误信息和负面信息要保持高度的警惕。同时认真分析其产生的根源，以及如何去抵制各种错误、消极的价值观念等。

例如，在培育和践行社会主义核心价值观的过程中，可能因为集体中成员的个体差异性、劳动实践的差异性，产生的思想认知也会存在差异，对一些问题的价值认知也出现一定程度的不一致。但通过制度和文化的力量，广泛凝聚不同集体的价值共识，将社会主义核心价值观内化于集体中成员的内心认知、外化于集体中成员的实践行为，实现每一个个体的价值观念与社会主义核心价值观相契合，进而统一思想、形成合力、协同攻坚克难，实现个人、社会、集体的高度统一。

（二）大学生思想政治教育集体价值

大学生思想政治教育集体价值是思想政治教育理论的重要组成部分，对其理论进行探索研究，是发展思想政治教育理论的必然要求。因此把握好其功能作用，能够更好更深入研究个体价值和社会价值。个体离不开集体，脱离集体的个体无法生存。从宏观来看，思想政治教育的内容极度抽象；从个体来看，其内容又极为具体。大学生思想政治教育活动以大学生为群体开展，它不同于学生之间的教育或是学生自我教育，而是依据社会一般性要求，基于大学生这一群体的实际接受的程度、教育工作者的言传身教等具体实际情况，所开展的教育实践活动。因此，要通过教育实践活动贯彻立德树人根本任务，实现每个学生的自身全面发展，在新时代背景下发挥大学生思想政治教育的集体价值，不断提升教育实践活动的实效性。

在大学里，由于学生们每个人都是单独的个体，每个人的认知、个性、特征等方面都是极为不同的，因此极容易产生不同的观点或产生矛盾和冲突。而通过冷静地调解和分析，我们就会发现大部分矛盾和冲突源于学生个体间沟通和交流的缺乏。因此，在开展实践教育过程中，可以通过开展形式多样的活动方式为学生们创造加强沟通与交流的机会和条件，随后通过对情绪的有效疏导，缓解人际关系的紧张，化解矛盾。在集体内部形成一个良好环境，构建和谐友爱的人际关系，从而确保集体目标的圆满完成和顺利实现。例如，新生入学后要适应集体生活，从之前是每个家庭的宝贝到生活在一个屋檐下接纳他人的所有，是需要一个不断适应的过程的。开始源于对新鲜事物的好奇和探索，宿舍舍友之间的矛盾不会立即凸显，但随着时间的推移，加之个体的差异性，如若没有较好的沟通与交流，很容易出现寝室矛盾，需要老师介入进行调和。通过开展一系列的谈心谈话、心理疏导、团体辅导等活动方式，引导学生学会接纳他人的不足，同时看到自身的缺点，通过对情绪的有效疏导，缓解紧张的人际关系，从而构建友爱温馨的寝室环境，有利于宿舍各个成员的成长与进步。

通过各种途径和方式的实践教育，去培养学生们的集体认同感、归属感以及荣誉感，强化学生们的集体情感和集体行为，久而久之学生们由内心奔涌出热爱集体的情感，最终自主自觉投身于集体活动中，朝着最终目标迈进。例如在理想信念教育的过程中，从大学生共产党员入手，通过展示学生们身边熟悉的人的典型事迹，让学生们看到共产党员的先锋模范带头作用，例如那些志愿加入抗"疫"斗争的大学生党员志愿者、那些放弃优渥薪酬待遇甘愿在脱贫攻坚一线的大学生村官、那些为了捍卫国家利益冲锋在前的无名英雄，鼓励青年大学生要结合具体实际树立鸿鹄之志，坚定马克思主义信仰，为实现中华民族伟大复兴中国梦继续不懈努力。

新时代大学生思想政治教育要时刻关注社会和谐发展，做好主流价值引领，将大学生思想政治教育的内容和目标潜移默化地渗透到学生的思想和行为当中。例如在开展教育实践过程中，通过各种渠道的广而告之，引导大学生清醒地认识到错误信息、负面信息的危害性，对错误信息和负面信息要保持高度的警惕。同时认真分析其为什么产生，以及如何去抵制各种错误、消极的价值观念等。坚持将社会主义核心价值观贯穿于教育教学和日常工作的全过程，引导大学生坚持集体主义价值观教育，认识到个体价值是集体价值和社会价值的基础；集体价值是个体价值和社会价值的中介；社会价值是集体价值和个体价值的综合，从而能够正确地处理国家、集体、个人三者之间的关系。

三、个体价值

（一）大学生思想政治教育个体价值的内涵

思想政治教育个体价值是指思想政治教育对个体发展的意义。其核心体现在对个人成长的一种推进，包括个人意识形态、政治观念、思维意识的健全和完善，促进个体综合向上发展，进而实现个体价值。延伸到大学生思想政治教育的个体价值，即教育实践活动对学生群体发展的实效性和积极意义。其主要表现在个体不断向政治社会化倾斜，满足大学生个体政治社会化需要；大学生个体精神需求的满足，自我认知和实践能力的逐步提升，逐渐实现个体全面发展。换言之，通过主旋律的教育实践活动，在此过程中让学生捕捉到正确的信息，将所包含的思想、道德、观念等内容转化为自身的某种心理结构，养成良好的行为习惯，与他人进行良好的交往，建构自己的精神领地，从而形成坚定的政治信念，逐步实现政治社会化。基于教育实践活动的内在作用，激发学生个体的精神动力、帮助学生个体树立坚定的理想信念和信仰使命，促进学生个体塑造健全的人格，引导政治方向进而保持正确的政治站位、调控学生个体行为，促进学生个体更好地适应社会，强化大学生对社会主义核心价值观的认同。

（二）大学生思想政治教育个体价值的理论来源

1."以人为本"思想

思想政治教育强调将人作为研究的主体，通过规范的教学内容和科学的教育方法来实现人的成长推进。高校开展思想教育实践活动，以马克思主义关于人的本质理论作为理论根源，坚决贯彻立德树人根本任务，对学生开展教育实践活动，提升学生在整个过程中的认同感和参与度，针对学生的特殊性要求和条件适当给予关注并有效协调处理，不断鼓励和刺激学生发挥主观能动性，从而实现个体的发展。

2.人的全面发展理论

人的全面发展理论，也是将人当作研究对象，其内涵主要包括社会关系、个人需求、能力以及个性得到充分、整体、综合的发展。具体表现为：人积极参与到社会交往之中，并从中获取政治、经济、文化各个领域的信息，丰富自身的阅历，更新原有旧的观念、开阔新的眼界，实现社会关系充分、整体、综合的发展；个人维持生命的生存性需要，获得精神满足的享受性需要，以及寻求自我实现的发展性需要得到有效的实现；个人通过社会劳动实践身体力量以及通过后天学习、实践、练习，使精神方面的生产力即人的体力、智力等得到充分、全面的发展；个人独特个性，认识自然和改造自然的自觉能动性，对现实超越和突破的创造性，自我体现与控制自主性在参与社会关系活动时得到充分展现和培养。

3.马克思主义的需要理论

人们可以通过劳动实践不断满足自身由内而外所产生的需要，同时人的需求在社会发展进程中不断提升且不断新旧交替，因此也可以通过劳动和实践推动自身的需求向多样化发展。人们依旧需要的持续满足和新需要的持续产生，使得人们不断通过实践改进自身的生存方式，在自身需要得到满足的基础上，不断改造世界、改变自身现状。如此循环往复，认清了内在需要和现实情况的联系，从而不断规范自身行为，实现个人价值目标。

（三）大学生思想政治教育个体价值的实现途径

在开展教育实践过程中要重视、培养学生作为独立个体的价值，以实现人的自由全面发展。如何发展和培育学生的个体价值呢？有以下四点实现途径。

第一，加强思想政治引领。引导大学生将个人理想信念同国家民族命运、具体实际发展相结合。关注学生个体的价值需求，有针对性地开展教育实践活动；提升大学生思想理论、政治素养、道德品德、文化水平，实现学生个体的自由全面发展。目前，大学生除了学习、生活、交友等方面需要得到关怀和指导外，心理的困惑、职业生涯的规划、未来的选择发展等方面更需要得到疏导和指引。这就需要教育工作者在教育实践过程中，将思想政治教育同解决学生们"急难愁盼"的实际需求相统一，从解决实际问题出发，帮助学生缓解来自各方面的压力，最终实现个体需求在更高层面的协调发展。

第二，革新思想政治教育方法。不断丰富其理论，完善其体系，拓宽其实现途径，自觉地将个体价值融入教育实践过程中。将传统的理论传授与实践教育紧密结合，强化学生实践能力的培养，使学生不断树立正确的认知，充分发挥个体主观能动性，从而实现个体自我管理教育。例如，在每年开展的家庭经济困难学生的认定工作中，可附加创设多种载体和形式，从而实现对家庭经济困难学生全方位的教育。例如，引导学生坦然面对家庭经济困难的事实，同时化压力为动力，在接受资助的同时要培养自身努力奋斗、在逆境中迎难而上的精神，激励自己勇往直前，同时也要心怀感恩。

第三，重视学生的心理素质和个体情感培养。通过心理咨询、谈心谈话、专题讲座等方式开展心理健康教育活动，满足大学生的精神需求。随着社会的不断发展，愈来愈多的大学生不断涌现出对生命的价值困惑、对生活方式的抉择困惑等突出的心理问题和各种心理困惑，价值取向也受到影响。针对开展教育实践过程中出现的学生心理健康教育问题，除了需要专业心理咨询机构来缓解这一矛盾外，高校还应健全工作预警机制，定期筛查、及时了解大学生心理状况，形成学生群体全员覆盖，对于存在心理危机的学生个体要及时关注加强交流。针对处于高危的心理危机状态的个体还要及时有效地进行危机干预。

第四，营造良好的思政教育的环境。引导大学生形成正确的价值观念，促进社会整体向上向好发展。例如，在开展教育实践过程中遇到毕业生就业难的问题。在大学生入学后应开设职业生涯规划类的相关课程，积极引导学生参加职业生涯规划设计大赛和创新创业比赛等，邀请各行各业具有代表性的毕业生回校给大学生开展就业类相关讲座或分享会，通过朋辈教育指引学生更好地去认识世界。高年级阶段应加强思想教育，宣传就业相关政策，引导学生树立正确的就业观和择业观。拓宽大学生就业渠道，缓解学生的就业压力和内心焦虑。引导学生处理好个人与社会的关系，接纳自己因为即将踏入社会产生的不自信、彷徨恐惧、逃避等心理状态。

大学生思想政治教育旨在贯彻立德树人的根本任务，时刻"以生为本"，在提高学生认识世界和改造世界能力的同时，注重学生正确思想意识形态的形成。引导学生树立理想信念和使命担当，在满足物质需求和丰富精神内涵的实践中，实现个体价值。

第四节　大学生思想政治教育的环境

开展高校教育实践活动必须高度重视高校思想政治教育环境。思想政治教育环境是指对思想政治教育活动以及思想政治教育对象的思想品德形成和发展产生影响的一切外部因素的总和。总的来说，可分为宏观环境和微观环境，前者主要是指对思想政治教育总体活动和全体成员产生影响，如社会经济、政治、文化、网络环境等，后者主要是指对思想政治教育对象个体产生影响，如家庭环境、学校环境、同辈群体环境等。

一、宏观环境

（一）政治环境

党的二十大以来，习近平总书记多次提到世界正处于百年未有之大变局，世界政治混乱、经济低迷、武装冲突频发，世界格局处在不断变化中，全球进入动荡变革期，各个领域矛盾冲突不断涌现。国际上某些西方国家捏造事实，企图在政治、经济、文化等多方面阻挠我国的发展。表面上看是国与国之间发展的矛盾，究其根源就是资本主义和社会主义，这两条道路、两种制度和意识形态在斗争和较量。可以预见，这种声音不会停止，这样的明争暗斗只会愈演愈烈。在全球思想文化碰撞的环境下，我国高校面临的各种意识形态风险也愈加凸显。

从国内政治环境来看，中国共产党带领中国人民40多年来风雨兼程、刻苦拼搏、开拓改革，使中国发生了翻天覆地的变化、取得了举世瞩目的成就。党的十八大以来，以习近平同志为核心的党中央提出了一系列新思想、新理念、新战略，出台了一系列重大方针政策，推出了一系列重大举措，推进了一系列重大工作，解决了许多长期想解决而没有解决的难题，办成了许多过去想办而没有办成的大事，推动党和国家事业取得了全方位的、开创性的历史性成就。总体来看，国内政治环境安定团结，政府公信力显著提高，国家现代化治理能力和治理体系也在不断完善，逐步推进法治社会、法治政府、法治国家建设。国家政治格局的稳定和政治要素的优化对开展思政教育实践活动产生着深刻的影响。

因此，在开展大学生教育实践过程中，要引导大学生理性客观地看待、讨论国际国内政治问题，通过丰富的灵活的案例分析对比国家制度、政策的优势和短板，树立学生对中国共产党领导的信任和信心，从而使政治环境更加有利于开展思政教育实践活动。例如，2020年席卷全球的新冠疫情，"中方之治"与"西方之乱"的巨大反差体现出我国社会主义制度的优越性。疫情期间党中央统筹推进疫情防控和经济社会发展,大力弘扬伟大的抗"疫"精神,最终夺取疫情防控和经济社会高质量发展的伟大胜利,彰显和坚定了中国特色社会主义"四个自信",提升意识形态国际话语权。

(二) 经济环境

1978年,中国吹响了改革的号角,由此我们迎来了40多年经济高速发展的时代。在这40多年间,我们的经济总量跃升为世界第二,制造业规模跃居世界第一,创造了举世瞩目的伟大成就,仅用几十年的时间就在经济层面赶超部分发达国家。如今,在经济发展新常态的环境下,虽然我国经济发展面临较大的下行压力,但经济发展基本面、基本特质、支撑经济持续增长的基础和条件、优化经济结构调整的趋势都未发生变化,我国仍处于可以大有作为的重要战略机遇期。同时党和国家做出预判,提出了一系列新发展思想、理念和战略,为我们国家经济平稳安全地发展保驾护航。

经济基础决定上层建筑。当前,我国经济仍然保持中高速增长,综合国力和国际影响力显著提升,人民的物质生活质量显著提升,教育事业全面发展。但在社会经济发展的过程中也出现了一些如人工智能的发展导致失业人口增多、改革创新瓶颈等新问题。对学生群体而言,部分大学生崇尚享乐主义、拜金主义、奢靡之风,没有形成正确的价值观。由此可见,经济增长和社会发展的环境对大学生个体及高校思想政治教育具有重要的影响,我们要引导学生正确认识和判断国家经济形势,形成正确的"三观",做出正确价值选择。

(三) 文化环境

文化是一个国家、一个民族的灵魂。中国特色社会主义文化源自中华民族5000多年文明历史所孕育的中华优秀传统文化,熔铸于党领导人民在革命、建设、改革中创造的革命文化和社会主义先进文化,植根于中国特色社会主义伟大实践。文化强国建设已经成为新时代中国特色社会主义文化建设的重要目标。中国特色社会主义进入新时代、民族复兴伟业进入关键阶段,党和国家对高素质人才的需要比以往任何时候都更加紧迫。在新形势下,教育工作者在开展思政教育实践过程中,应当以文化人、以文育人为导向,贯彻落实"立德树人"的根本任务,开创育人工作新局面。

在新时代的背景下,我国的经济持续向好发展促进文化环境领域的深刻变革,同时为其提供了发展条件。党的十八大以来,党中央持续增进民生福祉,大力推动改革发展成果更多更公平惠及全体人民,兼顾满足人民的物质需求与精神需求。但同时我们也能明显看到,文化领域还有许多短板,如城乡区域之间文化事业发展不平衡、体系不健全、资源分配不均、文化领域就业创业难等。从高校思想政治教育所处的文化环境来看，存在塑造性较低的实际困难，大学生喜闻乐见的文化诉求尚未得到较好的满足，意识形态的渗透等问题，这都可能对开展思政教育实践活动产生影响。因此优化社会和校园的文化环境都至关重要，有利于增强思想政治教育的时效性。

（四）网络环境

随着互联网的迅猛发展，通信、信息技术等领域的发展也达到了新的高度，实现了资源共享和信息自由，为个体更好地进入网络世界提供了极大的便利。但也可以看到以下事实：网络文化的出现打破了传统文化形态的线性和块状结构，使得每个个体都能成为塑造网络环境的主体，网络环境的不确定性增加了。此外，网络具有虚拟、自由、共享的特征，对比以往社会，网络的文化开放程度明显更高，塑造网络环境的主体数量的不断增加、主体匿名不确定性、主体素质水平的不均衡，传播的广泛性等众多因素造成网络环境监管难度不断增大。再者，网络空间充斥着海量的政治、经济、社会、体育、艺术等信息内容，微信朋友圈、微博、B站、抖音、知乎等各类新媒体平台也在不断推送碎片化信息，而人们通常选择快餐式阅读或是零散性了解。现今的互联网已成为学生学习生活的主要阵地，它丰富了大学生的政治文化生活，开阔了眼界，是保持与外界联系的主要途径，对大学生的"三观"的形成产生较为深远的影响。但也有许多凭空捏造的负面信息和境外媒体恶意歪曲的事实，形成比较恶劣的舆论环境，缺乏判断和思辨能力的大学生们很容易受其蛊惑，有可能会对党和国家政府的领导失去信心，甚至做出破坏国家利益、危害社会安全的行为，如此一来则意味着大学生思想政治教育失去其应有的价值。因此要引导大学生理性客观地看待网络文化、网络舆论，根据青年大学生的特点和需要，在尊重网络思想政治教育规律的基础上，建立内容丰富多彩、形式生动鲜活、价值积极健康的网络文化空间，因势利导、守正创新。

首先，"00后"大学生在网络高速发展的时代下成长，让他们脱离网络生活学习的想法并不实际，高校要在长期实践中应积极探索如何遵循"主动积极、正面引导、加强管理、趋利避害、为我所用"的原则。其次，高校要占领并充分利用好网络阵地，结合学生具体实际，建立内容丰富、关注度高的网络平台，并通过生动活泼、时下流行的方式方法，实现让学生主动看、高兴看、认同看的教育成效。另外，要重视网络行为规范，高校乃至全社会要加强对遵守网络道德规范的教育引导工作，推进网络平台实名制管理，完善网络信息发布和传播管理机制。同时加强对高校、学院、思想政治教师、学工系统的官方网络平台、QQ群、朋友圈及其他社交平台的管理与建设，并借这些平台加强与学生的交流沟通，发布积极正面的信息，抵制不良信息和谣言。最后，加强网络思想政治课平台建设，结合古今中外政治、人文、经济、历史等课题，制作更多适合网络生态的短小精悍、积极引导力强、警示作用显著的多媒体教育素材，并将"00后"喜闻乐见的互动交流方式、偶像文化等融入其中，从而提高学生获取思想政治教育知识的参与度和主观能动性。

二、微观环境

由于发展阶段的限制，学生所处的主要环境是校园和家庭，而且大多数的大学生没有实现独立，依旧对父母、教师和朋辈有着浓厚的依赖性，这意味着家庭、学校和朋辈群体环境可以对大学生产生直接性的甚至深远性的影响。接下来本书将从家庭环境、学校环境和同辈群体环境探讨大学生思想政治教育的微观环境。

（一）家庭环境

家庭环境是无法改变的客观环境，对人生存生活和发展的影响深远且持久。自子女出生起，父母便是子女的第一任老师。父母对子女身心的发展最直接最具体，对子女一生的影响最深刻最持久，任何人都无法替代。家长既要给子女上好"第一课"，又要尊重学校老师，配合其共同做好子女的教育。同时还要注重家庭文化氛围，给予其正确的思想价值引导。毫无疑问，家庭环境是思想政治教育环境当中的基础环境。和谐、民主、平等的家庭氛围，家长积极乐观向上的心态，平等尊重的沟通交流，及时了解子女思想状态，积极倾听他们在生活、学习中遇到的问题，用循循善诱的方式去引导他们靠自己能力去解决问题，这些方面的要素和行为有助于子女的成长，尤其会对子女的思想品德与行事作风产生积极影响。另外，家长的文化素质和道德修养也对大学生的成长产生深远影响，因此，家长自己也必须树立正确的"三观"，重视德育，以身作则，努力提高自身的思想品德和道德修养，做好榜样。

（二）学校环境

大学是传播和创造先进文化的主阵地，是开展思政教育实践活动的主课堂、主渠道。学校环境包括学校硬件环境，如有形的、显性的基础设施建设；学校软件环境，如无形的、隐性的校园文化建设等。优美的校园自然环境、良好的学习生活环境对学生良好思想品德的形成有外在的促进作用，而不良的校园文化风气对学生思想品德的形成起到负面影响。因此为大学生提供一个良好的学习生活环境，对促进优良学风、校风的形成，对大学生形成正确的"三观"有着较为深远的影响。校园文化是进行思想政治教育的重要载体。在开展思政教育实践过程中，可以通过加强校园多元文化建设，引导学生参与校园文化活动，调动学生们的参与积极性，以此来打造丰富的思想政治教育环境。

习近平总书记曾在全国高校思想政治工作会议上强调，打造具有特色的高校校园文化对学生全面健康成长具有深远意义。面对"00后"大学生群体，高校首先明确校园文化建设的目的、方向，应该站在"00后"大学生的角度去进行思考，适时建立"接地气"的校园文化体系，比如，可以充分发挥校园、班级、社团兴趣和党团活动的作用，组织开展线下校园文化活动，增设合适的线上活动，通过"00后"感兴趣的网络媒介来引导他们；或者将现实中的校园文化活动通过网络媒介，以"00后"大学生喜闻乐见的方式推荐给他们，引导他们"返回现实"；并通过新鲜活力的校园文化活动，让他们主动发现现实世界中的精彩之处，进而乐于接受思想政治教育。其次，同时抓住"00后"大学生知识面广、话语权要求多、个性化水平高的特点，在线上、线下有序开展学生们喜闻乐见的形势与政策宣讲，讨论热点话题，开展专家讲座交流或其他文体活动，给予他们充分的参与机会和表达、组建交流思想的平台。总而言之，学校一方面应做好引导和监管工作，另一方面应做好多元化平台的搭建和服务工作，不断提高学生主动参与校园文化活动的热情，提升校园文化对思想政治教育的促进效果。另外，教师道德素质水平的高低，会对学生产生影响。良好的师德师风有利于学生对所学知识的接纳和吸收，更有利于思政教育实践活动的顺利开展。因此教师要不断提高自身的综合素质，在学生心目中留下良好的形象，促进思想政治教育效果的实现。

（三）同辈群体环境

同辈群体是指由一些在年龄、个性、家庭、兴趣爱好等方面较为接近的人组成的较为密切的群体。由于年龄、文化水平等方面相似，又有着相似的关注点和共同的话题，以共同的兴趣爱好来开展活动能让他们感受到地位的平等，因此大学生在交往过程中容易对同龄人产生好感，在不知不觉中互相影响，逐渐形成一个比较固定的群体，最终会形成共同的价值观和评价体系。在开展思政教育实践过程中，可引导鼓励大学生多与品学兼优、志同道合和具有良好修养的同辈交流。掌握同辈群体认可的交友方法和原则，成为思想健康、积极向上的社交圈的一员。另外，及时掌握成员的思想动态，以正确积极的价值观引导和影响其社交圈，尤其还要做好社交圈当中核心人物的思想政治教育工作，使其积极影响社交圈当中的其他成员，共同形成良好的思想品德。

总而言之，大学生的思想教育需要考虑到多种外部环境的因素与作用，尤其是家庭、学校和同辈群体环境对大学生的影响。要充分利用好各种环境的积极要素，并使其形成良好合力，共同推动思政教育实践活动发展，实现大学生思想政治教育的价值。

第二章　高校思想政治教育面临的机遇与挑战

中国特色社会主义步入了新时代，这是我国取得的历史性成就和发生的历史性变革的结果，是中国人民在中国共产党领导下长期努力奋斗的结果，是中国特色社会主义发展到一定阶段的产物，是中国共产党人基于当前发展的新阶段和新特点做出的新判断，是对中国特色社会主义认识的不断深化。中国特色社会主义步入新时代，引发了社会方方面面的变化，为高校的思想政治工作带来了一系列机遇和挑战。

第一节　高校思想政治教育面临的新机遇

中国特色社会主义步入了新时代，实践中巨大的社会发展成就以及国际地位的大幅提升彰显了中国共产党人的执政能力和执政智慧，促进了民族精神的不断凝聚，增强了思想政治工作目标实现的说服力，为高校思想政治工作带来了巨大的机遇。

一、中国共产党执政能力的持续增强是铸魂育人实现的根本保证

政党的执政能力，指的是政党通过国家机关、政权组织以及党员活动等方式，保证其路线、方针、政策以及重大事项的决策，促进国家和社会发展的能力。一个政党的执政能力表现在政党对于国家政权与社会的影响力，表现在党的决策能力，也表现在政党处理关键危机的能力。其中，政党制定正确决策的能力和危机处理能力是确保执政党长期执政、获得人民拥护的重要支点。

"我们对共产党执政规律、社会主义建设规律、人类社会发展规律的认识和把握不断深入，开辟了中国特色社会主义理论和实践发展新境界，中国特色社会主义取得举世瞩目的成就，中国特色社会主义道路自信、理论自信、制度自信、文

化自信不断增强，为思政课建设提供了有力支撑。"

（一）党的决策的正确性奠定了高校思想政治工作的基础

所谓决策，顾名思义指的是决定的策略，是人们对于某项事情、某项工作做出决定的过程。这是一个复杂的思维过程，包括了信息的搜集、加工，最后综合各类信息做出判断和最终结论的过程。决策能力指的是能够根据现实情况，通过不同来源数据的比较，识别问题与把握机遇，运用恰当、有效的方法，完成预期目标的能力。对于执政党来说，决策能力是基本能力，决策能力考验着执政党的综合素质，是确保政党政治诉求实现以及长期执政的必要保证。决策的错误，会给政党带来重大影响，失去执政地位，甚至会导致执政党的覆灭。

"谁是我们的敌人？谁是我们的朋友？这个问题是革命的首要问题。中国过去一切革命斗争成效甚少，其基本原因就是因为不能团结真正的朋友，以攻击真正的敌人。革命党是群众的向导，在革命中未有革命党领错了路而革命不失败的。我们的革命要有不领错路和一定成功的把握，不可不注意团结我们的真正的朋友，以攻击我们的真正的敌人。"这段话强调了作为执政党政策正确的重要性，是革命取得成功的保证。具体来说，在中国革命道路探索的过程中，党的政策的不错误，为农村革命根据地的开拓、建设和进一步发展提供了重要的主观条件。在新民主主义革命和社会主义建设时期，以毛泽东为核心的党中央，将中国人民从半殖民地半封建社会，从深受帝国主义、本国封建势力以及官僚资本主义欺凌的痛苦中解放出来，开创崭新的国家。新中国成立后，西方敌对势力利用政治、经济、军事等各种手段，妄图将新生的人民共和国扼杀在摇篮中。中国共产党人带领中华民族披荆斩棘，在军事上，中国人民志愿军出兵朝鲜，迫使以美国为首的所谓联合国军铩羽而归；中印自卫反击，驱逐了侵略势力，保证了祖国的领土完整；热血珍宝岛、鏖战西沙，取得了一个又一个胜利，使人民共和国在国际上打出了声望、打出了和平发展的局面。在政治外交上，始终奉行独立自主的和平外交政策，赴万隆、进联合国、尼克松访华、中日关系正常化，新中国在国际舞台上获得了应有地位。在经济上，创建了较为完整的工业化体系、发展生产力、实行五年计划，取得了社会主义建设的伟大成就。面对自然灾害，兴水利、灭"黄患"、战地震、安民心。在民生上，完善公共卫生医疗体系、战胜血吸虫、小儿麻痹症，使人均寿命大幅度增加。

改革开放以来，中国共产党人面对的不仅是霸权主义的肆虐，国际共产主义运动的低谷、新殖民主义的逆流，国内改革步入攻坚期亦对党的执政能力提出挑战。正是在初心和使命的引领下，党战胜了一个又一个挑战和困难，开创了改革开放伟大事业的新局面，为中华民族的伟大复兴提供了理论准备、物质基础、精神力量、制度保障。进入新时代,面对新挑战,以习近平同志为核心的党中央,审时度势,应对自如。我国的经济整体实力和能力、科技储备和竞争力、国防研究和备战能力等各方面都已经取得长足的进步,国家综合国力稳步保持在世界前列,我国的国际地位随着"一带一路"、人类命运共同体思想的提出和推广得到大幅度提升,中国特色社会主义进入了全面建设社会主义现代化国家的新阶段。随着国家的不断发展,人们对美好生活的向往不断得到满足,人的全面发展正在一步步实现。

"我们任何一项政策的正确性都必须由群众来检验,而且事实上一直是这样做的。我们自己也不断检查我们自己的决定和政策,一旦发现错误就加以改正。我们从所有正反两方面的经验中得出结论,并尽可能广泛地加以实施。"正是在这种思想的指引下,中国共产党人的决策能力不断增强,决策的正确性不断提高,这一切以不争的事实向广大学生彰显着中国共产党作为执政党的政治智慧,为高校思想政治工作目标的胜利打下了坚定的基础。

(二)党的危机管理能力的充分彰显提升了高校思想政治工作的说服力

所谓危机,是指处于危险的关头或时刻。小到个人、团体,大到国家,在成长与发展的过程中,均会遇到一些关键的节点,遇到危机。那么如何面对和处理危机,往往成为发展的转折点,关系到危机主体的生死存亡。对于执政党来说,在执政过程中,亦会遇到若干危机,如何正确处理危机、化解危机就成为衡量其执政能力的重要指标。如果在危机管理上出现懈怠,或者力所不及,则有可能导致危机或风险程度的加深,并带来实质的危害和消极影响。这种影响如果不加以控制,最终则会导致信任危机,在革命中会导致失败,在执政时期则会导致政府倒台、执政党失去执政地位。无论是从世界范围看,还是纵观中国历史,每一次执政地位的丧失与更替往往既是执政决策失误的结果,同时也与执政者不能够正确地处理社会危机有关。危机处理和管理能力成为能否赢得国内人民信任和支持的重要指标,也是人民认同其执政长期合法性的重要基础。

对于中国共产党人来说,100年的风云变幻,无论是在艰苦卓绝的武装斗争年代,还是在如火如荼的社会主义建设时期,在伟大的中国特色社会主义发展进程中,中国共产党经历了数不清的艰难险阻、浅滩暗流,同样也战胜了数不清的敌人和困难,处理了无数次的危机。从"四一二"反革命政变到中央红军第五次反围剿失败,从湘江战役到张国焘另立中央,从王明的"左"倾教条主义到转战陕北,每一次危机都足以让中国共产党人及其领导的革命军队覆灭。然而,中国共产党人在无数的危机面前,保持冷静,以史为鉴,充分运用智慧将它们化解,最终取得了革命的胜利。新中国成立后,朝鲜战场的血雨腥风,"文化大革命"结束后的何去何从，再次考验了中国共产党的执政能力和危机处理能力。如今，整个世界仍然笼罩在新冠疫情下，但是中国共产党人作为中国人民的坚强领导，充分发挥社会主义的制度优势，大到各地区防疫政策的实施、加快疫苗的研制、建立"火神山""雷神山"医院、全力救助新冠患者，小到关心群众的"菜篮子""米袋子"、平抑物价、送菜送药上门等，各级政府、党员干部充分发挥党组织战斗堡垒作用，坚守岗位、靠前指挥、下沉到每一个社区，坚决阻断新冠疫情的传播。中国共产党人面对疫情这一重大危机，展现出来的快速反应能力、精确防控能力、组织领导能力，充分展示了中国共产党作为执政党的智慧和执政能力，得到了全体中国人民的认可，成为世界范围疫情防控的典范。

当前，随着经济全球化的迅猛发展，人类社会的工业化程度不断加深，网络的快速普及与渗透性，使得整个人类社会成为休戚相关的命运共同体。共同体的客观存在，彼此联系的不断加深，一个国家的发展不仅是本国内部发展的结果，也会随时随地受到来自外界的冲击和震荡。一个国家的微小事件，在某种特殊时刻，不仅会引起本国的社会动荡，甚至会引发全球危机。这样的国际生态，使得一国的执政党不得不面对更加频发和复杂的危机。由此，执政党能否正确地处理各种危机，能否防范各种重大风险，以及能否在面临危机时具备一定的危机预警能力至关重要。

从历史到现实，中国共产党人从诞生起，就不断面临危机和考验。每一次危机都是一次智慧的考验，都是一次深刻的经验总结。一次次地化解危机，一次次地实践检验，中国共产党不断在危机中成长。百年的智慧与总结，都是生动的高校思想政治理论课素材，足以让大学生体会到生在新中国，成长在党的领导下的无比优越感和幸福感，为实现学生的政治认同落下关键的一笔。

二、社会主义发展的巨大成就是高校思想政治工作的实践支撑

"判断认识或理论之是否真理，不是依主观上觉得如何而定，而是依客观上社会实践的结果如何而定。真理的标准只能是社会的实践。"100年的风云变幻，无论是在艰苦卓绝的武装斗争，抑或是在如火如荼的建设时期，中国共产党人始终坚守马克思主义信仰，并在马克思主义理论与中国实际相结合的深入探讨中实现了马克思主义中国化，找到了适合中国国情的中国特色社会主义道路。中国特色社会主义的丰富发展，为中国人民带来了全新的面貌，国家不仅走出了积贫积弱的状态，综合国力更是跻身于世界先进行列。实践证明，中国社会主义道路和中国特色社会主义制度是中国共产党与中国人民为国家发展选择的正确道路，是经过实践证明的正确选择。中国特色社会主义事业的巨大成功，是高校思想政治工作的实践支撑，由此带来的政党认同、理论认同、制度认同是高校思想政治工作

的目标追求，对于实现高校思想政治工作铸魂育人的战略目标具有巨大的支撑意义。

（一）全面建成小康社会为实现中华民族伟大复兴奠定了基础

人的全面发展、全民共同富裕，是马克思主义政党追求的理想目标。1921年7月，中国共产党诞生于上海。这一政党的成员都秉持着马克思主义，他们是一个具有共产主义理想信念的群体，是马克思主义和共产主义的忠实信仰者和坚定追随者。从中国共产党成立开始，就将实现人的全面发展、全民共同富裕作为奋斗目标，并开启了推动人的全面发展、全民共同富裕的历史进程。纵观中国近代历史，人民始终处于无尽的压迫和黑暗中。伴随着中国共产党的建立，中国人民终于逐步摆脱了受压迫、受剥削的命运。1954年随着《中华人民共和国宪法》的颁布，各族人民充分享有了参与国家政治生活的机会，在政治上获得了前所未有的地位。自党的十一届三中全会以来，党团结和领导全国各族人民，解放思想、实事求是，探索和开拓了建设中国特色社会主义事业的新路。为了解决贫困问题，1986年5月，国务院成立贫困地区经济开发领导小组，以此加强对贫困地区的经济工作进行指导。1992年，邓小平在南方谈话中明确指出："社会主义的本质，是解放生产力，发展生产力，消灭剥削，消除两极分化，最终达到共同富裕。"为了使全体人民摆脱贫困，过上小康生活，逐步走向共同富裕，党制定了一系列政策。通过近30年的不懈努力，我国的脱贫工作取得了举世公认的成就，数亿中国人脱掉了贫困的帽子，但中国的扶贫任务仍然十分艰巨。"截止到2013年底，我国贫困人口仍有8249万，其中贫困发生率超过20%的有西藏、甘肃、贵州、新疆、云南和青海6个少数民族比例较高的省（区）。"为了实现扶贫的针对性，解决贫困居民底数不清、情况不明、针对性不强、扶贫资金和项目指向不准的问题，为了给予困难群体更多的关注和帮扶，让每个人"都共同享有人生出彩的机会，都共同享有梦想成真的机会，都共同享有同祖国和时代一同成长进步的机会"，习近平总书记提出了精准扶贫战略。为了实现脱贫攻坚目标的总体要求，2015年党中央召开扶贫开发工作会议，实行扶持对象、项目安排、资金使用、措施到户、因村派人、脱贫成效"六个精准"，实行发展生产、易地搬迁、生态补偿、发展教育、社会保障兜底"五个一批"，不断创新扶贫工作机制。2021年，习近平总书记在庆祝中国共产党成立100周年大会上的重要讲话中庄严宣告："经过全党全国各族人民持续奋斗，我们实现了第一个百年奋斗目标，在中华大地上全面建成了小康社会，历史性地解决了绝对贫困问题"。这一重大成果的取得是中国共产党人带领全国人民长期努力取得的，是社会主义本质的充分体现。随着中国特色社会主义事业的不断推进，在中国共产党第十九次全国代表大会上，习近平总书记明确提出：

"不断促进人的全面发展、全体人民共同富裕"这一重大命题,并将其作为新时代中国特色社会主义在现阶段发展的主要目标和基本方略。

中国特色社会主义经过长期发展,已经步入新的历史时期,我国社会的主要矛盾已经转化为人们日益增长的美好生活需要与不均衡不充分发展之间的矛盾。进入新时代,人们生活水平明显提高,人们的美好生活需求日益广泛,呈现多元化、多层次、多层面的特征,不但对物质文化生活提出更高要求,而且在民主、法治、公平、公正、安全、环保等方面也产生了愈来愈多的需求。进入新时代,人们不断增长的美好生活需求,也体现在人们对共同富裕的追求上。人们对美好生活的渴望,是对人的全面发展、所有人共同富裕的渴望。这是时代的呼唤。继续推进人的全面发展,实现所有人的共同富裕,是新时代中国共产党人的奋斗目标。

为了实现这一目标,党中央提出了《中共中央关于制定国民经济和社会发展第十三个五年规划的建议》,强调,共享是中国特色社会主义的本质要求。必须坚持发展为了人民、发展依靠人民、发展成果由人民共享,做出更有效的制度安排,使全体人民在共建共享发展中拥有更多获得感,增强发展动力,增进人民团结,朝着共同富裕方向稳步前进。

(二)以人民为中心的政策措施彰显中国共产党人的初心和使命

1848年《共产党宣言》出版,提出了"两个必然"的科学论断,即资产阶级必然灭亡、无产阶级必然胜利的最终结果,并指出:"将代替那存在着阶级和阶级对立的资产阶级旧社会的,将是这样一个联合体,在那里,每个人的自由发展是一切人的自由发展的条件。"这一理论成果正式宣告了马克思主义的诞生。由马克思主义哲学、马克思主义政治经济学和科学社会主义构成的马克思主义科学体系,揭示了资本主义生产方式的运行机制、内在矛盾,指出了资本主义对工人的迫害以及必将导致人的异化。从马克思中学毕业论文中关于未来职业选择的构想,到为了追求革命理想成为"世界公民",从《关于林木盗窃法的辩论》到《资本论》,无不是为了一个理想,即人类解放。马克思主义不仅是关于无产阶级革命的学说,更是为人类谋取幸福、实现全人类解放的学说。人民性是马克思主义的珍贵品质,人类解放是马克思主义理论的终极理想追求。

在中国共产党发展的各个历史阶段,无不坚持人的全面自由发展理念,无时不在思考中华民族伟大复兴的道路。无论是党的基本路线、社会的主要矛盾,中国特色社会主义发展战略,都在随着社会实践的不断变化进行调整。但是,将人民放在各项事业的核心,将国家振兴、民族复兴、人民福祉紧密联系并统一起来,将实现人自由而全面的发展作为中国特色社会主义事业发展的初心,这一点始终没有变。在世界范围，除中国共产党外，没有一个阶级、一个党派、一个政权能够兼顾上述三个方面，这不仅是马克思主义学说的胜利，更是中国共产党伟大理论的胜利，是国际共产主义运动的胜利。

新中国成立七十余年，社会主义的制度优势在中国得以凸显。社会主义的优越性在各个历史时期都有集中的体现，这种优越性不仅体现在国家建设和国防建设中，更是体现在人民的日常生活中。而西方所谓"发达国家"在面对人民群众的重大事件时，往往照顾的是资本家的利益，将人民的利益丢在脑后。

特别是在抗击新冠疫情过程中，"一方有难八方支援"、一省包一市、全力保证人民生活、企业转产支援抗击疫情、人民群众在家中"闷死"病毒，等等，无不彰显着社会主义制度的优越性。在社会主义制度的感召下，全国上下团结一心，湖北以外各省、直辖市，将抗击疫情所需的各类物资源源不断地送达抗疫第一线，有近5万名医护工作者志愿报名来到湖北、来到武汉加入救治患者的群体，成为这个时代最美的"逆行者"。在疫情发生短短数日，中国的科研团队就用创纪录的短时间甄别出病原体、完成基因测序，为后期研制疫苗、保证人民生命打下了坚实的基础。还有大批其他行业专业技术人员、社区工作人员、志愿者等自发参加到服务疫区人民的战斗中来。除此之外，还有大量自发的来自全国四面八方捐赠的生活物资、防护用品等。疫情将全体中国人民紧紧连在了一起，中国速度、中国效率、中国力量发挥到了极致。试问，除了在中国、在社会主义制度下，还有哪个国家和制度能做到？社会主义的制度优势在抗击疫情面前得到了史无前例的彰显，并成为战胜新冠疫情最坚实的制度保障。

总之，经济基础决定上层建筑，中国经济高速增长的成就极大地巩固了党的执政基础，同时也拓展了思想政治教育的空间，为高校的思想政治理论课提供了实践支撑。

三、民族精神的不断凝聚是高校思想政治工作的坚强后盾

中华民族具有5000多年的文明历史，在这漫长的历史岁月中，中华民族创造了璀璨的物质文明和博大精深的中华文化，为全人类文明进步和发展作出了不可磨灭的贡献。中国是世界上少有的历史文化从未间断、一直延续至今的国家。中华文明尽管也历尽沧桑，却始终绵延发展、传承不绝，表现出顽强的生命力。这体现了中华民族的凝聚力和以爱国主义为核心的民族精神。

（一）中华民族伟大复兴进入关键期是不可逆转的历史潮流

中国自1840年以来，饱受帝国主义的侵略和压迫，中国人民饱受苦难。对此，毛泽东同志指出："灾难深重的中华民族，一百年来，其优秀人物奋斗牺牲，

摸索救国救民的真理……但是直到第一次世界大战和俄国十月革命之后，才找到马克思列宁主义这个最好的真理，作为解放我们民族的最好的武器，而中国共产党则是拿起这个武器的倡导者、宣传者和组织者。"中国共产党是由具有共产主义信仰的群体发起并组织的政党，从中国共产党诞生的第一天起，就将马克思主义作为自己的指导思想。中共一大通过的《中国共产党第一个纲领》《关于当前实际工作的决议》提出了指导思想、革命对象和依靠力量，这充分说明和诠释了党的性质。在中共二大上，制定了党的最高纲领和最低纲领，将人民的解放和国家的独立作为行动的目标。由此可见，党在成立之初就以为中国人民谋幸福、为中华民族谋复兴作为未来的奋斗目标，这就是共产党人的初心和使命。习近平总书记在党的十九大报告中指出："中国共产党人的初心和使命，就是为中国人民谋幸福，为中华民族谋复兴。这个初心和使命是激励中国共产党人不断前进的根本动力。"中国共产党人不忘初心继续前进，就是要求全党"一切向前走，都不能忘记走过的路；走得再远、走到再光辉的未来，也不能忘记走过的过去，不能忘记为什么出发"。100年的风云变幻，无论是在艰苦卓绝的武装斗争时期，还是在如火如荼的社会主义建设时期，在伟大的中国特色社会主义改革发展之中，中国共产党在种种困难和挑战面前，正是有了初心和使命，才使中国这个文明古国再次绽放出耀眼的光彩。中国正在日益走近世界舞台的中央。

机遇是事物相互作用的历史累积，是人民创造伟大实践业绩的时代呈现。长久以来，中国共产党领导人民在艰苦奋斗中创造机遇，在抓住机遇中续写历史，一步步接近无限风光的顶峰，迎来了一个大有可为的历史机遇期。在历史发展中，总有一个关键节点，一个关键期。一国的发展历程，一波三折。美国学者拉兹罗将许多重要转变称为"社会史的分叉时期"。假如用道路来比喻，这种时期就是"转折点"。面向拐弯，只有两种命运：发展或衰退。邓小平同志指出，我们国家在历史上损失了太多的机会，如果不抓住机会，后果不堪设想。机会千载难逢，机遇稍纵即逝，机遇不仅是"机"更是"遇"，抓住了，用好了，才不负时代的馈赠、历史的厚爱。20世纪90年代初，邓小平强调，"就中国来说，我们希望至少二十年不打仗，争取国际局势的缓和"。"希望你们不要丧失机遇。对中国来说，大发展的机遇并不多。""从现在（20世纪90年代初）开始到2010年是难得的机会，不要丧失了。""现在是机会啊，这个机会很难得呀！中国人这种机会有过多次，但是错过了一些，很可惜！你们要很好地抓住。"

任何东西都不能比"机遇"这一词更能揭示中国的当下，昭示一个民族的未来，而"历史"这个词，最能体现这种机会的含义，这是中华民族强大起来、实现伟大复兴的机遇，也是中国特色社会主义道路理论制度文化更为成熟、更具领导力和感召力、中国人民创造美好生活、走向共同富裕的机遇。这是中国历史演进的必然。

自改革开放以来，中国共产党面对的不仅是霸权主义的肆虐，国际共产主义运动的低谷、新殖民主义的逆流，国内改革步入攻坚期亦对党的执政能力提出挑战。正是在初心和使命的引领下，党战胜了一个又一个挑战和困难，开创了改革开放伟大事业的新局面，为中华民族的伟大复兴提供了理论基础、物质保障、精神动力和制度支撑。进入新时代，面对新挑战，我国步入近代以来最好的时期，正处在实现中华民族伟大复兴的关键时期，以习近平同志为核心的党中央，审时度势，应对自如。我国的经济整体实力和能力、科技储备和竞争力、国防研究和备战能力等各方面都已经取得长足的进步，国家整体综合国力稳步保持在世界前列，我国的国际地位随着"一带一路"、人类命运共同体思想的提出和推广得到大幅度提升，党、国家和人民的面貌发生了根本性的变化，中国特色社会主义进入了决胜全面建成小康社会、进而全面建设社会主义现代化强国的新时代。以上种种成就在实现国家富强的同时，不断满足人们对美好生活的向往，不断促进人的全面发展，从而践行了党的初心和使命。

（二）疫情中体现的"中国精神"是民族精神凝聚力的具体体现

民族精神是在长期的历史进程和积淀中形成的民族意识、民族文化、民族习俗、民族性格、民族信仰、民族宗教，民族价值观念和价值追求等共同特质，是指民族传统文化中维系、协调、指导、推动民族生存和发展的精粹思想；是一个民族生命力、创造力和凝聚力的集中体现；是一个民族赖以生存、共同生活、共同发展的核心和灵魂。习近平总书记指出："在中华民族几千年绵延发展的历史长河中，爱国主义始终是激昂的主旋律，始终是激励我国各族人民自强不息的强大力量。"5000多年来，中国人民在长期奋斗中培育、继承、发展起来的伟大民族精神，为中国发展和人类文明进步提供了强大的精神动力。中华民族精神作为中华文化最本质、最集中的体现，是维系56个民族、14亿多中国人民的精神纽带。以爱国主义为核心的民族精神历来都是催人奋进的力量，在最艰难的时刻、在最艰苦的条件下，足以凝聚起战无不胜、攻无不克的强大动力。

全面建成小康社会的实现，北京冬奥会的成功举办，一次次将中国儿女的心紧紧连在一起。中华优秀文化是中华儿女共同的精神基因，也是中华民族发展壮大的强大精神力量。综观2022年北京冬奥会，中国从"申奥""筹奥"到"办奥"的巨大成功，中国运动健儿在奥运赛场上的捷报频传，中国人民在全民奥运中表现出的活力风采，就是以伟大创造精神、伟大奋斗精神、伟大团结精神、伟大梦想精神为主要内容的伟大民族精神的一次集中展示。在新冠疫情仍在全球蔓延的情况下，中国不仅遵守承诺如期举办冬奥会，更是为全世界呈献了一场高质量、高水平的奥运盛会，恰如阴霾中腾空而出的闪耀明星，带给世界各国人民信心、温暖和希望，凝聚起海内外中华儿女昂首阔步、携手奋进，为实现中华民族伟大复兴而团结奋斗的磅礴伟力。

习近平总书记在不同场合都曾提出过"人民是真正的英雄"。新型冠状肺炎疫情是新中国历史上的一次重大突发公共卫生事件，其发生的范围之广、影响之大、情况之严重都是空前的，给人民的生命健康，给我国的经济发展和国家建设造成了极大的影响，同样也对人民群众的生产生活造成了极度的不便。但英雄的中华儿女没有被疫情打败，在疫情面前全体中国人民彰显出伟大的民族精神。面对此次疫情，在党的领导下，中华民族又迸发出无与伦比的坚强和团结，众志成城，万众一心，伟大的民族精神闪耀着新时代的光芒。每一名群众、每一户居民、每一个社区、每一个乡村、每一座城市都成了一个个"战斗堡垒"，党员、干部、群众紧密团结、相互协作，铸就了阻断疫情的钢铁长城。"生命重于泰山""人民利益高于一切"，这是我们党对于人民群众地位的肯定，群众也用自己的行为捍卫着我们的党、我们的社会主义制度和改革开放的伟大成就。人民群众不愧是历史的创造者，他们以强烈的主人翁意识，用自己朴实无华而又充满中国智慧的行动，阻断着疫情的发展，维护着国家的整体利益，用自己的智慧和力量汇聚起了战胜疫情的伟大的中国精神。

在此次新冠疫情面前，党员和群众都清楚，没有国哪有家？"苟利国家生死以，岂因祸福避趋之"，中国人民用自己的行动维护着祖国发展的大好局面、维护着中国特色社会主义道路的正确向前发展、维护着来之不易的美好生活。中国的发展是任何势力都不能阻挡的，也是任何困难都不能阻挡的。疫情检验着我们的党和人民，全国人民只要上下一心，坚定地团结在党中央的周围，勠力同心，以中华民族伟大复兴为己任，构筑坚强的精神堡垒，充分发挥我们党的组织优势、社会主义的制度优势，想国家之所想，急国家之所急，就一定能够战胜困难。疫情不过是中华民族伟大复兴路上的短暂插曲，相信经过此次疫情的洗礼，我们将凝聚起更为强大的精神力量，为实现中华民族伟大复兴而砥砺奋进。

第二节　高校思想政治教育面临的新挑战

《矛盾论》指出，只看见局部，不看见全体，只看见树木，不看见森林，这样是不能找出解决矛盾的方法的，是不能完成革命任务的，是不能做好工作的，是不能正确地解决党内的思想斗争的。"知己知彼，百战不殆。"只有了解自己，也了解对方，才能够战无不胜，连战而不败。做好高校思想政治工作，要充分了解面临的难度和挑战，才能有针对性地开展工作，为实现思想政治工作目标打下坚实的基础。

一、大学生的思想行为特点增加了高校思想政治工作的难度

目前，我国高校大学生的年龄集中在18岁至23岁，这一时期青年的思想和行为具有自己的特点。要完成高校思想政治工作铸魂育人的目标，就要了解大学生的特点，了解其由于年龄、生长环境、阅历等方面引起的价值观的不完整性和可塑性，在了解的基础上，进行有针对性的思想政治工作，才会增加工作的成效。

（一）思维方式的简单和偏激易引发大学生思想的偏差

如今的大学生大都是"温室中的花朵"，尚未经历过社会的锤炼，缺乏人生阅历。在思维方式上，在大学生的认知中占据较大比例的是横向思维，即面对问题时，往往从横向上直接进行比较，而忽视了纵向的思维角度，从而得到片面的结论。虽然在校期间，大部分学生都通过学习马克思主义基本原理而获得了关于唯物史观的基础知识，但是尚未学会在实践中将其灵活地运用到日常生活当中，并使之成为一种习惯的思维方式。这就容易导致在评价历史的过程中，忽视历史的连贯性，直接将中国社会中出现的现象与其他国家进行横向对比，进而发现我国在发展过程中存在的问题，产生失望和悲观情绪。尤其是近年来，历史虚无主义打着学术研究的旗号，对当前学术界已有定论的历史人物和历史事件进行重新评价，诋毁党的领袖和英雄人物，否定中国共产党领导新民主主义革命及社会主义建设的伟大成就，质疑中国社会主义道路选择的必然性，给人们的思想带来了极大的混乱，高校大学生也不可避免地受到其影响。

与此同时，不可否认的是，人都是在一定的意识影响下有目的地进行社会实践的。在进行社会实践的过程中，不仅具有理性因素，同样具有非理性因素。非理性是"人类所特有的一种精神现象，是在社会实践活动中形成、发展并能动地参与社会实践，反映并反作用于社会存在的非条理化、非规范化、非逻辑化、非程序化、非秩序化的社会精神现象"。非理性因素具有主观能动性，会潜意识地对人的行为发生影响。因此，在人的评价活动中，不仅只有理性的因素，非理性因素也发挥着重要的作用。人的评价活动最终是理性与非理性共同参与的结果。换言之，人的评价活动一方面是在理性的指导下有意识、有目的地进行；另一方面，人的评价活动中又处处渗透着非理性的因素，如人的情感、意志、动机、欲望等。改革开放以来，中国的社会主义建设速度加快，大大提高了人民的生活质量。伴随着改革工作的进一步深入，利益格局进一步调整，一些社会问题更加突出，社会发展中的不平衡不充分问题日益凸显。这些问题和矛盾通过投射到各个家庭，进而影响到大学生的思想认识。大学生自身也有着忧国忧民的情怀，因此会不断

进行思考，分析问题出现的原因和影响问题的因素。但是，由于片面的思维以及非理性因素的影响，使得部分大学生不能够正确认识问题，或者当问题在短时期内无法有效得到解决时，就会出现负面情绪。甚至将对于单个事件的负面情绪，连带到其主管部门，或者从对某个部门的不满上升到对于整个社会的不满。

（二）学生的求新心理使得非主流价值观更加迎合学生的心理

社会学专家指出，一旦人们的生活很长时间都没有发生改变，就会在思维层面出现审美疲劳问题。为了避免这种情况，人们会努力丰富生活内容，为自己找出更加有趣、更加刺激的日常活动，并通过活动进行探寻。这种探寻既包括实体生活，也包含思维方式，这就是常说的"求新心理"。"求新心理"是一种正常的心理状态，是一种客观存在。对于大学生来说，由于其年龄特点，求新心理会更加强烈。特别是对于一些打破传统的内容和一些标新立异的观点，不同于主流意识形态的见解，少数大学生往往会表现出极其强烈的热情，甚至会出现哗众取宠、肆意传播谣言的情况，以博人眼球获得关注。

历史对于每个人来说是一个既熟悉又陌生的存在。熟悉是因为不仅每个人都处于历史的洪流当中，并且由于我国完备的教育制度与教学设置的科学性，每个人或多或少都接受过正统的历史教育，这其中既包括关于重大历史事实的掌握，又包括我国主流意识形态对于重大历史事件、历史人物的历史评价。在这样的历史教育环境中，大部分人形成了对于历史事实的正确认识。但是也正是由于太熟悉，使得人们对于与主流教育不同的价值评判有着异乎寻常的兴趣，主要表现在由于对于正史太熟悉或者正史说教性太强，对其没有兴趣，而对于野史有着强烈的兴趣。如对于历史事件的认识，由于在学习过程中内容往往以结论为主，因此，好奇心会随着学习时长的增加和内容的重复以及年龄的增长不断下降。与之相对的是，少数学生对于一些历史解密的或者非主流价值观的文章和视频更加感兴趣，并容易将这些内容传播出去，以宣扬自身的特立独行和知识渊博。这就让历史虚无主义者抓住了机会，使用各种颠覆价值观的标题和内容吸引大学生，在正确的言论中夹杂谎言，实现对主流意识形态的冲击；还有一些影视作品与文学作品，肆意捏造历史人物形象，采用恶搞和戏说的形式来收获流量，这样新奇反传统的演绎得到了天真烂漫的大学生的回应。不仅如此，历史虚无主义者还注重以文艺作品等通俗易懂的方式吸引更多的群体，增加感染力。对革命的批判，对红色经典的改编，对于抗战史实的无厘头化，对于历史巨作的戏说等，这些做法往往将严肃、悲壮的历史话题娱乐化，在博得学生一笑的同时瓦解了对于历史事实与历史人物最起码的尊重。

总之，正是由于大学生的特殊心理与思维方式，导致非主流价值观更容易吸引学生注意，更容易在学生群体中得到传播，这就增加了高校思想政治工作的难度。

二、新时代社会主要矛盾的凸显增加了主流价值观的形成难度

伴随着经济发展和改革进程的加快，中国正处在社会转型时期，人民生活水平不断提高，社会贫富差距日益扩大，据权威机构统计，目前中国基尼系数已接近国际警戒线的0.5。不断拉大的贫富差距不仅影响着人们的正常生活，而且严重影响着社会的和谐与国家经济的健康发展，同时，贫富差距问题也对大学生产生了深远的影响，其中，对当前我国高校思政课程教学的实效性带来了负面效应。准确认识和分析贫富差距对当代大学生和高校思政课程建设的影响，采取有效措施，减少或消除贫富差距带来的消极影响，对教育引导大学生树立正确的思想观念，提高高校思政课程教学质量和水平具有深远的现实意义。

（一）现实与理想的差距影响主流价值观的形成和确立

在特定的历史阶段，社会主要矛盾是国家经济、政治、文化等各方面矛盾交织中最突出、最重要、最核心的矛盾，对其他社会矛盾起着决定性的制约作用，从总体上影响着我国各个领域的发展。在党的十九大上对我国发展的历史方位和社会主要矛盾做出了新的判断，即："中国特色社会主义进入新时代"，把"人民日益增长的物质文化需求同落后的社会生产之间的矛盾"转化为"人民日益增长的美好生活需求与不平衡不充分的发展之间的矛盾"。这是党充分认识我国社会的发展现状做出的重大政治判断，反映了社会发展最主要的问题，也反映了中国家庭的现状。这种不平衡和不充分，不仅体现在经济方面，还表现在政治、文化、社会、生态等方面，还体现在大学校园，最突出的表现就是日常生活中的各种差距。

大学生是校园主体，是一个个活生生的个体，每日都会有正常的生活需求和消费需求。在大学校园的任何一个班级中，既存在需要依靠国家助学金才能顺利完成学习的大学生，也存在家庭条件较好生活消费水平较高的同学。生活的巨大差距，难免会令大学生产生强烈的落差。大学生群体的消费倾向主要集中在伙食、学习用品、生活必需品上，而具体消费产品在质量上存在差距。部分大学生在张扬个性、表现自我的价值观驱使下，盲目攀比，崇尚享受，追求金钱至上，逐渐滋生出拜金主义和功利主义的价值观念。另外，贫富差距问题对大学生的心理发展产生了消极影响，家庭经济条件优越的大学生，由于没有经济上的顾虑，长期生活在顺境中，久而久之就产生了心理上的优越感，这种优越感容易导致自尊心强，经不起挫折、困难和失败；对于贫困家庭的大学生来说，由于家庭经济困难

更容易出现心理变化，他们所承受的压力远远超过他们的心理承受能力，渐渐地出现了心理失衡，甚至对家庭、社会产生埋怨，对家庭条件好的同学嫉妒、排斥，从而在精神、心理上压力重重，出现烦躁焦虑、忧郁不安、不能安心学习，孤独抑郁、集体主义意识缺乏等心理状态。

与此同时，进入大学后，为了扩大自己的视野和人际交往，提升自己的能力，许多同学都有加入各种社团和学生组织的愿望。虽然在机会上是均等的，但是由于自身消费能力的局限性，在人际交往方面，生活相对贫困的同学会显得捉襟见肘。为了开阔视野的各种培训，或者外出游学，可能也会由于经济条件而不得不搁置。这就在事实上给贫困学生造成了困扰。

（二）对大学生的学习和择业观念产生消极影响和负面引导

习近平总书记强调，教育公平是社会公平的重要基础，要不断促进教育发展成果更多更公平地惠及全体人民，以教育公平促进社会公平正义。近年来，国家助学贷款发放金额保持稳定增长，2020年国家助学贷款发放378亿元，资助学生506万人次，为家庭经济困难的学生成长成才提供了重要的经济支持。与此同时，已经构建起的高等教育阶段"奖、贷、助、勤、补、免"全方位学生资助体系，实实在在缓解了家庭经济困难学生的后顾之忧，助力他们顺利入学、安心求学、学有所成。但是，不可否认的是，近几年来，贫富差距的拉大、大学生就业形势的严峻、个人利益的多元化、思想多元化等诸多因素的叠加，对在校大学生的学习观念和学习行为产生了一定的影响，主要表现为：部分大学生实用主义和功利主义倾向严重，在学科选择和专业学习上追求短平快，注重眼前利益，忽视长远目标，注重实用性学科学习，忽视基础学科和人文知识的积累，导致许多高校毕业生基础知识不扎实。具体表现在学习行为上：贫困大学生学习更为积极、主动、刻苦，集体观念更强，更有责任感，这是艰苦生活中历练出来的品质，他们对自己的学习行为有很强的约束力，能把精力更好地投入到学习中。但家境富裕的大学生，由于经济条件优越，常常缺乏学习约束，学习不够刻苦，精力更集中在学科知识以外的方面，如拉关系走后门、玩游戏、追剧追星等，影响了专业学科知识的学习。

贫困生因为知道自己的校园里没有钱做宣传海报、没有钱请同学吃饭、甚至没有钱买一身好的"参选服"，也不敢去竞选学生会干部。因此，我们不能忽视这样一个事实：贫富差距已在一定程度上影响着学生们的公平、公开、充分发展的统一竞争环境，这当然不是件好事。那种"贫富差距冲击校园不是坏事"的思想倾向，不利于解决这一问题。

总之，要充分认识由于社会贫富差距问题对当代大学生人生观、价值观、未来择业观的影响,以及对大学思想政治教育教学产生的负面影响,需要全社会共同行动,从家庭、社会、学校三个层面着手,采取有效措施加以解决。

三、西方社会思潮对高校大学生的价值取向形成冲击

随着全球化的不断深入,西方的社会思潮对高校大学生的影响正在日益深入,冲击着大学生的价值观。

(一)西方国家持续对我国实施和平演变战略没有变

西方资本主义国家从社会主义诞生之日起就对其抱有敌视态度。第二次世界大战之后,为了有效遏制日益崛起的强大的苏联,以美国为首的西方资本主义国家在运用武力军事干涉和颠覆社会主义国家政权无果的情况下,转而采用文化渗透、经济交流等方式影响社会主义国家人们的思想和行为,从而从内部瓦解社会主义国家政权,此种战略被称为所谓的"和平演变战略"。1945年,时任美国中央情报局局长的艾伦·杜勒斯声称,"人的脑子,人的意识,是会变的。只要把脑子弄乱,我们就能不知不觉改变人们的价值观念,并迫使他们相信一种经过偷换的价值观念。……我们要从青少年抓起,要把主要的赌注押在青年身上,要让他们变质、发霉、腐烂。我们要把他们变成无耻之徒、庸人和世界主义者,我们一定要做到"。这样的思想不仅限于杜勒斯,美国的历届领导人或政要一直秉持着和平演变战略,在各种场合不加掩饰地进行了论述并付诸实践。尼克松曾直言不讳地说:"随着一代一代往下传,我们将开始看到和平演变的进程在东方集团中扎下根来。""它播下的不满的种子,有一天将开出和平演变的花朵。"20世纪90年代,苏联解体,东欧剧变。如此巨大的成果更坚定了西方国家运用和平演变战略推行世界霸权的决心。中国作为世界上仅存的最强大的社会主义国家,成为西方反共势力推行"和平演变"战略的重点。以美国为例,美国通过多种方式对中国进行和平演变,推行西方国家的思想和价值观念。美国政府对我国实施了有组织、有计划、有目的的意识形态渗透。这其中既包含政府组织,也包括各类非政府性组织。这些组织通力合作、分工协作,承担着不同的职责,但是根本目的都是输出西方国家的意识形态。"日本《朝日新闻》17日报道称,该报获得的一份非公开内部资料显示,美国国家民主基金会向中国的有关'民主和人权'问题的团体提供总额高达9652万美元的资金支持……这9652万美元被给予中国境内约103家团体,其中有关西藏问题的团体获得约625万美元,有关新疆问题的团体获得约556万美元。它们都进行所谓'民主和人权'活动,其中包括'世维会'等被中国认定为'疆独'组织的团体。"

在经济领域,美国试图借中国改革开放实行社会主义市场经济的契机,推行

新自由主义思想，鼓吹自由化、私有化，妄图瓦解我国社会主义公有制经济的经济基础；在历史领域，鼓吹历史虚无主义，妄图在根基上消灭中国共产党执政的合法基础，消灭中国社会主义政权存在的必然性；在文化领域，通过大众传播媒体进行价值渗透。媒介传播是指人们利用报刊、书籍、广播、电视、网络、手机等一定载体进行信息的传递与交流。相对于人际传播，媒介传播具有更广泛的受众群体，不受时间空间的约束，传播快捷。基于媒体传播的巨大影响力，西方国家将其作为思想渗透与和平演变的重要工具。随着我国对外开放政策的实施，文化交流日益频繁，西方国家通过电影、电视、杂志等传统媒体，裹挟着意识形态，进入中国的文艺市场。即"电影将不是故事的电影，不是轶闻的电影，将是概念的电影，是整个思想体系和概念体系的直接表现"。美国电影中好莱坞式的个人英雄主义色彩浓烈，如在《谍中谍》《独立日》《哈利·波特》《完美风暴》等影片中，基本上都是在国家或世界面临巨大灾难时靠一己之力进行拯救，这与美国国家精神中强调个人主义有着不可分割的关系。这固然从某种程度上赞扬了个人为国家和民族所作出的突出贡献，但是过于渲染个人主义却容易导致人们充满英雄梦，不利于人们脚踏实地地工作，并且与我国传统的集体利益大于个人利益观念相悖。

当前，随着中国改革开放的日益深入，社会矛盾冲突不断加深，资本主义国家充分利用开放的国际环境进一步攻击社会主义制度，制造马克思主义"失败论""终结论"。西方资本主义国家对我国进行的和平演变在一定程度上宣扬了资本主义的意识形态，资本主义的人权、自由等观念进入人们的思想领域，其观点与我国的主流观点发生冲突，影响了人们对我国社会主义国家的政治认同，这一点与历史虚无主义的某些观点不谋而合，实现了共鸣。

（二）互联网的开放环境增加了西方思潮影响大学生价值观的可能性

随着互联网的发展及其在人们生活中占据愈来愈重要的地位，美国等西方资本主义国家开始从传统的宣传媒体转向开始注重依托在互联网中的技术优势传播西方世界的意识形态。美国等西方国家利用各种论坛、博客、微博、微信、电子邮件、BBS等工具，散播不实的消息，歪曲我国的人权状况，宣传西方的各种自由主义思潮、普世价值等观念，指责我国的社会政策，从而削弱民族自尊心和自信心。

2019年6月，我国网民的总体数量为8.54亿人，其中，使用手机的网民数量是8.47亿人，占比是99.1%，手机已经是主要的获取网络信息的方式。通过手机进行联网是学生的首选，其使用的主要目的是获取新闻信息，"占据的数值是55.7%~58.9%"。依据我国互联网络信息中心（CNNIC）发表的第49次《中国互联网络发展状况统计报告》，截至2021年12月，我国网民规模达10.32亿人，较2020年12月增长4296万人，互联网普及率达73.0%，较2020年12月提升2.6个百分点。截至2021年12月，我国手机网民规模达10.29亿人，较2020年12月增长4298万人，网民使用手机上网的比例为99.7%。手机媒体已经成为当代大学生生活中不可或缺的一部分。当今时代，互联网已经日益成为人们的一种生活方式。结合此数据总结出，信息技术的应用是生活中的常态。

当今时代，网络具有高度的开放性，是一个信息高度发达的空间。自媒体的高速发展给予每个个体以高度自由和空间。仅仅需要简单的学习，不需要任何培训，一个人就可以成为互联网中海量信息的源头之一。只要你想发言，无关乎年龄、学历、身份和社会地位，网络就给予你这样的空间。由此导致在信息上，数量呈几何级增长。人们既可以轻易地发布信息，成为信息的传播者，又可以轻易地从中不加甄别地获取信息。网络给人们的学习和生活提供了帮助，带来了便利。但是同时，也给国家的意识形态安全带来了隐患和冲击，使得西方思潮在网络上有着较宽泛的生存和发展空间。

四、西方国家对中国发展的负面认知增加思想政治工作的难度

当前我国的发展正在步入一个新的阶段，中国特色社会主义新时代正处于一个特殊时期，当今世界正在经历百年未有的巨大变化，新冠肺炎的全球大流行使这个大变局加快发展，经济全球化遭遇逆流，保护主义、单边主义抬头，世界经济衰退，国际经济、科技、文化、安全、政治等格局正在发生深刻调整，世界进入动荡不安的转型时期。当前，我们国家正处在实现中华民族伟大复兴的关键时期，经济已经从高速增长阶段过渡到高质量发展阶段。我国经济长期向好，市场空间广阔，发展韧性强，正形成以国内大循环为主、国内国际双循环相互促进的新发展格局。当前，我国正处于转变发展方式、优化经济结构、转换增长动力的关键时期。

（一）冷战思维使得部分国家对于中华民族伟大复兴充满敌意

"冷战"包含两个层面，一个是历史性的冷战，另一个是战略层次的冷战。历史性的冷战是美苏冷战的一部分，它的本质是一场两个超级大国之间的全球霸权之争。战略层面的冷战，实际上是与热战相对应的一种斗争模式，特指利用间接对抗手段克敌制胜，是一种思维方式，即冷战思维。具体来说，冷战思维（Cold War mentality），指冷战期间两大集团对峙，两个超级大国争霸的过程中所形成的处理国家间关系，解决国际争端的一种思维模式。其产生的基础是资产阶级国家主权和利益的狭隘观念和基于此而形成的一整套旨在遏制和挤压社会主义国家的

西方国际关系理论。当前,一些西方媒体认为"俄罗斯与乌克兰的冲突意味着新冷战的到来",类似的言论和解释充斥于欧美的舆论,有意将俄乌关系视为"民主与独裁之争",使双方进行对话和协商的根基受到极大的破坏,并不断瓦解中国等世界各国为应对目前的危机所做的种种尝试,并呈现出一种"新冷战"的危险趋势。虽然从冷战到现在已经过去了30多年,但"冷战思维"却从未彻底消失,仍然隐秘地发挥作用,并在某些场合可能产生严重后果。

冷战思维的核心是意识形态的冲突。关于美苏的冷战由来,学术界有很多探讨。不管其侧重点如何,大部分学者都认为,作为资本主义的美国和社会主义国家的苏联之间存在着意识形态上的差异和矛盾,是冷战缘起的重要因素,也是与历史上不同时期大国之间对抗的区别所在。"冷战思维"实质上是一种高度二元的思维模式,它注重区别"自我"和"他者",强调在面对"敌人"时内部形成共识且外部形成联盟。在对抗的语言系统中,"冷战思维"也隐隐地包含着其优势和普遍适用于其价值观和社会发展的方式。所以,在坚守冷战思想的人们眼中,坚持思想上的对立不但可以把自己的行动"神圣化"成"道义价值",而且能够在它的指引下,起到"武器"的"克敌制胜"作用。美国在发展和扩张过程中,受到"二元对立"思维模式的制约,把"自己"与"他者"区别开来,从而持续地树立"敌人"。在冷战时期,美国基于意识形态的考虑选择与苏联为敌;20世纪80年代,美国选择了与立志"买下美国"的日本为敌;21世纪初,美国选择了将日益统一的欧洲作为对手。每次"成功"都进一步加深了美国对于"敌人和我"的偏见。因此,随着中国的全面蓬勃发展,突破了美国的精神防御,美国在"历史体验"的驱动下,毫不犹豫地举起了"对华文明冲突论"的旗帜。这一论点不但充分体现了美国哲学范式的"二元对立""非友即敌"的意识形态思想,同时也揭示了美国在全球剧变中包容力下降的缺陷。

在今天的国际社会中,"冷战思维"不仅没有随着冷战的终结而消亡,反而越来越多地体现在某些国家(如美国)的外交理念与做法上,从而影响到各国之间的和平与发展趋势,影响各国之间的和平与合作。联合国平台上,受美国幕后黑手的怂恿和鼓动,部分西方国家也加入了美国的反华"小合唱",借"新疆问题"煽风点火,为美国的"小团体"铺路。这其中有美国盟友体系的"余温尚存",但更多的是一些西方国家带着意识形态的有色眼镜来看待世界,不顾事实,偏听偏信。这一举动体现了"西方的焦虑",使得部分国家对于中国的发展产生疑虑和抵触,给中华民族的伟大复兴制造了更多的障碍。

(二)文化的差异与理论使得西方国家无法理解中国的和平崛起

面对中华民族的崛起,中华民族的伟大复兴,西方国家基于自己狭隘的理论做出中国崛起必将威胁西方的结论。

在国际交往中,"修昔底德陷阱"被认为是一条"铁律"。所谓修昔底德圈套,源于希腊的历史学家修昔底德。他认为,当一个新兴国家崛起时,会对现存的统治霸主造成巨大的威胁,会给两个国家带来巨大的威胁。正如公元前5世纪希腊人与19世纪末德国人面临的情况一样。这些问题大都是以一场战斗结束的。雅典在公元前5世纪的迅速发展使大陆上的强邦斯巴达大吃一惊。在这场持续了30年的内战之后,两个国家都遭到了毁灭性的打击。修昔底德认为,雅典势力的不断增长以及斯巴达人对它的畏惧,导致战争无可避免。用现代的话来说,"修昔底德陷阱"就是,新的力量势必向现有的强大力量发起挑衅,而现有的力量也必须响应,于是,一场战争就成为不可避免的事情。从1500年开始,已经有15个新的国家向现有的强国发起了挑战,包括11个国家之间的冲突。其中最引人注目的莫过于德国了,德国的快速发展与崛起与英国的反应是两次世界大战的重要因素。亚洲也有相似的经验。日本在兴起以后,试图挑战欧洲各国在亚洲的殖民地,在亚洲、澳洲及西南太平洋地区重构政治格局,建立殖民统治。

近些年来,随着中国快速发展,在"修昔底德陷阱"的理论引导下,国际上有些人担心中国会走"国强必霸"的路子,提出了所谓的"中国威胁论",认为中国是未来世界格局中的最危险因素。有这样的看法和想法,大多数人是由于认知上的误读,当然也有少数人是出于一种根深蒂固的偏见。党的十八大以来,习近平总书记提出了构建新型大国关系的构想。在接受《世界邮报》创刊号专访时,指出:"我们都应该努力避免陷入'修昔底德陷阱',强国只能追求霸权的主张不适用于中国,中国没有实施这种行动的基因。"后来在访美演讲时,他再次强调:"世界上本无'修昔底德陷阱',但大国之间一再发生战略误判,就可能自己给自己造成'修昔底德陷阱'。"

"和"文化是中华文化的核心。中华民族历来是爱好和平的民族。"中华文化崇尚和谐,中国'和'文化源远流长,蕴含着天人合一的宇宙观、协和万邦的国际观、和而不同的社会观、人心和善的道德观。在5000多年的文明发展中,中华民族一直追求和传承着和平、和睦、和谐的坚定理念。以和为贵,与人为善,己所不欲、勿施于人等理念在中国代代相传,深深植根于中国人的精神中,深深体现在中国人的行为上。"中国的先人早就知道"国虽大,好战必亡"。中华民族自远古以来,就积极开展对外交往,而非对外侵略扩张;致力于保家卫国,而非以开疆拓土为目的的殖民主义。在2100多年前,中国人开辟了丝绸之路,促进东西方平等地进行文明交流,留下了互利合作的足迹,沿路各国人民都从中受益。600多年前,郑和率领当时世界上最强大的船队7次远航西太平洋和印度洋,访问了30多个国家和地区,未占一寸土地,播撒了和平友谊的种子,留下了与沿途人民友好交往和文明传播的佳话。中国近代历史，是一部充满灾祸、落后挨打的可悲的屈辱历史，是中华民族抵抗外来侵略、实现民族独立的伟大斗争史。饱经风霜的中国人民珍视和平，决不会把自己所受的苦难强加于其他国家。中国人的血脉里没有侵略和称霸世界的基因，中国人不接受"强者必霸"的逻辑，愿意与世界各国人民和睦相处、共同发展，共同维护和平、共同分享和平。

　　建设世界命运共同体，既符合时代发展趋势，又彰显了国家的使命感和责任感。在德国科尔伯基金会的邀请下，习近平在致辞时表示："我们将以中国的智慧来解决当今国际问题，为解决21世纪的问题做出中国的努力，为解决21世纪的种种问题做出自己的努力。"

第三章 新时代大学生思想政治教育对象的特点

党的二十大报告指出，党的十九大以来的五年，是极不寻常、极不平凡的五年。我国目前处于新的历史方位，国内国际的形势也越来越复杂多变，这种"多变"不仅体现在物质生活中，也体现在各种思潮和观念相互碰撞当中，影响大学生思想行为的因素也越来越庞杂，新时代大学生思想政治教育对象的特点也呈现出前所未有的复杂性，这种复杂性让开展高校思想政治教育面临着不断进行自我改革的需要。因此，调查研究并准确把握当前思想政治教育对象的特点，对做好高校思想政治教育工作，促进学生的成长成才有着极其重要的意义。

第一节 新时代大学生的思想特性

一、政治意识强烈，但政治立场不坚定

青年学生既要有充足的前进马力，也要有坚定的前行之舵，要把好政治方向这个重中之重。一直以来，我国青年大学生在政治意识方面都具有突出的强烈性特点。在各个历史时期，青年大学生总是起着"排头兵"作用，为国家生存、发展、繁荣而不懈努力。尤其以五四运动为代表，这是中国青年知识分子作为先锋队为挽救民族危机而掀起的伟大革命运动，充分体现出中国青年学生强烈的爱国之情。他们不怕牺牲，勇于奋斗，甘愿为祖国奉献出自己的一切，甚至是自己的生命，奏响了一首跨越百年的爱国主义壮歌。社会主义建设时期，广大大学生牢记历史使命，将自己的一切都无怨无悔地捐献给了祖国，将勤奋所学化为国家强盛繁荣的力量，为社会主义建设贡献自己的力量，将个人的追求同祖国的繁荣昌盛联系起来。自改革开放以来，国内国际的社会环境都发生了巨大的变化，但是大学生投身于改革开放实践，为实现中国从"站起来"到"富起来"而贡献青春

力量的决心没有变。大学生能够将他们在大学里学到的知识文化和技能运用到国家建设中去，明确自己的个人发展和国家的前途命运有着不可分割的联系。一方面，广大学生通过自身的努力为实现社会主义现代化，建设现代化强国而不懈奋斗，另一方面，国家也成为广大学生施展才华、实现雄心抱负的坚强后盾和广阔平台，为其更好地发掘自己的潜能创造稳定、良好的环境和条件。

尽管新时代大学生在总体上具有强烈的政治意识，思想积极向上，但是在政治立场上仍然具有不坚定的问题。随着互联网的迅猛发展，新时代大学生作为互联网时代的"原住民"，对新媒体及互联网技术具有较强的把握和熟练运用的能力，他们拥有更多的机会和平台可以了解国内外发生的大事，以及能接触到更多的思想和信息。新时代大学生思维普遍比较活跃，能够快速了解时代的特点，把握时代的脉搏，具有较强的掌握和接受新事物的能力。大学生的思想特点必然带有时代的烙印，互联网的发展一方面给大学生了解信息提供了广泛的渠道，另一方面也让大学生接触到了良莠不齐、鱼龙混杂的非主流思想，导致了部分学生受不良思想、落后思想及腐朽思想侵蚀，政治立场不坚定。高考结束以后，大学生不再像高中一样进行紧张和紧密的学习，拥有较为自由的时间和空间，再加上手机、平板、电脑等移动设备的配备，他们有时间、有精力也有条件去关心国家大事及时事政治热点。虽然步入大学的他们大部分已经成年，拥有一定程度上独立思考的能力，但是他们长期浸泡在互联网这个"是非之地"，容易受到不良思想和虚假信息的侵害和影响。同时，由于缺乏相关的理论知识和素养，对党的认识存在零散、片面、浅薄的情况，他们的政治态度仍然容易受他人干扰和影响，导致政治立场不坚定。

二、学习能力强，思想具有创造性

由于大学生在生理上已经趋于成熟，在思想上也发生了极大的变化，其思维能力、记忆力等方面都得到了迅速的发展。这种在思维能力和智力上的迅速发展使大学生拥有强烈的好奇心，他们会在日常生活中观察各种各样的事物。同时，在这种观察的过程中不断提升自己观察事物、分析事物、总结事物的能力。这种行为习惯使他们的学习能力增强，其思维也具有较强的创造性。他们富于想象力的特点，让他们往往敢于去想、去闯、去做，乐于、善于将思想付诸实践，从而实现从思想上的创造到行动实践上的创造。

青年大学生具有无与伦比的创造力。首先，大学生的身体素质强健，意志力坚强，为创新提供了坚实的身体素质基础。大学生的精力旺盛，能够克服创造劳动所造成的体力、脑力、心力困难。其次，大学生的思想活跃，富于批判精神，敢于质疑。他们能够跳出传统旧框架的束缚，用新的角度、新的思维去思考问题，并且他们还具有冒险和探索精神，敢想敢干，这对于创新来说是必不可少的条件。

三、个性化鲜明，以自我为中心

随着市场经济的确立和发展，人们在思想上的观念也受到了物质生活的极大影响。伴随着社会主义市场经济公平、平等、竞争、开放等原则的确立，人们的思想观念也逐渐改变，经济上的平等、开放等思想被运用到生活、工作和学习当中来，尤其是对正处于思想观念形成时期的大学生来说，这种影响更是广泛而深刻的。其次，随着实践活动范围的不断扩大，大学生能够利用多种渠道实现自己的目标，达成自己的梦想，他们的思想观念也逐渐开放。在生活方式上，他们力求能够区别于他人，希望自己能活出与其他人不一样的生活方式，张扬自己的个性，将生活中的一切都贴上属于自己的"标签"。在思想观念上，有自己独立的思考，不屈服于权威，敢于质疑，敢于提出自己的观点并坚持到底。

社会的进步以及思想的解放，加上不同文化对新时代大学生的思想意识产生了极其强烈的冲击碰撞，一方面促进了大学生鲜明个性的形成，另一方面也导致其价值观多元化，自我意识增强。在中国基本实现"富起来"的历程中逐渐成长起来的新时代大学生天生就具有较强的自信感和独立自主意识。他们能够在大学期间对自己未来的发展目标和方向进行规划和落实，自主选择参与什么样的活动，开展什么样的实践。但是在这种"自我中心"的价值观的影响下，很多学生过度以自我为中心，"唯我独尊"。

四、逆反性思维强烈

大学时期，大学生的身心正处于发展的关键期，他们正逐渐走向成熟但又并未完全成熟，还不能理性地看待和处理问题，具有一定的逆反性思维。首先，大学生的心理发展还不够成熟。这有主客观两方面的原因。一方面，从客观上看，随着社会的不断发展和科技的不断更新换代，大学生接触的新生事物层出不穷，这些新生事物涵盖生活、学习和工作甚至是思想方面，对他们的生活方式、思想观念和学习方式等各方面产生了深刻影响，导致大学生心理上具有多变性、不稳定性等特点；另一方面，从主观上看，大学生尚处于思维模式的形成发展时期，并未形成固定的、系统的、全面的思维模式，思考问题往往具有片面性、浅薄性和随机性，不能对某一事物做出全面准确的价值判断，对思想观念的甄别和辨别能力较弱，难以去伪存真，容易受到各种思潮和社会思想观念的"摆布"，具有摇摆性。其次，大学生的情绪丰富但也多变，具有丰富性、细腻性和波动性等特点。由于大学生活丰富多彩，让大学生能够有除了学习以外的丰富体验，他们可以产生丰富的情绪体验。但同时，由于其情感的细腻性和脆弱性导致他们容易产生多变的情绪，情绪起伏不定，时而兴高采烈，时而跌落谷底。情绪的细腻性、丰富性及波动性等特点既是大学生特有的优点，也是他们的"软肋"。一方面，如果这些情绪能够得到正面的引导，将成为他们奋斗、努力达成目标的精神动力；另一方面，如果这些情绪没能得到正确的开解和引导，也会成为他们发展路上的绊脚石。他们在思想上的稚嫩，导致了他们容易产生逆反心理。

五、价值观多元化

在当前我国正处于社会转型、经济转轨、观念转代的背景下，作为舶来品的西方多种社会思潮不同程度上影响着我国主流意识形态。意识形态关乎旗帜、关乎道路、关乎国家政治安全，对于意识形态的把控是政治问题的核心，是党的一项极端重要的工作。高等学校是马克思主义意识形态固本铸魂的前沿阵地，将高校思想政治理论课贯穿于高等教育的全过程，促使大学生能够认同主流意识形态、认同社会主义、认同中国特色社会主义道路、坚定"四个自信"、做到"两个维护"，形成正确的世界观、人生观和价值观，明确新时代青年的历史使命和时代责任并为之而不懈奋斗。当前，在西方腐朽思想的侵蚀下，有部分大学生在世界观、人生观、价值观这个"总开关"上出了问题，出现信仰迷失、精神"缺钙"、立场动摇等问题。

六、心理问题突出，抗压能力不足

当前，我国正处于思想大解放、观念大碰撞时期，各种社会思想并存，人们的思想意识尤其是处于成长中的青少年的思想意识容易受到各种社会思想的浸润和影响。大学生的心理健康问题是高校思想政治教育工作中的重要一环。随着信息时代的迅速发展，万事万物都在追求"快"，但思想上的形成和塑造是一个较为缓慢的过程。因此，高校容易忽视对大学生的心理素质培养，很大程度上导致学生"身"与"心"的分离，心理承受能力较弱，抗压能力不足。在步入大学校园之前，大部分学生都有家人的悉心照顾，只管用心学习便可，但是大学生活并不只是对知识的学习，还有社会实践、人际交往、生活技能等各方各面，就像一个"小社会"。大学生就是在大学这个"小社会"当中独当一面的"小大人"，必须自己承担起很多的任务和责任。同时，随着社会的发展，大学生面临的压力也日益增加，因此当在生活中遇到一些问题时，如果不能做好自身的心理调节，他们往往会产生较为强烈的不适应感。

这种因心理调节不当而产生的不适应感，常常不是一触即发的，而是日积月累的。由于学业、人际交往、就业、家庭等种种因素的影响，大学生容易产生"学习焦虑""恋爱焦虑""就业焦虑""金钱焦虑"等种种焦虑。步入大学的学生还欠缺一定的独立处理事情的能力以及解决问题的经验等，在面对这些焦虑时一方面缺乏能力和经验，另一方面缺乏强大的心理素质，就容易造成一些难以挽回的后果。这就要求思想政治教育者要做到"常把脉搏、常用心药，防止思想感冒"，防微杜渐，将学生的心理问题解决在萌芽阶段，助力学生身心健康的成长。

第二节　新时代大学生的行为特点

一、学习行为特点

在学习过程或学习活动中，人们通过调动各种感知觉器官感知外界传输的信息，然后在思维中对这些信息进行加工处理，将其变成自身的知识，并用于指导自身的实践活动。人在不同阶段学习行为特点也不尽相同，同一阶段的人在不同时期的学习行为特点也各有其特点，新时代大学生的学习行为也有其特殊性。一般来说，大学生的学习行为具有以下几个特点。

首先，大学生的学习行为具有专业性。目前，各个高校制定的人才培养方案中所设定的人才培养目标和毕业要求等都与该生的专业息息相关，课程设置和课程安排以及课后作业等也都紧紧围绕专业课程，致力于把大学生培养为"深精尖"的高质量专业人才。其次，大学生学习行为具有开放性。一方面，大学生获得知识的渠道和途径十分多样，例如教师讲授、学术讲座、学术会议、基层调研以及网络搜集等。另一方面，中国特色社会主义进入新时代，对学生的学习也提出了更高的要求，除了牢牢掌握专业知识，还要对其他门类的知识有一定程度的涉猎，全面发展，一专多能，才能担当民族复兴大任。又次，大学生学习行为具有互促性。互促性指的就是大学生之间能够自主组成相应的学习小组，互相帮扶、互相激励地开展学习。当前，大学生普遍乐于利用课内外的机会进行学习交流、合作，共同研讨学习问题。再次，大学生学习行为具有创造性。新时代大学生是具有创造力和想象力的一代，他们思维灵活、观点鲜明，动手能力强，善于运用他们天马行空的想象力和极具个性的思想创造出新鲜事物。最后，大学生的学习行为具有自主性。大学不同于高中，大学是一个为学生提供自主发展平台，助力学生激发潜能、绽放自己的地方，需要学生充分发挥自身的主观能动性。由于大学的课程安排给学生预留了很多自学的空间，学生需要自己利用这些时间和空间开展学习，同时，他们也有能力在自己的学习活动中承担好自己的角色。

新时代思想政治教育工作者必须深刻把握教育对象的学习行为特点，尊重其形成发展规律，因势利导，对教育对象的学习行为进行引导和教育，让学生形成良好的学习习惯。

二、社会实践行为特点

除了理论知识的学习外,大学生还必须进行社会实践,将理论运用到实践当中,实现"知行合一",增强理论的实际运用能力,避免理论与实践脱节而产生的"两张皮"现象。在社会实践的过程中,大学生的行为也具有一些特点。首先,大学生的社会实践行为具有突出的实践性。大学生主要通过到偏远地区支教、进行基层调研、开展理论宣讲等形式开展社会实践活动,这些活动一方面对当地缺人才、缺知识等问题提供了一定程度上的帮助,为当地人民谋福利;另一方面,也有利于提升大学生的知识、意志、情感、能力等。在开展社会实践中,大学生能了解、体验民情,在这个过程中反省、感悟,提升自身的思想境界,从而自觉抵制各种腐朽思想的侵蚀。其次,大学生开展社会实践活动还具有专业性。在开展社会实践的过程中,大学生不仅是服务和帮助当地人民,同时,他们也能够在这一过程中发现自身的优点和不足,在以后的工作和学习中不断发扬自身优点,改正自身不足,进一步学习以不断提升自己。最后,大学生开展社会实践活动具有创新性。面临社会实践过程中出现的种种问题和困难,大学生必须灵活运用所学知识和技能才能处理出现的这些情况,有助于锻炼其团结协作和开拓创新的能力。

三、大学生网络行为特点

网络是新时代大学生不可回避的话题,甚至已经成为他们新的生活范围,他们在"两个世界"里生活,一个是现实世界,一个是网络世界。互联网的兴起和发展给大学生的方方面面都带来了极其深刻的影响,例如,生活方式、思维方式、学习方式、工作方式、人际交往,等等。互联网是一把双刃剑,它本身不具备好或是坏的性质,主要是看运用它的人是否运用得当。将其运用在积极向上的方面,则会事半功倍,助力大学生的学习和成长;反之,将其用在消极落后的方面,则会事倍功半甚至一无所成。例如,不少大学生在大学阶段沉迷于网络游戏、电视剧、小视频、动漫等娱乐性内容上,这大大耽误了大学生的学习和成长。因此,大学生的网络行为特点主要具有以下两个方面。

首先,求知性。当代的青年大学生是伴随着互联网的兴起而逐渐成长的一代,他们出生起就会通过各种途径接触到互联网,随着年龄的增长,他们对互联网的了解日益增多,对其运用也十分熟练。互联网为大学生获取丰富的信息和知识提供了广阔的空间,大学生也正处于求知欲较强的智力增长期,这在一定程度上激发了他们的求知欲。互联网上面的信息具有即时性、海量性、开放性等特点,这为大学生搜集各种信息和资料提供了优良的客观条件。一是互联网信息的即时性,随着互联网技术的迅速发展,各种移动终端也得到了普及,大学生们几乎人手一个手机,他们随时都可以在手机上查阅自己需要的资料和信息。

二是互联网信息的海量性,由于所有互联网使用者都可以在网络上上传各种内容,各种媒体和平台运营者及网民个人等也会通过各种平台发布信息,因此互联网上面的信息十分丰富,相较于以往需要通过图书、期刊、报纸等传统方式而言,现在学生们可以通过更便捷的查阅方式获取更多的信息和资料,这也在一定程度上节省了获取知识的信息的时间,让学生能够在相同的时间里学到更多更丰富的知识。同时,互联网上也有很多书本上、课堂中未涉及的内容和知识,或是一些难以理解的部分,这些都可以通过互联网查找资料,弥补知识空白,满足学生的求知欲。

其次,娱乐性。互联网就其本质而言只是人们进行工作、学习、娱乐等活动的工具,其本身并不具有好坏性质,但是正如上文所述,如果大学生能够将互联网当作自己激发和满足自己求知欲的工具,那么它就会促进学生的成长成才,反之,如果只是将互联网作为一种娱乐消遣的工具,那么反而会让大学生迷失在网络当中,耽误自己的青春年华。改革开放以来,我国的物质生活条件得到了迅速的发展和丰富,尤其是当代大学生成长起来的时期,物质生活条件都得到了一定程度的保障,因此他们会更加重视精神层面的追求。互联网的娱乐性功能十分强大,各种影视、游戏、动漫、小说等层出不穷,网络上满满都是"诱惑"。部分学生在进入大学之后,由于各种原因,逐渐迷失在网络当中,出现了"网瘾少年""刷剧少女"等新名词。但是在网络上获得的成就感和建立的人际交往关系终归还是虚拟的,大学生必须要在真实世界中去追求自己的人生价值,去建立自己的人际交往圈,不虚度光阴,让自己的大学生活有意义的度过。

四、大学生消费行为特点

各个阶段、不同职业、不同范围的人都有其消费行为特点,大学生也不例外,其消费行为也有特殊之处。因为大学生仍然处于学习阶段,经济尚未独立,主要依靠家庭支持、政策帮扶、社会捐助或是勤工俭学等方式获取经济来源。他们的消费行为主要具有以下几个特点。

第一,超前消费行为。超前消费是将未来的消费能力用于支付当前的消费。这主要是由于当代大学生的购买能力同他们的消费欲望之间存在一定差距。一方面,当代大学生的主要经济来源还是家庭、学校以及社会和政府的支持,包括父母给的生活费、学校的奖助学金补贴、勤工助学、社会资助以及国家政策等,这就在一定程度上决定了大学生自身的购买力具有依赖性而不具有独立性。但同时,当代大学生面对琳琅满目的商品的消费欲望强烈,再加上当前有许多借贷平台以及分期付款等方式,吸引着大学生进行超前消费。但是,这种超前消费的行为容易让一些不法分子利用校园贷、裸贷等借贷方式使大学生陷入借贷的"沼泽",大学生不能为了所谓的"面子问题"或者为了贪图当前的享受进行不理性的过度超前消费。

第二,盲目消费行为。由于各种网络消费平台的产生和兴起,人们购买商品的方式发生了深刻的改变,几乎可以实现不出门就可以买到任何你想要的商品。网购也成了新时代大学生的"宠儿",面对着网络消费平台上面打着各种广告、各种宣传的丰富多彩的商品,学生们很容易受到各种各样的诱惑。再加上像"双十一""双十二"这样的购物节此起彼伏,商家们会抓住一切能够促进商品销售的时机开展各种各样的打折活动和促销活动等,而大学生当前对自己的消费水平和消费目的都不甚明确,经不起商家的鼓吹,很容易进行冲动消费、盲目消费,但买回来又会发现这对自己来说并没有很大的用处。但下一次,他们可能依然会继续进行盲目消费,每一次都断言再买就"剁手",但商家为销售商品所付出的努力远远超过他们控制自己消费的意志力,只有从思想上实现根本性的转变,树立正确的消费观,才能彻底结束这种"恶性循环"。

第三,攀比消费行为。攀比消费指的是脱离自己实际消费水平因攀比心理作祟而进行的消费行为。这种消费行为或许不在于消费者自己喜欢或是需要该商品或服务,而是一种"不想输给别人"和所谓的"面子问题"的心理在作祟。当前,部分大学生为了满足自己的虚荣心,通过各种方式借贷或是向父母伸手去购买一些自己可能并不需要或是没必要那么贵和好的东西,比如衣服、鞋子、包包和一些电子产品等。这种攀比消费的行为是脱离自身经济实际的不良消费行为。

第三节 新时代大学生的成长规律

一、新时代大学生的共性特征

(一)各阶段的特点鲜明

尽管新时代的大学生具有个性化的特点,但是从宏观上来看他们仍然具有一些共性特征。首先体现在他们在各个阶段具有特点鲜明的共性。在大一阶段,大学生刚刚步入大学校园,这里的一切对他们来说都是新鲜的、新奇的,他们对校园里的一切事物都有着很强的好奇心。同时,他们也怀揣自己的梦想和热情,对学校的各种社团、各项活动都充满着积极性,无论是在学习中还是在人际交往中,他们都乐于尝试。在大二阶段,他们总体上处于平稳过渡状态。他们逐渐从高中的"被动式学习"向大学的"主动式学习"调整,逐渐形成了自己适应大学学习生活的学习习惯和学习方式，对学校的各种事物已经日益熟悉，好奇心削减，但是对未来的发展方向和规划已经有了一定的方向和初步的探索。在大三阶段，大学生有了比较清晰的自我定位和对未来的规划。经过前两年的迷茫和探索，大三阶段的大学生可以说是"成熟"的大学生了，对于大学生活的探索基本已经结束，将关注的焦点放在了自身未来的发展上，能够较为清晰地认知自我以及未来的路该何去何从。在大四阶段，大学生主要聚焦在升学和就业两个方面上。一部分学生认为还想提升自身的知识能力素养，为考研而奋战；另一部分学生主要把精力放在求职上，通过各种渠道收集就业信息，用一次次面试打开未来职业生涯的大门，在困境中探索自己的未来发展之路。

（二）内化与外化统一规律

大学生的成长遵循内化与外化统一规律，就根本而言，高校思想政治教育工作本质上就是对大学生开展有计划、有组织、有目的的教育，使其形成符合一定社会所要求的思想品德并将这种品德付诸实践，是塑造大学生的思想并促使其践行的实践活动。思想政治教育工作主要做的是"内化"的工作，让大学生具备正直的品格和良好的道德修养，大学生一旦在思想层面形成了这种认知，在实践层面自然而然也会践行这种认知。内化与外化是一个不断螺旋式上升的过程，思想的认同，即内化，在下一次实践中外化出来，外化过程中所获得的新的感受又成为新的内化，新的内化又进一步外化，如此循环往复。内外化的统一主要是体现在外化过程中，要让思想上的认同逐渐转化为行动上的自觉。

（三）思想与行为相统一规律

思想和行为是辩证统一的。人的思想支配人的行为，人的行为反映人的思想，思想与行为是相统一的。但是，人是现实的人，而现实总是复杂的，因此，人的思想和行为也是复杂的，人的各种思想和行为之间的关系同样也是复杂的，二者之间的联系也并不都是表面的、直接的，其间常常需要通过动机、态度等作为中介。由于大学生思想活跃、接受新事物能力强，在新媒体时代拥有广泛的信息来源途径，因此他们可以将自己所赞成的思想观点很快落实为自身的行为动态。目前，很多大学生存在一定的从众心理和跟风心理，主要表现在消费观、恋爱观以及就业观、择业观等方面，这说明大学生的思想与行为相统一过程中的某一环节出现了问题。

（四）自我意识增强规律

自我意识主要包含自我认识、自我体验以及自我控制三个方面，三者环环相扣，相互促进，是知、情、意三者的统一。首先，自我认识是产生自我意识的第一步。大学生在步入大学之后会逐渐弄清自己的角色和定位，对自己的心理和生理变化都有进一步的了解，主动认识自己，接纳自己。其次，自我体验是其中的第二步。自我体验主要指的是大学生希望能够在大学生活中得到他人的关注、认可以及尊重等，实现自己大学生活的价值，让自己的大学生活过得精彩且有意义。这种自我体验是建立在自我认识的基础之上的，对自我是否有正确的认识决定着自我体验是否能够得到良好开展，同时，自我体验对自我认知也有反作用，大学生能够在不断的自我体验中调整对自己的认知。最后，自我控制是自我意识增强的最后一步也是极其重要的一步。在认识自我、体验自我之后，更要学会如何控制自我。自我控制就是能够按照自己的意愿控制自己的思想和行为，对大学生的个人发展起着十分重要的作用。一方面，较强的自我控制能力是大学生拥有独立意识的体现；另一方面，较强的自我控制能力能够让大学生在度过大学生活的过程中坚定地朝着自己设定的目标前进，而不受其他事物的诱惑和干扰。新时代大学生普遍具有一定的自我意识，并且随着不断地学习，自我意识不断增强，具有较强的辨别是非的能力，能够自主做决定，具有一定批判精神与思辨能力，不屈服于权威和强权。

（五）人格权威与学术权威相结合规律

随着时代的发展，新时代大学生当前所处的环境是知识与科技相结合的产物，所以教育者通常具有人格权威、科技权威、知识权威与传统权威等。权威是一种要求对象服从的规范性力量，能够促进双方在原则上的和谐共处。教育权威是自教育诞生以来受教育者对教育者自发的尊崇和敬佩而产生的权威，不论是老师对学生，父母对子女，还是师傅对学徒都有这种权威。毫不夸张地说，教育离开了权威将一事无成。人格权威也可以看作是教育者自身的人格魅力。教育者要提升并运用自己的人格魅力去感染学生。人格魅力高的教师，学生往往会认同其传授的思想观念和知识，反之，人格魅力低的教师，学生往往对其所传授的思想观念"不屑一顾"。大学生对科技以及知识的渴求，使得大学生对教育者的学术权威给予了崇拜，但是这种学术权威在信息逐渐普及化的互联网时代受到了动摇，教育者失去了过去对信息的垄断权。因此，教育者要将学术权威同人格权威结合起来，更好地开展思想政治教育工作。

二、新时代大学生的新规律

（一）与时代发展同频共振的规律

在不同的时代，人们所使用的工具都不尽相同，每个时代有每个时代的印记。在旧石器时代，人们以打制石器为主；在新石器时代，人们以磨制石器为主；在青铜器和铁器时代，人们掌握了青铜和铁的冶炼技术；在蒸汽时代，机器生产逐渐取代手工劳动；在电气时代，人们能够广泛地运用电能源；在电子信息时代，也就是我们现在所处的互联网时代，互联网深刻地影响着我们的学习、生活和工作方式。新时代的大学生生活在这个互联网时代，他们的成长与时代的发展是同频共振的。新时代大学生的思想、行为都深深印刻着时代的特征，他们的思想、行为同时也在影响和推动着这个时代的发展。自改革开放以来，中国人民逐渐实现了"富起来"，物质生活水平得到了提高，生活在这个年代的大学生也能够"直起腰板来"，尤其是从党的十八大以来，"四个自信"逐渐烙印在新时代大学生的心中，他们的思想和行为都深刻彰显出不同于以往大学生的自信。

（二）社会要求与个体需要间的调试规律

以前我们总是强调学校要培养出社会需要的人才，这里重视的是社会需求而不是学生的个人需求，但是随着新时代大学生展现出的个性化趋势愈加明显，我们可以预见这种社会需求导向不再适应对学生的培养。新时代大学生更重视自己的需求和想法，与社会需求之间往往存在一定的差距，学校的目标不是要消除这种差距，通过抹杀学生的个性或是让社会遵循学生的个性使双方达成一致，学校的目标应该是让社会需求同个体需求之间保持适度的张力，让二者能够在一定范围内进行调试，以达到适配的目的。高校可以通过对学生开展思想政治教育，让其在思想上树立对国家、对社会以及对集体的责任感，让自己的个人价值追求同国家的发展相联系。同时，也要通过各种专业技能训练增强学生的理论和实践能力，以便使其在能力方面也能够在一定程度上满足社会的需求。

（三）身心发展规律

正值青春年华的大学生，尽管在生理的成长上已经趋于成熟，但是其思想意识仍然处于一个易受影响的成长期。一方面，他们期望拥有极大的自由时间和空间，却缺乏一定的自我控制和约束能力。他们一边渴望能够发挥自己的潜能和优势闯出自己的一番天地，但是一边又缺乏相应的经验和能力以及经受打击的承受力。他们的自我意识逐渐增强，但是仍然离不开父母、老师的引导和帮助，在处理事情方面还缺乏理性和成熟。思想政治教育工作者要深入把握教育对象的身心发展规律，并以此为依据开展思想政治教育工作。

三、新时代大学生各方面的规律

新时代大学生的成长规律主要表现为学习规律、思想规律、心理规律等。这些规律的探索需要立足于大学生学习、思想、工作及其生活实际和成长过程，探求大学生在学习、思想和心理等各方面的需求和特点。只有把握新时代大学生的成长规律，思想政治教育工作才能与时俱进，根据大学生的成长规律做出相应的改变，实现立德树人的教育目标。

（一）学习规律

1.有强烈的求知欲望，但学习目标不太明确

刚步入大学校园的大学生正值求知欲旺盛的年纪，普遍具有较高的求知热情。在高中时期，他们的学习目标很明确，就是奔着自己理想的大学而努力奋斗。

在进入大学以后，每个学生的梦想和追求都不甚相同，甚至一部分同学还处于迷茫期，面对多元的职业选择，没有明确的职业规划和目标。由于目标的模糊和缺失，学生的学习行为就变得盲目。许多学生从内心而言是想要学习并掌握一些专业本领和"真本领"的，以便实现自己的追求，为未来适应社会、找工作做好准备。但是他们却不知道学什么、怎么学，也不知道如何恰当地管理和分配自己的学习时间，只是完成老师布置的课堂内外的作业就无所事事，或是沉迷刷剧、游戏等。

2.学习动机不纯，具有功利主义色彩

动机是激励人们采取行动的心理动因，人们的种种行为活动都有一定的动机在里面。学习动机是否纯正对于大学生在学业上是否能取得成功或能否将所学知识和技能用在正确的方面起着决定性作用。在当前市场经济的环境下和各种非主流价值观的影响下，部分大学生的学习动机不纯，具有浓厚的功利主义色彩。在丰富多彩的社会生活等因素影响下，大学生的学习动机呈现出多样化的趋势，主要包括以下几个方面：能够获取一个好的工作，追求较好的物质生活；实现自己的人生价值，获取较高的社会声望；努力学习，感谢父母亲人的养育之恩；等等。这些学习动机有些过于狭隘，只想到自己的个人利益，而有些学习动机稍显功利化。这些学习动机都忽视了对集体、对社会、对国家的责任和义务，没有将个人利益同集体利益、社会利益、国家利益相结合。这种功利性的学习动机体现在微观上就是唯分数论、唯金钱论等。他们参加各种活动都以是否与学习成绩或是学分、"综测"挂钩，如果加分就参加，如果不加分就不参加，不考虑这项活动本身的目的和意义，只关心是否对自己评奖评优有利。这种功利性浓厚的学习动机难以真正调动学生的学习兴趣，让学生学到真正有益的东西。

3.学习压力加大，学习习惯不甚良好

从高中步入大学校园，意味着要开始独立生活，脱离父母亲人无微不至的关怀、照顾和包容，有很多事情需要自己去面对和处理，以前为他们挡风遮雨的人无法再为他们将所有困难都阻挡下来，他们需要学会自己负重前行。人生中的许多重要课题接踵而至，如何适应从高中生到大学生角色的转换，如何在大学生活中进行人际交往，如何处理高中学习方式与大学学习方式的不同，如何规划自己未来的发展以及如何处理情感困惑等。其中学习压力是大学生主要的压力。虽然大学生的课业从表面上看十分轻松，课程安排并不是很多，但是大学的主要学习其实反而在课外，学生需要充分利用课外的时间去图书馆看书、在网络上搜集资料甚至到实地去调研，等等。经过高考这一轮"筛选"，考入大学的基本都是在学习上有一定成果的学生，因此，他们之间的竞争也更加激烈，想要在班级或年级取得好成绩也并不是一件简单的事情。但也有部分同学的学习热情衰减，再加上不自律和不合理的学习方法，期末的时候，他们往往还会面临着挂科的风险。由于激烈的竞争，有追求的学生也面临着考证、考试等各方面的压力。尽管大学生的学习压力很大，但与之并不相匹配的是，部分学生并没有养成良好的学习习惯。主要体现在，他们的学习态度不端正、学习效率低下、学习缺乏主动性，课前不预习、课中不听讲、课后不复习，作业也时常敷衍了事，得过且过，到了期末就挑灯夜战两三天，高呼"60分万岁"，只求不挂科。

（二）思想规律

1.思想多元化，一元与多元共存

当今世界是一个开放的世界，思想意识也呈现出多元化趋势，并且会继续存在和发展。但从整体上来看，我国高校大学生主流思想意识形态是积极向上的，普遍信仰马克思主义，坚持中国共产党的领导，坚定走中国特色社会主义道路，拥有正确的世界观、人生观和价值观。但是在改革开放逐渐深入的背景下，受市场经济的发展的负面影响，大学生容易被西方腐朽资本主义所侵蚀、迫害，他们拥有强烈的正义感和道德感，但是对事物的认识还很表面，不够深入和深刻，不能透过现象看本质，对于社会上出现的一些不正之风、腐败现象和道德缺失等现实问题缺乏理性的认识和态度，容易被某些别有用心之人所利用。随着网络的迅速发展，大学生普遍能够在网络上看到大量的信息，这些信息良莠不齐、鱼龙混杂，某些价值取向看似合理其实背后是西方腐朽文化的渗透和误导，导致部分大学生的价值取向多元化、信仰多样化，功利化和世俗化倾向明显。

2.自我意识增强

新时代的大学生是伴随着中国的繁荣强大成长起来的一代，有强大的祖国作为后盾，他们的自信感和自我意识都不同于以往的大学生，再加上现在有很多大学生都是独生子女，在家里被父母和长辈细心照顾、关怀备至，他们更加关注自我的感受。同时，他们也更愿意独立思考，更注重自己的想法，更强调个性化，喜欢与别人不同，受到别人的关注，希望受到他人的认可和赞赏。学生对老师不再是盲目崇拜，也会对老师提出的观点进行质疑和反驳，有自己的思维方式和独立意识。在生活中遇到困难也倾向于自己独立解决，而不是求助于他人。这对培养大学生的独立人格具有极其重要的作用，但同时也要警惕极端个人主义思想的形成，引导学生正确地认识自我、接纳自我、成就自我。

3.功利意识加剧

随着经济全球化以及改革开放的不断深入，我国市场上涌现出了很多世界各地的商品，我国的很多商品也被运送到世界各地。同时，这种开放并不只是引起了经济上的巨大改变，也深刻影响了我国人民尤其是大学生的思想。市场经济所带来的逐利性给大学生的价值观带来了一定程度的负面影响，让他们在大学生活中也不知不觉地将这种功利性思想用到学习、工作、人际交往等方面。常常表现为，一些大学生只关心自己的利益，不关心集体，缺乏集体荣誉感，不懂得换位思考；缺乏理想和信仰，只看重实在的物质利益，具有拜金主义倾向；人际交往中缺乏真心而只看重能否让自己获取利益；等等。

4.创新意识凸显

在"大众创业、万众创新"的国家号召下，以及国家颁布的各项政策的支持下，大学生拥有了一定的进行创新的客观条件。同时，在新时代中成长的大学生自身也拥有无限的潜力，精力旺盛，充满好奇心，这是大学生进行创新的主观条件。在这个日益激烈的竞争环境下，他们也不得不发挥出自己全部的潜能进行创新。他们在不断地探索和创新实践中努力寻找自己的人生价值，追求自己的梦想。创新成就梦想，梦想推动创新。

（三）心理规律

1.情感丰富且波动性较强

由于大学生的身心发展正处于逐渐成熟的"拔穗"关键期，再加上他们的大学生活丰富而多彩，有很多丰富的经历可以去感受，因此他们得到的情感体验也十分丰富和深刻。由于大学生还没有真正步入社会，缺乏一定的阅历和经验，即使只是在大学校园里，并不像真正的社会那样复杂，也需要大学生自己去处理他们面临的很多方面的问题。以前有很多事情父母在让孩子接触之前就已经帮他们解决了，他们并不了解这个世界复杂的一面，缺乏客观全面的认识，因此在面临失败和挫折的时候很容易心理不平衡，反映在情绪上就表现出不稳定、波动性大等特点。

2.意志力增强，但存在差异性和不平衡性

意志是人类发挥自身主观能动性的集中表现，是人类独有的心理现象。意志与人们实现某种目标和达成某种成就有着密不可分的关系。大学生相较于高中生而言，意志品质明显增强，他们能够为自己设定目标、制订计划并努力朝着目标努力。但也存在意志力不稳定、不平衡的特点，存在较大的个体差异性。体现在每个学生的意志力强弱不尽相同，面对不同的方面同一个学生也有不同的意志承受力。从总体上看，大学生普遍承受挫折和应对突发事件的能力较弱，学校家庭对其意志品质的重视和培养锻炼明显不足。部分学生由于意志力较弱，有"拖延症"，表现出不主动、不作为、不在意等特点，缺乏责任意识和义务意识。但是意志力较强的学生自信、果敢，能够正确应对和处理突发事件，审时度势，做出正确抉择，或是在面对挫折时能够直面失败，不泄气、不气馁，勇于承担责任，总结经验，不断改进，从而战胜困难，达到目标。

3.人格初步形成，但人格特征很不稳定

人格的形成和发展不是一蹴而就的，而是经过不断的社会实践和经验积累而成的。因此，大学生需要在自我与他人、自我与社会、自我与自然的相互接触和相互影响、碰撞中逐渐形成较为稳定、成熟的人格特征。伴随着生理上的逐渐成熟，大学生产生了较为强烈的独立意识，喜欢自主决定、安排、策划很多事情，希望能够通过自身的努力赢得他人的认可和尊重。他们的自我评价能力也不断增强，不只是关注表面，也更加在意自己和他人的内心世界，在意自己和他人的真实想法，逐渐能够更加全面、客观地去评价自己和他人。他们的人格已经初步形成，但特征还并不稳定，需要在不断的实践中逐渐稳定、成熟。自我评价能力有所提升，但是仍然容易受情绪波动影响，在逐渐走向成熟、稳定的人格特征上仍然还有一段路要走。

第四章 新时代思想政治育人体系建设研究

第一节 高校思政育人体系概述

一、高校思政育人体系的概念及内涵

(一) 高校思政育人体系的概念

2017年教育部发布了《高校思想政治工作质量提升工程实施纲要》，明确指出高校思想政治工作的基本任务，也就是充分发挥课程、科研、文化、管理、服务、实践、网络、心理、资助、组织十方面工作的育人功能，又称"十大育人"体系。本书研究界定的"思政育人"，是指学校利用思想政治教育渠道，通过包含课程育人、网络育人、心理育人等十大方面的综合型育人体系，对高校学生进行全员参与、全方位实施、全过程投入的综合性教育的实施过程。

(二) 高校思政育人体系的内涵

厘清思想政治教育的内涵意蕴，是探究高校思政育人体系整体构建的基本前提。近年来，高校思政育人体系作为一种新的理论名词和研究趋势，在思想政治教育领域方兴未艾，也在高校思想政治工作中拥有越来越高的呼声。一方面，高校思政育人体系成为高校思想政治教育追求的目标之一，为高校思想政治工作改革、发展与创新提供了一个全新的视角。

1.以正确的方法论为指导

高校思政育人体系建设以全员育人、全过程育人、全方位育人作为方法论。从方法论的视角来进行解读，高校思政育人体系建设也可被视为一种工作格局。所谓的高校思政育人体系工作格局，是所有对思想政治教育产生影响的因素，通

过一定的活动或机制联系起来从而形成的一种合力体系的描述。简而言之，就是整合社会和高校中一切可能的力量来推进高校学生思想政治工作，使高校思想政治工作的机制、体制和运行形态转化为一体化的育人格局。高校思政育人体系工作格局强调一个"大"字，实质上也是对高校思想政治工作整体、系统、协同的实践概括，具体表现为人员之"广"、场域之"大"、过程之"久"。

首先，人员之"广"就是多主体参与。高校思政育人体系工作格局较之传统的高校思想政治工作明显的一大进步，就是思想政治工作者不再局限于高校思想政治理论课教师、辅导员和班主任，而是将全体高校教师、领导干部乃至后勤服务人员和学生干部都纳入高校学生思想政治教育中去。工作部门由思想政治工作部门等一线部门拓展到高校教学部门、行政部门、管理部门和后勤服务部门等。这就大大增加了高校思想政治教育的有生力量，提高了广大教职工和学生的主观能动性。高校思想政治工作是一个分工合理、联系紧密、有机协调的全员性工作体系，高校所有师生员工都可以而且必须作为教育者而存在。

其次，场域之"大"就是工作平台得到拓展。除思想政治理论课外，所有的课程都应该承担育人工作；除理论课程外，所有的实践活动都应该承载育人责任；除学校教育外，家庭和社会也必须肩负起育人大任。这就将高校思想政治工作的平台和范围大大扩展，使思想政治工作不拘泥于课堂、校园，而是放眼整个国家与社会。

最后，过程之"久"就是坚持全过程育人。高校要做好思想政治工作非一朝一夕之功，不仅涉及学校工作的各个方面，而且也贯穿于学生成长的整个过程。思想政治工作要想取得良好实效，就必须纵向到底，从新生入学到毕业各个阶段各有规划、各有侧重，甚至工作之后也能产生一定持久的影响。这就是"大思想政治教育"整体性和系统性的体现。

高校思政育人体系格局追求的是高校思想政治工作全面和动态的平衡，个体系统（高校教师与学生）良性互动，群体行动（单位与部门）协调一致，整体系统（各个影响因素）相得益彰。

2.以人为出发点和归宿

毋庸置疑，教育的根本目的是培养人和塑造人。无论是在东方教育中还是在西方教育中，教育一致被定义为发展人性。人性的发展在心理学中是知、情、意三者统一的发展，具有不可割裂性，这也注定了教育同样具有不可割裂性。我国倡导的教育是学生德、智、体、美、劳全面发展，这是一体的教育观，是教育过程中五个不同的方面，而不等同于五种教育。因此，教育始终都只是一种教育。高校思想政治教育通过对受教育者有目的、有意识地引导，从而达到提高他们思想道德素质的目的，这是教育的一个方面，决不能独立于教育活动之外。而传统的思想政治教育在实践中出现的"各自为政、互不相干"的现象与"一种教育观"的思想背道而驰。

人是教育的出发点和归宿。高校思政育人体系建设同样以人为出发点和归宿，也就是"以人为本"。这里的"以人为本"放在高校思想政治教育的语境中，就是以学生和高校教师为双重主线。传统的思想政治教育观一方面忽视了受教育者的主体性、差异性和能动性，一味强调高校教师和课堂的权威地位；另一方面，忽视了广大教职工的主体性，将以人为本直接和以学生为本等同起来。

高校思想政治教育归根到底也是培养人的问题。高校思想政治工作的主体对象是高校学生，切实关注高校学生的所思所想，回应和满足学生现实困惑和精神需求，着力促进高校学生的全面发展是其应有之义。但与此同时，我们也应倡导以高校教师为本。这里的高校教师是从广义上而言的，不仅包括思想政治工作者，还包括高校的管理者和服务者。高校思想政治教育主要提高高校学生的思想水平、道德品质和政治素养，实现构建受教育者精神世界的功能，必然要求高校教师的精神世界要积极健康向上。高校思政育人体系建设不仅主张"以人为本"的哲学价值取向，而且力争达到全员、全过程、全方位育人的理想状态。

3.注重系统化的思维

从系统论的维度来观照高校思想政治工作，会发现它是一个多角度、全方位、系统化培育学生的育人工程。但这种结构复杂的育人工作在实际中往往难以达到最优效果。因此，"大思想政治教育"在这一层面上可以理解为是高校思想政治工作的一种应然状态，它并不是一个具体的模式或者方法，而是高校思想政治工作所要追求的理想状态。有理想就有现实，高校思想政治工作的现实困境也在呼吁着新的时代的到来。

高校思想政治工作在实际中往往存在着系统建设思维缺乏、功能定位模糊不清、评价体系不全等一系列的问题。具体而言，要么重专业课轻思想政治理论课，要么给予思想政治理论课太多的功能和价值定位，或者是工作队伍方面结构不合理、能力不足……这些都使高校思想政治工作陷入了一定的困境中。为此，高校思政育人体系形成的重点就在于专业化、体系化、立体化、制度化和创新化。思想政治工作队伍要进一步专业化，即拥有强健的师资力量。为此要加强工作队伍的培训和指导，严格管理、提高标准、注重评价。课程建设要进一步体系化，真正实现全课程育人。这就要充分发挥多学科的优势，专业课智育与德育双修，让思政课和其他课程互相协调渗透，形成不可分割的整体。育人方式要进一步立体化，多方式、多渠道、多载体育人。让思想政治教育不仅入课，还要入社、入网；不仅"三育人""五育人""七育人"，更要"十育人"；不仅要学校育人，还要社会育人、家庭育人。领导机制、评价机制、监督机制、激励机制等各种机制进一步制度化。以制度规范行为，保证党对高校的正确、科学的领导，实时监督反馈各项育人工作各个环节的实施状况，强化责任担当，提高思想政治工作的实际质量。

随着时代的发展变革和社会大环境的逐渐改变，思想政治工作也要进一步创新，既因时而变又因时而新。创新是事物发展的不竭动力，高校思想政治工作要想立于不败之地，就要时时刻刻注重创新。以新时代的新思想来引领前进的方向，以新资源供给来增强前行的动力，以新技术来拓展育人方式，建立健全系统化育人长效机制。

二、高校思政育人体系的内容

（一）目标方面

思想政治育人目标是构建育人体系的最终目的和方向归宿。高校思想政治教育工作是我国教育体系的重要组成部分，其作为影响人、改造人的社会实践活动，理应遵循新时代教育方针，牢牢把握"四个服务"的原则，始终坚持立德树人的教育任务，以人为本，以高校学生的现实需要为出发点和落脚点，不仅要在学生的头脑中、思想上武装科学的理论知识体系、正确坚定的政治信念，更主要的是要以灵魂塑造引领学生的全面发展，培育德智体美劳全面发展的社会主义接班人和建设者。

（二）主体方面

高校思政育人主体是开展育人体系的人力基础和基本保障。学生在对思想政治教育信息的接受过程中，受各种社会关系的制约，学生一切的行为习惯、思想观念都可能成为影响思想政治教育工作成效的因子。思想政治教育工作不是单单依靠专职高校教师、党务工作者就可以实现的，高校所有的教职工（包括高校教师、管理人员、服务人员、辅导员等）都承担着育人、育才的重要使命。"环境是由人来改变的，而教育者本人一定是受教育的。"教育者的专业程度、师德水平、政治站位和道德修养都对高校学生起着很强的表率作用，是育人体系中的关键主体。此外，高校学生不仅是思想政治教育的作用对象，也是思想政治教育工作的直接参与者，是育人体系中的核心主体。一方面，思想政治教育工作要从学生入手，围绕学生实际开展。另一方面，同辈群体影响的力量不容忽视。因此要改变以往单向度的教育模式，调动学生自身的内在积极性、创造性，实现自我管理、自我教育，引导学生在交互中自觉、主动地强化自身的学习意识和能力。

（三）统筹要素

高校思政育人体系"处处在育人"的客观环境、载体、方式有着必要前提。

思想观念在方式和状态上具有非线性的特点，开展思想政治教育工作，要从其学科本质特点出发，打通课内和课外、现实与虚拟、校内和校外的脉络、显性实物和隐性文化的不同空间方位，融合理论教育和实践引导、线上和线下的多种载体方位，创新心理育人、管理育人、资助育人、组织育人等多重路径，统筹各个环节、各个机构的育人资源，确保各项影响因素发挥其积极正向的作用，营造无处不在的思想政治生活氛围和气息，形成由上而下、由内而外的立体化育人空间。

（四）开展过程

思政育人过程是体现高校思政育人体系蕴含规律性、持续性和针对性的必要条件。任何事物的发展都是量变和质变的统一，不管是教育本身还是学习发展均具有过程性，这是在不断与外界进行信息交换和互动中实现的，这就要求思想政治教育不仅要贯穿高校教育教学全过程，还要贴近学生成长、成才的全过程。育人体系一方面体现在高校思想政治教育工作要从学生入学到毕业的各个阶段，针对本科、研究生的不同年级和学习接收能力的差异，制定既符合思想政治教育的内在逻辑，也符合人的发展规律，有侧重点的、能解决学生的现实需求和期待的阶段性目标和内容。另一方面，体现在高校思想政治教育工作要实现与中小学段、社会发展需要的有效对接，减少不必要的重复性教育输出，体现教育工作的渐进性，提高教育工作效率，形成长效的育人机制。

三、高校思政育人体系发挥的作用

构建思政育人体系是为应对当前高校思想政治教育新情况、新问题而进行的积极探索。构建思政育人体系，归根结底是要形成高校思想政治教育的合力，增强思想政治教育效果。而思想政治教育合力指的是在一定的时间和条件下，各种思想政治教育力量及思想政治教育系统内部各种要素之间的相互联系、彼此作用所产生的综合结果。在高校中，青年学生是受教育的主体，青少年阶段是人生的"拔节孕穗期"，需要精心引导和栽培。把思政教育办得越来越好，我们就一定能培养好担当民族复兴大任的时代新人，培养好德智体美劳全面发展的社会主义建设者和接班人。

（一）育人做到润物无声

例如，在中华人民共和国成立70周年之时，很多高校开展了"告白祖国"的系列活动，生动地展示了"小我融入大我，小家融入大家，青春献给祖国"的主题社会实践的丰硕果实，展示了当代大学生的爱国情感、强国志向、报国行为。这一系列活动，体现了思想政治教育润物无声的良好效果。

思想政治教育，事关立德树人的根本任务，不能将其仅仅理解为开设一门或基本思想政治理论的知识课程。高校思想政治教育，事关为国家培养下一代有用的人才，要融入青少年的终身学习、全方位受教的过程中来看待，坚持用党的创新理论武装头脑，扎根于社会主义核心价值观教育的全过程，无论何时何地，为党育人的初心不能忘、为国育人的立场不能改。

从某种角度来讲，思政教育就是帮助学生认识人生应该在哪用力、如何用心、做什么样的人的一种教育工作。因而，必须坚持唯实以求，不能搞花架子；坚持唯效是图，不能走形式。要着力推动思政教育改革创新，不断增强针对性、时代感和吸引力，将思政铸魂融入素质教育全过程，才能保证学生在不同的成长阶段，思政教育"不缺席、不掉队"。

（二）真正做到塑造"完整的人"

当今社会的变化对当代大学生的思想产生了很大影响，大学生思想政治教育对于塑造大学生有着极为重要的作用。高校是培养高层次人才的基地，是进行马克思主义意识形态教育的重要阵地。要确保人才培养质量，确保中国特色社会主义事业后继有人，大学生思想政治教育必须加强三观教育、生命观教育、心理健康教育、职业道德教育、人文教育。

1.大学生"三观"教育

"三观"是指世界观、价值观和人生观，是制约人生行为和方向的三大精神因素，或者说是人生的三大精神动力。大学时期的青年正处于世界观、人生观和价值观塑造的关键时期，因此帮助他们树立崇高的理想信念，树立起正确的"三观"是高校思想政治教育要完成的重要内容。在高校培养大学生形成正确的"三观"教育的过程中，学校要以要求和鼓励大学生以正确的"三观"践行崇高的理想信念，引领大学生寻找自己人生的正确方向。同时引导学生要在正确的"三观"引领下，提高自身综合素质，在大学期间不断获得成长、不断累积自身综合能力，将所学所知应用到社会中，专注专业领域，"一门心思"在专业上取得突破。当今时代各种文化交流频繁，大学生很容易就受到腐朽的思想的影响，高校应在大学生产生错误的思想观念之前或错误思想正在形成之时，帮助其用正确的"三观"武装头脑，并树立追求远大理想、不断奋斗的做事精神及爱国主义思想。

2.大学生生命观教育

首先我们要明确大学生的生命观教育的主要目的，就是为了让大学生明白生命的重要性和珍贵性，让大学生感悟并懂得珍惜生命，且能够让自己的生命发光发热。高校在对大学生进行生命观教育时，可以基于生命的有限性进行敬畏教育、基于生命的超越性进行意义教育、基于生命的创造性进行能力教育，即了解人的生命载体和肉体的存在都是有期限的，每个人的生命既不可替代又不可逆转，凸显了生命的可贵性。让学生在不断超越中，点燃生命激情，激发生活活力，提升生命境界，实现生命价值。生命观教育必须立足于大学生个体的生活之中，因为生命是存在的、发展的。"体验是人的生命存在的方式，是人追求生命作用、实现生命价值、焕发生命活力、走向生命超越的方式。"大学生的生命观教育一定要重视培养大学生生命体验情景，让大学生切实体验到生命的各种境况并领悟生命的价值。

3.大学生心理健康教育

心理健康既是一门学科，也是一种实践活动，又是指一种心理状态，是探索和研究人的心理健康的形成、发展、变化和规律的一门学科，也是思想政治教育中很重要的一个环节。当前大学生心理健康状况总体向好，乐观向上的学生占主流。但少数学生受多种因素影响，仍存在一定程度的消极心理，比如浮躁、抱怨等。

相对往年，教育界探索、丰富了更多学生群体的心理健康教育路径，建议高校心理健康教育应顺应新形势，可通过娱乐、音乐的方式进行设计，发挥艺术净化心灵、陶冶情操、完善人格的作用。其他对大学生心理健康教育的有效途径包括：宣传心理健康知识、开设大学生心理健康教育科、开展心理咨询、进行自我教育与自我调节等。大学生心理健康教育的作用不再局限于培养大学生心理素质本身，在高校全方位开展思想政治教育的大环境下，心理健康教育承载的价值也日益丰厚。

4.大学生职业道德教育

职业道德教育是构建社会主义和谐社会的重要途径，也是高等教育科学发展的重要措施。随着社会经济发展对人才要求的提高，以及大学生"就业难"问题的日益突出，大学生的工作态度、职业道德、职业操守的教育问题，也随之成为突出问题。因此，高校在对大学生进行职业道德教育的时候，必须注重时代对变化带来的影响。正确的职业道德教育主要包括以下几方面：第一，以爱岗敬业、艰苦奋斗为基础的职业情感教育；第二，以诚实守信、办事公道为核心的职业道德规范教育；第三，以甘于奉献、服务社会为宗旨的职业精神教育；第四，以遵纪守法、廉洁自律为基本要求的职业纪律教育；第五，以社会主义核心价值观为时代特征的职业操守教育；第六，以加强合作、勇于创新为导向的职业理念教育。

5.大学生人文教育

《礼记·学记》中着重指出，"化民成俗，其必由学""建国军民，教学为先"，此即"观乎人文，以化成天下"的人文育人见解。大学生到大学主要干什么？干三件事：学会如何做人；学会培养正确的思维；学会掌握必要的高层次知识与能力。人文素质教育是教学生"学会做人"的教育，在思想政治教育之中至关重要，是促进大学生人性境界提升、理想人格塑造，以及个人与社会价值实现的教育，其实质是人格教育。作为素质教育的核心，人文教育在高校教育中有着不可替代的作用。大学生需要人文教育、需要精神营养、需要"亲切而温暖的"人文关怀。

(三) 融入当代大学生远大理想之中

在庆祝中华人民共和国成立70周年大会的讲话中，习近平总书记指出，"没有任何力量能够阻挡中国人民和中华民族的前进步伐"。沧海横流，方显英雄本色，党的伟大事业都是在斗争中诞生、在斗争中发展、在斗争中壮大的。我们急需千百万担当民族复兴大任的时代新人。青年群体是我们祖国的未来，更是中华民族的希望，加强对青年群体的政治引领，重要的是要在经济技术发展的前提下，能够深刻地发挥思想政治教育的功能，引导广大青年把树立远大理想信念和脚踏实做事情有机统一起来，激励其在各行各业发挥主力军作用。

在高校思想政治教育过程中，各思想政治教育工作者应时刻坚持正确的政治方向，筑牢当代青年人的思想根基，通过思想政治教育解决好信仰、信念问题。在新时代的青年成长过程中，难免会产生各种各样的生活或者思想上的困惑和迷茫，也可能有因为各类新鲜声音的传递导致的动摇和不坚定。此时，高校作为青年人教育的主力军，就需要站出来，通过行之有效的思想政治教育方式坚定他们的立场和方向，通过创新改革思政育人模式，将大学生塑造成为政治坚定、思想成熟、科学文化知识和专业知识过硬，德才兼备的合格人才。

习近平总书记在北京主持召开学校思想政治理论课教师座谈会时指出，思政课是落实立德树人根本任务的关键课程。对学校而言，学生在学校学习期间，通过思想政治理论课学习政治、了解政治，始终是高校思政工作的重点。思政育人要求我们应努力发挥和创新思政课育人优势，引导青年人听党话、跟党走，培塑担当精神，引导广大青年做奋斗者。

第二节 高校思政育人工作的理论基础与政策依据

高校思政育人体系中的"育人"就其广义而言，是对育人目标、育人主体、育人过程、育人手段及育人空间的整体统摄和宏观把握，要求高校不仅要让思想政治教育渗透、参与、影响立德树人的各个方面"育全人"，还要调动一切能够为思想政治教育工作发力的积极因素"全育人"。高校思想政治育人体系具体是指在党的领导下，在全体教职工与高校学生双主体的共同努力中，以立德树人为中心，将思想政治教育贯串、渗透教育教学全过程和学生成长、成才全过程，利用课上课下、线上线下育人空间，体现高校思想政治育人工作在时间上的全过程性、空间上的全方位性和内容上的全覆盖性，充分发挥高校思想政治整体性功能的有机工程，是聚"点"成"面"，引"线"转"体"的全面表述，是价值性、协同性、系统性的内在统一。

一、理论基础

（一）传统文化德政、师法育人思想

中国传统文化是崇尚德育、德政的文化，数千年的中国传统文化中蕴含着丰富的思想政治教育资源。我国古代教育主要是以孔子为代表的儒家学派思想为指导的教育。儒家所主张的"德政"和"仁德育人"是中华民族绵延数千年的精神支柱。孔子提倡的"德治育人"是最早的"思政育人"的体现。《论语·为政》中孔子提出"道之以政，齐之以刑，民免而无耻。道之以德，齐之以礼，有耻且格"。刑罚虽能让人不敢为恶，但道德教化却可以使人耻于为恶，其功效更为久远。孔子认同三字经中的"性相近，习相远"，人刚生下来的时候本性是相近的，但后天的教育和习惯会让人变得不一样，而教育的教化作用正是通过对人的发展施加影响而实现的。这就是思想政治教育在人的身心发展中的巨大作用。

孔子素来将道德教育置于教育首位，他认为为师者最重要的职责就在于先"立德"。《论语·述而篇》中孔子说："德之不修，学之不讲，闻义不能徙，不善不能改，是吾忧也。"孔子认为如果不培养品德，不学习知识，知道了道义，却不按照道义去做，有了缺点不改正，这就是老师所忧虑的。同样的为师者要先修德、立德，然后才能"育德"，德政育人是教育的根本。同样提倡以德治国的孟子说"以德行仁者王……以德服人者，中心悦而诚服也"《孟子·公孙丑章句上》，强调仁政和德政。这是我国思想政治教育的最初和最著名的两位代表，分别被称为"圣人"和"亚圣"。

"师法之化"由荀子在《荀子·性恶》中提出："然则从人之性，顺人之情，必出于争夺，合于犯分乱理，而归于暴。故必将有师法之化，礼义之道，然后出于辞让，合于文理，而归于治。"荀子认为，如果世人放纵或顺从自己欲望的本性，就会导致世间纷争或者产生暴乱，国家和社会将陷入混乱。因此，必须要对人们进行后天的教化和引导，而教化的基本方式就是通过教师的传授和法度的规范，这就是现代思政育人工作的来源之一。

朱熹说："尝谓学校之政，不患法制之不立，而患理义之不足悦其心。"以朱熹为代表的宋明理学家们主张，在学校教育中，要用思想理义来教育学生，应以正面教育为主，以防禁惩罚为辅，通过积极的正面教育，让学生懂得道理，自觉严格要求自己。朱熹主张将道德教育放在所有教育工作的第一位，学校要培养的

是"讲明义理,以修其身"的人才。晚清时期,重要的思想家教育家康有为的《大同书》提到"以德育为先""养体开智以外,有以德育为重",明确了思想政治教育的首位性和重要性。

我国现代高校思政育人工作的开展,离不开几千年优秀的中华民族传统文化,传统文化就是现代高校思政育人工作的理论基础,给高校思政育人工作提供了重要的借鉴。

(二)马克思主义理论

1.马克思主义人的需要观

马克思曾经指出"人们之间从一开始就有一种物质的联系,这种联系是由需要和生产方式决定的"。马克思主义从生存的角度提出,需要是人类的本性,而需要的满足,就要依靠实践来完成。郑永廷认为"思想政治教育是一种具有目的性具有超越性的实践活动",也就是说人的实践活动的目的是解决人的需要问题,而高校思政育人工作作为人类教育中具有特定目的性的实践活动,根源就来自人类寻求学习的本性和内在需要。所以说,高校思政育人工作实际上就是人的精神和物质需要的结果。高校思政育人工作是一种精神需要的本能作用于思想之后的实践活动,它的目的就是对大学生进行提高教育,促进大学生认识自我,促进大学生进行自我发展,促进大学生的精神领域、思想和物质生活都得到提升。

2.马克思主义实践观

在《关于费尔巴哈的提纲》中,马克思明确指出"全部社会生活在本质上是实践的",马克思主义强调实践活动在人的形成发展中具有重大意义。环境虽然对人的发展有决定性影响,但是环境本身也可以通过实践加以改变。教育受社会及人自身各种因素的制约,故而教育只有在实践中不断改革,人们才能在实践活动中接收环境和教育的影响。实践是人类有意识的自觉活动,思想政治教育是一种具有鲜明社会性的社会实践活动,高校思政育人工作是人的实践活动的体现,它是把不同时代不同环境下的思想理论有意识的作用于不同的人群,通过实践活动,得出不同的教育结果,培育符合时代要求的人才。思想教育实践活动使人的思想得到不同的改变,从而使人的境界得到提升,这就是思想作用于人的实践结果。

3.马克思主义人的发展观

马克思主义人的发展观包括体力、智力、个性、思想道德和交往能力等方面,与需要观等观点有机构成马克思主义人学,是指人的全面而充分、自由而和谐的发展。马克思主义认为人的发展主要体现在自由发展、充分发展和全面发展三个方面。随着我党科学发展观的提出,以及党的十九大报告里把"必须坚持以人民为中心的发展思想,不断促进人的全面发展、全体人民共同富裕"定为新时代中国特色社会主义思想的"八个明确"之一后,马克思主义人的发展观作为思想政治教育的理论支撑,再次体现了它的重要性和必要性。因此在高校思政育人工作中要想让大学生得到全面、自由、充分的发展,必须以马克思主义人的发展观为依托,学生不能只是个人发展,而要全体发展;不能只是单方面发展,而要全面发展;思想政治教育就是高校思政育人工作促进大学生全面、自由、充分发展的有效且必要的途径。

4.马克思主义以人为本观

马克思提出:"人的本质并不是单个人所固有的抽象物,在其现实性上,它是一切社会关系的总和。"全国高校思想政治工作会议上习近平总书记指出,思想政治工作就是以学生为本,围绕学生服务。在高校思政育人工作中,教育是人与人之间的互相作用,人及其关系既是高校思政育人体系建构的对象主体,又是育人体系建构的实施主体。在高校思政育人工作中,工作主体是包含所有可以给大学生进行教育的老师,对象是所有接受思政教育的学生,无论出发点还是落脚点都是学生,一切环节都是围绕学生展开。

(三)党和国家领导人重要思想政治教育论述

我国高校思政育人工作体系有着对中华民族几千年悠久传统文化的传承,它是党的思想政治工作体系的重要组成部分,是以马克思主义为指导的中国特色的思政育人体系,是我党和国家领导人不断适应新形势、新状况、新变化,在继承的基础上总结经验教训,凝练出的马克思主义中国化理论成果,是马克思主义理论的中国化实践,有着党和国家领导人的重要论述作为思想政治教育基础。

1.毛泽东的思想政治教育理论

毛泽东的思想政治教育理论产生于中国革命时期,是中国革命实践的产物。美国学者罗斯·特里尔(Ross Terrill)的《毛泽东传》,以及中国学者靳宏斌《毛泽东同志教育思想研究》中都认为,"人的因素第一"的思想始终贯串于毛泽东思想政治教育发展的全过程,并践行于毛泽东一生的革命言行之中。毛泽东说过"掌握思想教育,是团结全党进行伟大政治斗争的中心环节",也就是说,毛泽东强调党的思想政治教育工作的重点,就是首先要抓住思想的主要内容,引领思想的发展方向。

2.习近平的思想政治教育理论

习近平的思想政治教育理论,有机构成了习近平新时代中国特色社会主义思想,指导并全面推进新时代高校思想政治教育。习近平总书记在全国高校思想政治工作会议中强调:"高校思想政治工作关系高校培养什么样的人、如何培养人以及为谁培养人这个根本问题。要坚持把立德树人作为中心环节,把思想政治工作贯穿教育教学全过程,实现全程育人、全方位育人,努力开创我国高等教育事业发展新局面。"他指出办好中国特色社会主义大学,要坚持立德树人,把培育和践行社会主义核心价值观融入教书育人全过程;强化思想引领,牢牢把握高校意识形态工作领导权。推动思想政治理论课改革创新,要不断增强思政课的思想性、理论性和亲和力、针对性。习近平的思想政治教育理论,"立德树人""三全育人"教育思想,是习近平新时代中国特色社会主义思想的有机组成部分。

二、政策依据

随着社会的发展,公民思想逐步发生变化,大学生思想也呈现出各种各样的复杂性特点,这种状况要求各大高校必须提高思想政治教育工作质量。思政育人工作具有不可替代的作用,所以说思政育人工作成效是检验高校办学水平和办学质量的标尺之一,这是一项长期的、需要不懈努力的大工程。改革开放以来,我国发布了一系列政策、法律、法规,以及讲话、文件、通知等,给高校思政育人工作提供了强有力的政策依据,给予了重要的指导和规范作用,主要有以下几个方面。

(一)高校思政工作"十大"育人体系

2017年教育部发布的《高校思想政治工作质量提升工程实施纲要》明确指出,高校思想政治工作应该坚持立德树人的基本任务,坚持思政育人工作的价值引领,坚持分类指导、因材施教,坚持党对高校思政育人工作领导的四个原则,充分发挥课程、科研、文化、管理、服务、实践、网络、心理、资助、组织十方面工作功能的"十大"育人体系,全面提高人才培养能力。

(二)全国教育大会讲话

2018年教师节,习近平总书记再次强调了思想政治工作在教育中的重要性。教育是国之大事,国之根本,高校思政育人工作是一项系统的教育工程。构建立体多元的思政育人激励体系、协同高校的思政育人工作格局,完善思政育人工作的长效机制,有利于思政育人工作的有效实施。思想政治工作关系着学校各项工作的开展,关系着高校为国家和社会培养建设者和接班人的关键。

(三)学校思想政治理论课教师座谈会讲话

2019年3月18日,习近平总书记出席学校思想政治理论课教师座谈会并指出,思政育人工作是一项系统而且复杂的工程,在高校开设思政理论课要以科学的理论为基础,培养"六个相统一"的人才,落实立德树人根本任务,全力为祖国培养优秀人才。高校应重视思政理论课教师工作,要重视高校思政课程的实践性,加强思政育人教师队伍与学生工作队伍的深度融合。

（四）新时代高校思想政治理论课教师队伍建设规定

2020年1月，教育部第一次部务会议通过《新时代高校思想政治理论课教师队伍建设规定》，教育部强调高校思政育人工作需要各方面力量共同支持和配合思政课教师开展工作，思政育人工作需要调动所有工作者参与的积极性和主动性，提升思政课教学效果和质量。高校要培养一批专职为主、专兼结合的思政教师，高校思想政治教育教师不仅要讲好思政课，还要在增强自己"四个意识"的基础上，做好"六个统一"，做好学生思想教育引导工作。

（五）关于加快构建高校思想政治工作体系的意见

2020年5月，高校思想政治工作领域出台了《关于加快构建高校思想政治工作体系的意见》，提出构建一个全面、多样、层进、互补的课程体系，建设一批提高高校学生素质的公共基础课；提出要提升校园新媒体网络平台的服务力，发挥网络思政育人载体作用，把心理健康教育课程纳入整体教学计划，每个学校必须配备不少于2名的专业心理健康教师，发挥育人主体作用，坚持育人、育心、育德相统一。

第三节　高校思政育人体系建设的时代特征与价值

不管什么时代，一个社会的发展进步都离不开价值引领的强大感召和激励，科技创新、全球化互动正在改变着我们的生活状态和交往方式，充分发挥社会主义核心价值观的价值引领的作用，是当前应对多元思潮冲击的强心剂，是维护我国一元意识形态的稳定器。在社会主义核心价值观的共建共享下，我国越来越多的公民自觉地建立起强大的"中国信念"，培植起深厚的爱国主义情怀，推动着我国向着中华民族伟大复兴的"中国梦"不断奋进。一个群体内部具有强大的价值导向吸引力，可以强化主体的角色意识，明确责任边界，增强群体凝聚力和自信心。

从思想政治教育的学科特质来看，思想政治教育与其他社会自然科学不同，其实质是在观念、思想、精神层面对公民进行影响、改造的哲学社会科学，是知识内化与行为外化的双重同一。因此，高校在进行思想政治教育工作的每一个环节中，都要充分认识到价值引领的重要性。高校思想政治育人体系的创建，首先需要明确体系中主体需要遵循的共同的价值原则和导向，始终把价值作为贯串所有环节的内容，牢牢把控正确的教育教学方向，抓住学生与高校教师这两个主体，在"共情"中强化思想政治教育主体对自身身份的认同感，打通各主体间的沟通通道，激活其主体育人力量"心往一处想"的同时，确保最终形成的思想政治育人体系合乎规范,向着正确的道路和方向迈进,从而保质保量地完成时代、社会、国家、党所要求的思想政治教育工作的目标,构建高校思想政治教育工作的同心圆。

一、高校思政育人体系建设的时代特征

时代的发展赋予了思想政治育人体系建设新的特征。理解思想政治育人体系建设的时代特征,不仅是思想认识的重要环节,也是创新思想政治育人体系建设实现路径的基本要求。

高校思想政治育人体系有着丰富的思想内涵,探究新时代高校思想政治教育育人体系,就需要结合"培养什么人、怎样培养人、为谁培养人"这一根本问题,从整体上把握高校思想政治育人体系的基本内容与核心要义。

社会主义道德作为先进的道德体系,是以马克思主义为指导的,其核心是为人民服务,集体主义是其基本原则,体现的是无产阶级和广大劳动人民的根本利益和长远利益,是共产主义道德在社会主义阶段的体现。高校思想政治教育育人体系中的核心内容,毫无疑问就是社会主义道德。社会主义道德是以爱祖国、爱人民、爱劳动、爱科学、爱社会主义为基本要求的,内容包含社会公德、职业道德、家庭美德和个人品德等方面。培育社会主义道德,对个人健康成长、社会良性运转和国家长远发展,对实现人的自由而全面的发展有着重要的现实意义。总之,以社会主义道德为高校思想政治教育育人体系建设之根本,是我国社会主义社会的本质要求,也是我国传统价值观念的当代体现,更是高校思想政治教育育人体系的内在规定。因此,必然要坚持树立社会主义道德这一根本要求。

党的十八大以来,党和国家各项事业均取得了历史性、根本性的变革和成就,比历史上任何时期都更加接近实现民族复兴的"中国梦"。习近平总书记在高校思想政治理论课教师座谈会中指出:"我们党立志于中华民族千秋伟业,必须培养一代又一代拥护中国共产党领导和我国社会主义制度、立志为中国特色社会主义事业奋斗终身的有用人才。"这一重要论述揭示了高校思想政治育人体系的精神实质,科学回答了"为谁培养人、怎样培养人"的问题。中国共产党立志于中华民族千秋伟业,有着历史必然性。近代以来,中华民族内忧外患,在民族存亡之际,中国共产党人自觉肩负起历史重托、人民重托,成为中国革命和中华民族复兴的中流砥柱,依靠人民实现了民族独立,走上了社会主义大道。这是历史和人民的选择,也是中国共产党的担当所在。

历史和现实有力地证明,只有中国共产党才能引领中华民族走向未来。而培养一代又一代拥护中国共产党领导和我国社会主义制度、立志为中国特色社会主义事业奋斗的有用人才,这是中国共产党引领中华民族走向未来的重要保障。换

言之，高校思想政治育人体系具有基础性的作用，只有借此为中国特色社会主义事业培养奋斗终生的有用人才，才能确保党和人民的事业后继有人，才能从根本上确保最广大人民根本利益的实现。二者是内在统一的关系。这是高校思想政治育人体系的本质。

把握高校思想政治育人体系的思想内涵，是时代与实践的要求。在我国诸多教育思想中，对德与才的表述不胜枚举，如"三不朽"就将立德置于首要地位，又如德才兼备、以德为先的思想等。总体来看，高校思想政治育人体系如何建设、建设的成效如何，其前提要求就是要立德，人无德不立，拥有良好的思想品德是成为有用人才的必然要求。而要培养有用人才，就必然要培养其优秀的思想品德，这是培养有用人才的必然要求。在新时代落实立德树人根本任务，要善于把握德与才二者辩证统一的关系，将"立德"与"树人"真正统一起来。

（一）充分把握目标导向的要求

高校思政育人体系的导向性体现在目标明确方面。导向性，通俗讲即方向性，高校思政育人体系的目标具有明确的导向性，即具有鲜明的理想性和方向性，从而引导受教育者成长、成才。之所以讲其目标具有明确的导向性是因为：高校思政育人体系的核心和落脚点是育人。新时代如何育人、育什么样的人及为谁育人，对这个问题的回答必须旗帜鲜明，不能含糊。这是落实高校思政育人体系的逻辑前提。我国是中国共产党领导的社会主义国家，新时代是对我国发展阶段的科学定位，那么高校思政育人体系的目标毫无疑问培育的是堪当民族复兴重任的时代新人，培育的是合格的社会主义建设者和接班人。这是中国特色教育事业的本质要求，是思政育人体系的目标导向所在。这一目标导向不仅体现了新时代国家发展和民族复兴的内在要求，也深刻揭示了新时代个人成长、成才的必然路径。因此，必须要把握这一目标导向的要求。

（二）立足于时代发展的变化

高校思政育人体系的内容具有鲜明的时代性。这里所讲的时代性，是指高校思政育人体系的思想内容立足于时代发展的变化，反映的是时代发展的要求，彰显的是时代发展的需要。就新时代"立德"的内容来讲，不仅要弘扬中华民族传统美德，着眼于立社会主义之社会公德、职业道德、家庭美德、个人品德，更要学习和运用马克思主义中国化理论成果，特别是要将学习和运用习近平新时代中国特色社会主义思想贯穿立德树人过程中。这是新时代立社会主义之德的必然要求。构建高校思政育人体系，就要自觉以习近平新时代中国特色社会主义思想为指导，将这一重大理论融入实践的方方面面。

新时代不仅要培养合格的社会主义建设者和接班人，培养致力于国家治理体系和治理能力现代化的有用人才，还要培育能讲好中国故事、传播好中国声音的、具有全球视野、未来视野的复合型人才。这是立足于新时代发展要求的体现，也是立足于我国发展时空坐标的体现，具有鲜明的时代性要求。就新时代高校思政育人体系的方法论要求而言，一是新时代立德树人更加注重、体现德育在高校教育中的重要地位和作用，更加突出德育在人的全面发展教育中的作用，将促进人的德行成长定义为教育的首要任务，同时也强调了个人品德修养的重要性；二是更加注重和突出劳动教育的地位，特别是注重劳动、劳动教育对于个人成长、成才的深远影响，强调"德智体美劳"的统一。

（三）实现全员、全过程育人

思想政治育人体系建设是一项系统工程，其实践过程具有系统性，主要体现在育人过程的系统性、复杂性和长期性上。21世纪的中国社会是数字化、网络化和智能化的社会，其网络通达便捷，各种思想激荡，对思想政治育人体系建设实践的要求也不断增加。新时代落实思想政治育人体系建设，就要统筹推进育人方式、办学模式、管理体制、保障机制改革，使各级各类教育更加符合教育规律、更加符合人才成长规律、更能促进人的全面发展，实现全员、全过程育人。

在新时代思想政治育人体系建设的实践过程中，把握系统性的要求，从实践过程中系统与要素、要素与要素，以及系统与环境的相互联系、相互作用来探究思想政治育人体系建设的思路所在，真正形成系统化的育人体系，方能构建起全员、全过程的育人模式，更好地满足思想政治育人体系建设实践过程中系统性的要求。

二、高校思政育人体系构建的时代价值

（一）促使人才培养体系完善

高校思政育人体系构建有利于完善高校人才培养体系。在知识经济的背景下，人才是社会发展的第一资源。我国在社会发展转型的关键时期，对人才的素质、水平、能力有着更高的要求。高校学生是民族、国家的希望，对高校学生的培养是教育主体的共同诉求。习近平总书记在全国教育大会上发表讲话，指出当代高校要"构建德智体美劳全面培养的教育体系，形成更高水平的人才培养体系"，同时还强调高校人才培养体系的创建过程中，要对学科体系、教学体系、教材体系、管理体系几个主要层面做出变革，提升高校育人工作的整体水平和质量，做到思想道德、文化知识及社会实践并重。思想政治教育工作在高校人才培养体系中处于统领地位，高校全方位思想政治育人体系的构建，正是高站位地对高校思想整治工作进行统筹谋划的设计方案，是帮助高校人才培养体系补足短板、强化优势

的必然选择，有利于新时代高校人才培养体系在适应社会的矛盾变化中不断进行完善、优化和升级，开创工作新局面、新态势。

（二）将人才培养素质有效提升

高校思政育人体系构建有利于提高高校人才培养素质。相关的文件指出，在高校思想政治工作的加强与改进工作中，要"培养又红又专、德才兼备、全面发展的中国特色社会主义合格建设者和可靠接班人"，为"两个一百年"及中华民族伟大复兴的实现提供人才支持；《高校思想政治工作质量提升工程实施纲要》中更加明确地指出，高校人才培养的总体目标是，"着力培养德智体美全面发展的社会主义建设者和接班人，着力培养担当民族复兴大任的时代新人"。高校作为党的意识形态工作的前沿阵地，在多元文化渗透和冲击的大环境下，更加要将意识形态阵地建设工作落实到位，为高校学生的全面发展指明正确的方向。当前国际国内的形势复杂多变，而高校学生求知欲强、好奇心旺，思想价值观念极易遭受不良思想的侵蚀，不利于健康"三观"的塑造，也会对其的全面发展造成一定的负面影响。在当代高校学生的全面发展及综合素质的培养过程中，只有先行对当代高校学生施加正向的思想政治教育影响，才能为高校学生的全面发展指明正确的方向和道路。此外，高校全方位思想政治育人体系着眼于新时代，从宏观视角将传统思想政治工作进行立体化升级，在不同层面满足高校学生成长、成才的需求，"全育人"且"育全人"，在理论与实践中、在生理上与心理上均切切实实提升其获得感、满足感。因此，高校全方位思想政治育人体系构建的时代意义还体现在，可以为高校人才道德素质水平的提升，以及综合能力的增强提供强大助力。

（三）扩大高校影响力

高校思政育人体系构建，有利于提高高校影响力。建设世界一流大学和一流学科，即"双一流"大学，这是我党在教育领域所推行的一大重要战略，其中将打造具有中国特色和世界影响力的新型高校智库作为重点任务之一推进。长期以来，我国对教育工作都予以高度重视，高校建设工作也初步获取了一定的成果，拥有了世界范围内规模最大、增长速度最快的高等教育系统。但与此同时，世界经合组织所公布的调查数据显示，2018年中国25~64岁人口中受过高等教育的比例为17%，而发达国家的水平基本在40%~50%。由此可以看出，当前我国高校人才培养工作仍面临着巨大的挑战，与发达国家之间存在较大的差距，我国高校在世界范围内的影响力仍然较低。应当将立德树人视作高校全部工作成效的检验标准，并将其融入高校建设、高校管理的每一个环节之中，将立德作为教育工作的根本。这一表述充分强调了思想政治教育工作对于高校整体工作开展的重要性与必要性，也间接说明了高校全方位思想政治育人体系的全面构建，不仅对"双一流"大学建设任务的推进具有积极影响，更关键的是有利于走出一条面向世界、面向未来的中国特色社会主义高校发展之路，在提升我国高等教育的整体水平的同时，扩大国际影响力。

三、高校思政育人体系构建的现实意义

现实意义是理解和把握高校思政育人体系建设内涵和实践要求的重要方面。对高校思想育人体系建设现实意义的考察，可以很好地帮助教师，深化对新时代高校思政育人体系建设实践的认识，有利于准确把握新时代高校思想育人体系建设的重大意义。

（一）社会发展进步的切实要求

思想政治育人体系的落脚点在育人，社会发展进步的根源在于人的进步，这是思想政治育人体系与社会发展进步的理论基础。社会发展进步是指社会运动、变化和发展过程呈现的是一种前进的、上升的、由低级向高级演进的历史趋势。人类社会之所以呈现出不断发展的历史趋势，主要根源在于社会内部的基本矛盾运动。换言之，社会进步的根本动力来自生产力和生产关系、经济基础和上层建筑的矛盾运动。这是社会发展进步的根本原因。在这一过程中，人是最核心的要素。宏观地讲，思想政治育人体系实践对于促进社会发展进步的表现主要在促进生产力的发展、促进生产关系的变革，而在生产力的诸要素中，人是最活跃的、能动的要素，特别是用思想知识和科学技术武装起来的"劳动者"最为积极、最为革命。微观地讲，思想政治育人体系建设的实践可以很好地促进科学技术发展、社会交往发展及现代文明发展。这是思想政治育人体系建设实践促进社会发展的具现化体现，也是现实意义其在社会领域中最为直接的体现。当前，我国经济社会发展迅速，人们对建成自由、平等、公正、法治的美好社会更加向往、更加迫切。新时代高校就是要着力回应人民对于社会发展进步的现实需求，要将思想政治育人体系的现实意义与促进社会发展进步更好地统一起来。

（二）实现民族复兴的重要举措

习近平总书记在党的十九大上指出："培养造就大批德才兼备的高素质人才，是国家和民族长远发展大计。功以才成，业由才广。坚持党管人才原则，坚持尊重劳动、尊重知识、尊重人才、尊重创造，实施更加积极、更加开放、更加有效的人才政策，引导广大人才爱党报国、敬业奉献、服务人民。"实现民族复兴，需要强大的智力支撑和人才支撑，而立德树人的重要意义就在于对人力资源、治理资源的涵养孕育，这是立德树人是实现民族复兴重要举措的现实依据。通俗地讲，立德树人所立之德是社会主义道德，所树之人是社会主义合格建设者和接班人，

这与民族复兴的价值理念与实践是相一致的。换言之，民族复兴的价值理念与实践要求统一于个人立德成才的实践，贯串社会主义现代化建设的进程中，其内在要求为培养民族复兴夙愿建设者和接班人；而新时代实现民族伟大复兴，同样对立德树人实践提出了新的、更高的要求，这是立德树人与民族复兴的辩证关系所在。勠力实现民族复兴，不仅为立德树人提供了明确的价值导向，也可以很好地帮助国家统一思想共识、凝聚社会力量。新时代实现中华民族伟大复兴，就需要进一步强化高校立德树人的重要作用，将我国人口优势更好地转化为人力资源优势，不断提升国民综合素质，为实现民族复兴积蓄力量，更好地服务于民族复兴的伟大实践。

（三）我国高校的发展需求

思想政治教育是高校工作的重要主题，也是评价高校工作成效的根本尺度，是高校的发展需求。高校的发展需求，是指其得以立足存续的关键、根据。思想政治育人体系之所以是我国高校的发展需求，是因为高校肩负着为党育人、为国育才的重要责任，其地位与作用不容小视。一方面，思政工作是高校工作的根本要求，也决定了为党育人、为国育才的基本内容，即德育的全部实践。新时代我国高校发展，只有紧紧围绕思想政治育人体系这一根本任务，才能真正发挥自身的重要作用，进而也能实现高校自身的长远发展。另一方面，评价高校工作的成效，要把握思想政治育人体系这一根本任务。思想政治育人体系既是高校工作的鲜明主题，必然也是检验高校工作成效的标准，这是由我国高校的工作任务和工作目标所决定的。换言之，办好中国特色社会主义高校，思想政治育人体系的建设是最为根本的评价标准，是促进和带动高校其他工作发展的统率，也是真正培养一流人才、建成世界一流大学，以致高校能在经济社会发展中发挥积极作用的重要保证。

（四）学生个人成才的重要保障

思想政治育人体系作为学校的重要任务，贯串于学校教育的方方面面，对个人成才起到了重要的保障作用。其表现为良好品德养成、知识技能习得、完善人格塑造、身心发展促进等多个方面。学校教育是个人成长、成才的重要手段，也是个人社会化的重要途径。学生阶段是人生发展的关键阶段，也是最具可塑性的阶段，"青少年阶段是人生的'拔节孕穗期'，最需要精心引导和栽培"。"教育的作用在于摆脱和弥合片面分工给个人所造成的片面性，为个人的全面发展创造条件，使全体社会成员的才能得到充分发展。"学校思想政治育人体系建设的实践，本质就是学生成长、成才的引导与栽培，包括良好品行的培养、知识技能的传授、健全人格的塑造、身心发展的促进等多个方面，其价值旨归在于促进个人的全面发展，这与个人成长、成才的内在诉求是一致的。可以说，学校教育在个人成才的实践中扮演了至关重要的角色，其作用不可或缺、不可替代。新时代高校思想政治育人体系的建设，就应善于把握其对个人成才的现实意义，客观地认识到学校教育的重要作用。

第五章　新时代大学生思想政治教育与心理健康教育融合实践研究

第一节　大学生思想政治教育与心理健康教育的概述

大学生心理健康教育是思想政治教育的重要组成部分。党和国家一直高度重视大学生心理健康教育工作。加强和改进大学生心理健康教育，是促进大学生全面发展、健康成长的重要途径，是培养高素质创新人才的必然要求，也是加强和改进大学生思想政治教育的重要任务。大学生心理健康教育要与思想政治教育紧密结合，坚持立德树人，培养身心健康、人格完整的社会主义合格建设者和可靠接班人。从教育实践来看，我国大学生心理健康教育工作依然面临重视程度不够、教育队伍人员数量不足、形式化、单一化等问题。新形势下，加强大学生心理健康教育工作，要合理吸收借鉴其他国家的经验，统筹规划、把握规律，构建适合中国大学生特点的心理健康教育体系，推动心理健康教育工作规范化、科学化发展。

一、大学生心理健康教育的含义

心理健康是健康概念的重要元素。第三届国际心理卫生大会认为："所谓心理健康是指在身体、智能以及情感上与他人的心理健康不相矛盾的范围内，将个人心境发展成最佳状态。" 20世纪初以来，随着国际心理卫生运动的蓬勃发展，关注心理健康已成为世界性的潮流。在教育领域，伴随着社会的发展、高等教育的改革，在高效率、高竞争、快节奏的社会浪潮中，如何培养具有健全人格和良好心理素质的大学生，成为各高校共同面临的问题。推行大学生心理健康教育，是解决这一问题的有效措施。

大学生心理健康教育的含义有狭义与广义之分。狭义的大学生心理健康教育，指运用心理学的原理与方法，引导大学生解决心理问题，提高心理素质，其对象是有心理障碍或困扰的大学生。广义的大学生心理健康教育，指教育者运用心理学、教育学、社会学乃至精神医学等多种学科的理论和技术，遵循一定的心理健康教育的要求，通过多种方法与途径，对大学生进行心理卫生知识和技能的教育。本书中探讨的大学生心理健康教育，均指广义的含义。

作为大学生素质教育的重要组成部分，大学生心理健康教育是一项系统性工程，它主要包括：面向大学生普及心理健康相关知识，培养大学生良好的心理品质，帮助大学生认识自身潜力，充分发挥潜能，使其成为具有健全人格、健康情绪、和谐人际关系、社会适应良好的青年人；对大学生进行心理学方面的教育指导，传授心理调适方法，帮助大学生学会自主应对挫折、压力，妥善处理心理困扰，维护自身的心理健康；开展心理咨询、心理辅导、心理讲座等工作，对少数有心理障碍的大学生进行治疗与矫正；进行心理健康课题研究，在实践中不断深化理论。

由于心理健康教育的对象是全体大学生，其中包括心理健康的大学生，也有面临心理困扰或心理障碍的大学生，因此，大学生心理健康教育兼具"防"与"治"的功能。高校是教育机构而非医疗机构，大学生是正常人而非病人，因此，大学生心理健康教育应把重点放在预防性教育，把心理矫治放在辅助地位。从根本上而言，预防比治疗具有更深远、更积极的意义。

二、加强大学生心理健康教育的意义

我国的大学生心理健康教育起步于20世纪80年代，一些高校在国内率先开设心理学讲座、选修课，开展大学生心理调查，部分高校还开设了专门的心理学课程。经过几十年的发展，大学生心理健康教育不断完善。目前，我国许多高校已开设"大学生心理健康导论""实用心理学""大学生情绪管理""职业生涯规划""恋爱与性心理健康"等课程，并建立心理研究与咨询中心，配备专门的心理咨询师，组建心理健康学生社团，定期开展心理健康讲座和素质拓展活动，为大学生认识自己、挖掘潜能、解决迷茫提供专业指导。

（一）个人价值层面：促进大学生身心和人格健康发展

在大学生活期间，每一名大学生或多或少都面临着由学业、人际交往、就业等带来的压力和挑战，但由于心理素质的不同，每个人的处理方式有所差异。心理健康水平高的学生，能够将压力内化为动力，积极乐观地对待挫折与挑战，从而实现自我成长、自我突破；心理健康水平低的学生，面对压力则焦虑不安，甚至造成睡眠障碍、心理障碍，严重影响正常的学习和生活。这些青年学子正处于人生中的黄金时期，思维活跃、精力旺盛、充满激情，他们情感丰富，情绪敏感但又容易脆弱，大多数人价值观、人生观尚未定型，心理成熟的速度缓于生理成熟的速度。在面临快速发展的社会及新环境时，他们内心交织着种种矛盾，心理冲突、心理困扰时有发生，严重者甚至出现心理障碍。面向广大学生开展心理健康教育，是优化大学生心理素质、提高心理健康水平的重要途径。

大学生心理健康教育运用心理学、教育学原理，遵循大学生身心发展特点，通过理论及实践活动，培养其良好的心理素质，促进身心及人格完善，科学引导大学生全面发展。心理健康教育尊重大学生的主体性，尊重个体的差异，使每名大学生能从自身原有的基础出发，不断发展和完善，养成自尊、自爱、自律、自强的优良品格，实现心理健康与人格和谐发展。

（二）社会价值层面：培养社会主义合格建设者和可靠接班人的迫切要求

育才造士，为国之本。中国应该办什么样的大学、怎样办好大学？培养什么样的人、如何培养人、为谁培养人？办好高等教育，事关国家发展，事关民族未来，事关中国特色社会主义前途命运；高校立身之本在于立德树人；培养又红又专、德才兼备、全面发展的中国特色社会主义合格建设者和可靠接班人。

高校的根本任务是人才培养。高素质的人才，不仅要有良好的思想道德素质、文化素质、专业素质、身体素质，还要具备健康的心理素质。心理健康是大学生综合素质结构的基础和前提。大力加强大学生心理健康教育工作，既是时代发展的需要，也是社会发展对培养高素质人才的必然要求。当前，我们比历史上任何时期都更加接近中华民族伟大复兴的目标，对高等教育、卓越人才的需要比以往任何时候都更加迫切。青年代表着国家的未来、民族的希望，在国际国内形势深刻变化、东西方思想文化交融碰撞、社会思潮多元多变的新形势下，如何指导大学生点亮理想之灯，帮助他们提升知识、能力、观念和心理素质以适应新环境、新要求，对高校教育工作尤其是心理健康教育工作提出了新要求。

当代大学生承载着中华民族伟大复兴的历史使命，当他们毕业后走上社会，其思想、言行都将深深地影响一代人，其成长成才影响着社会的发展。没有崇高的理想，没有优秀的道德品质和良好的心理素质，掌握再多知识也无法成为社会主义建设需要的合格人才。一个具有完整人格和优良心理素质的大学生，才能保持积极乐观的心态，充分地发挥主观能动性，挖掘自身潜力，勇于克服困难战胜挫折，从而实现整体素质的提高和全面发展。

三、大学生心理健康教育的重要内容

大学生心理健康教育是解决大学生在学习和生活过程中遇到的问题的重要指南，对其学习、身心发展、日常生活有重要的调节作用。因此，大学生应该十分重视自身的心理健康教育问题。

（一）人格与学生心理健康

1.健全人格的含义

健全人格是人在社会化过程中人的本性的充分发挥所能达到的境界，是人类应该追求的目标。具备健全人格的个体，能有意识地控制自己的生活，掌握自己的命运，意识到自己的优点和缺点。健全的人格并不是生活在过去之中，而是立足于现实，面对未来，具有在结构上和动力上向理想人格发展的特征。健全心理人格的模型主要是马斯洛的"自我实现者"模型。马斯洛依据其需要理论，认为人具有突破自身束缚，实现自我价值的倾向。他长期研究了那些能够充分发挥自己才能，全力以赴地工作的个体，认为自我实现是一种过程，自我实现的人格具有超越和支配环境的能力，并且善于与他人交往。

2.大学生的人格特点

在学习生活中，大学生逐渐适应其社会角色。人际圈子的扩大、激烈竞争的学习压力，都在影响着大学生的人格发展状况。经过调查发现：第一，明确定位。大学生在人际交往过程中对自己所处的地位有清晰的认识。第二，道德感。大学生在自我完善过程中具备以传统美德、社会公德为主的道德体系。第三，开放性。大学生能够很快地接受关于周围世界的知识和理解周围人群的观念，并且能够主动灵活地应对周围世界的变化。第四，责任感。大学生能够认识到自身对周围发生的事情所能够产生的变化和所应该做出的举动。第五，务实性。大学生面对现实的态度和能力。第六，情绪性。大学生仍然容易受到自己情绪变化的影响。

3.大学生的不良人格

大学生的不良人格主要表现为以下几种行为：第一，偏激。一部分大学生存在认识问题的缺陷，看待问题不够全面，尤其是在行动上表现得更为明显。第二，自卑。指大学生在看待自己之时，往往容易悲观。第三，孤僻。只生活在仅有几个人的生活圈子之中，对自己不熟识的人往往有厌烦或戒备的心理。第四，忌妒。刚开始表现为一种忧虑，继而外化，对他人愤怒和怨恨。被忌妒心所支配的人，往往倾向于从心理上折磨自身，在身体上攻击他人。第五，依赖。有依赖心理的人在能力上不相信自己，不愿意承担责任；生活上寻求父母的保护和照顾。

（二）学习与学生心理健康

学习是促进学生身心全面发展的重要途径，对学生心理健康有重要影响，而学习又是一个受心理健康状况影响较为严重的方面。学习影响学生的心理健康表现在两个方面，即积极影响和消极影响。学习在学生的智力和潜能、各种能力、正向情绪和情感的产生、自我意识的发展方面都有显著的作用。这些方面的提高能够给学生的生活带来愉快的感受，促进学生心理健康状况的发展。

四、大学生心理健康教育体系的构建

（一）我国大学生心理健康教育工作的现状

心理学始于西方。我国高校心理健康教育萌芽、起步、发展的历史并不长。1917年，北京大学哲学系开设心理学课并建立中国第一个心理学实验室。受20世纪初国际心理卫生运动的影响，中国心理卫生的活动开始展开。受各种因素的影响，心理健康教育工作曾长期停滞，直至20世纪80年代，心理健康教育才开始有了较大的发展。尤其是国家一系列纲领性文件的出台，表明国家已开始重视大学生心理健康教育工作，并为高校开展心理健康教育提供了大力支持。

经过几十年的建设，我国大学生心理健康教育获得了较大的发展，取得了实实在在的成效。大学生心理健康教育的观念赢得了社会的普遍接受、关注和重视。许多高校成立心理健康教育机构，专门从事大学生的心理健康教育工作。心理健康教育形式多样，通过心理咨询、心理沙龙、心理剧、心理素质拓展等活动，提升心理健康教育的实效性和科学性。然而我们也应看到，在新形势下，当前我国的大学生心理健康教育工作仍存在一些薄弱环节，不能完全适应社会发展和满足当代大学生的需求，亟待通过理论和实践进一步深化。

一是高校对心理健康教育工作认识和重视程度有待提高。随着大学生心理健康问题的日趋严重，以及国家一系列相关文件的出台，人们开始重视心理健康教育，意识到心理健康对成长成才的基础性作用，心理健康教育工作逐步受到重视。但仍有一些高校不能站在历史的高度，以战略的眼光来看待心理健康教育工作，仅从口头上、理论上支持心理健康教育工作，并没有将其纳入学校整体的规划中。由于思想认识不到位，导致出现了管理不规范、职责不明晰、分工不明确、场地匮乏、经费不足等问题，难以收到良好的心理健康教育效果，无法实现心理健康教育的可持续发展。

二是大学生心理健康教育师资队伍力量不足。心理健康教育涉及心理学、教育学、医学、社会学等方面的知识，是一项专业性、操作性很强的工作。它要求相关教师除了具备专业知识，还要受过严格的实践训练，掌握心理咨询及指导的相关技巧。目前，我国高校专职从事心理健康教育的教师配备严重不足，无论是数量还是质量都不能满足现实需要。与发达国家平均每名大学生就有一名专职心理辅导员相比，中国心理辅导员数量较少，而且许多心理辅导员其实是政治辅导员，根本不具备对学生进行专业心理辅导的能力。尽快培养一批专业、专职的心理健康教育教师迫在眉睫。

三是心理健康教育形式化倾向明显。心理健康教育与其他学科不同，其具有很强的实践操作性。目前，很多高校制订了心理健康教育的课程计划，推出了一些心理健康教育的课程和讲座，但并没有重视心理咨询、心理社团建设等工作的开展，存在"重课程轻实践"的问题。学生仅从课堂上获取心理健康的知识，当遇到心理困扰或障碍时，找不到专业的教师进行指导。而心理健康教育社团由于缺乏专业的指导和充足的经费，组织活动较少或质量不高，心理健康教育流于形式化、单一化，并未取得真正的实效。另一种现象是，一些高校的心理健康教育工作还停留在心理咨询层面，没有形成系统的、丰富的教育体系，难以满足大学生接受心理健康知识、提升心理素质的需要。

（二）国外大学生心理健康教育的经验与启示

对高校心理健康教育工作，世界各国都非常重视。国外学校心理健康教育经过多年的发展历史，有很多宝贵的经验值得我国借鉴。其中，美国学校心理健康教育走在世界的前沿，其方法和理论观念，对其他国家具有较强的引导、标志和渗透作用。20世纪初，心理健康教育进入美国学校，经过理论和实践的不断发展，获得了许多西方国家的认同和追随。加拿大、比利时、法国、英国等国家，依据本国的特点对美国的心理健康教育进行了合理的改造，也积累了许多成功的经验。

发展至今，国外大学生心理健康教育工作进入较为成熟的阶段，出现了许多理论流派，出版了大量的专业著作，研究日益繁荣。在实践层面重视开展丰富的团队心理训练活动，通过精心设计的课程及活动对学生施加影响。综观国外大学生心理健康教育，我们可以从中获得诸多启示。

一是高度重视心理健康教育工作。西方政府十分重视和支持高校心理健康教育，从政策、资金、法律等层面采取措施，保证心理健康教育的有效开展。比如美国的一些州专门立法以支持高校心理健康教育，美国绝大部分大学都设有从事心理健康教育和心理咨询的专门机构。日本90%以上的大学都设立了心理咨询机构，普及心理健康方面的知识。

二是教师队伍建设规范化。专业的教师队伍是心理健康教育的人才支撑。如今，美国共有几万名专业学校心理学家活跃于学校内外，并且每年有约2000名毕业生充实这支队伍，保证了心理健康教育源源不断的人才供应。除此之外，美国还制定了严格的从业标准,对心理健康教育从业人员提出了明确的要求,包括掌握心理学的核心知识,发展专业能力,加强人际交往能力,掌握相关技能等。许多国家也从美国吸取经验,规范化地建设心理健康教育教师队伍。

三是心理健康教育兼具多样性与综合性。美国高校通过设立心理学课程、心理健康中心、多功能活动场所等多种方式来实施心理健康教育,并为学生建立详细的档案,记录其智力、性格、兴趣、成绩、社会实践经历等资料。一些国外高校还实现了学校、社区、家庭相结合的综合网络,调动多方力量关注和重视学生心理发展。日本学校的心理咨询工作注重培养学生的生存能力、抗挫折能力,指导学生学会竞争与合作,并开展大学生心理普查、心理咨询、系列课程及讲座、建立心理档案等活动,内容丰富、形式多样。

(三) 构建中国特色的大学生心理健康教育体系

高校立身之本在于立德树人,而大学生心理健康教育是高校立德树人的重要内容。中共中央、国务院印发的《关于加强和改进新形势下高校思想政治工作的意见》中明确指出"培养又红又专、德才兼备、全面发展的中国特色社会主义合格建设者和可靠接班人"。心理素质是高素质人才的基础和重要组成部分,要培养合格的社会主义建设者,不能简单套用国外心理健康教育的理论和方法,而是要在吸收其他国家心理健康教育有益经验的基础上,适应我国国情,合理本土化,构建具有中国特色的大学生心理健康教育体系。

1.增强大学生心理健康教育意识

目前,心理健康教育已逐渐受到高校及社会的重视。人们意识到,心理健康教育并不意味着心理出现了问题,而是一项基础性、长远性的工作,对大学生形成健康、完整的人格有重要的意义。高度重视大学生心理健康教育,为国家的未来发展打好坚实的人才基础,是高校应该认真研究的重要课题。高校应将心理健康教育纳入学校的整体规划之中,研究制定大学生心理健康教育工作的实施办法,建立考核机制,将心理健康教育作为思想政治教育的重要组成部分,从人力、物力、财力等方面给予充分保障,为学生成长营造良好的氛围。

在校内加强宣传,引导大学生正确看待心理健康问题,克服成长过程中的障碍,增强大学生面临心理问题时的自我解决能力。针对从大一到研究生各阶段大学生的特点以及面临的具体问题,分类别、有计划地进行指导,促使大学生在观念、知识、能力和心理素质等方面尽快适应新的要求。积极探索新的工作思路,不断提高大学生心理健康教育的针对性、实效性,推动大学生心理健康教育工作健康有序开展。

2.充分发挥课堂教学的主渠道作用

大学生获取知识的途径虽然很多，但课堂是吸收知识最集中、最基础的渠道，因此课堂教学是大学生心理健康教育的主要阵地。高校要大力普及心理健康教育，根据自身条件开设相关的必修课、选修课，让大学生受到较为系统的心理健康教育，加深对自己、社会、环境的理解。高校要加大心理健康教材的编写力度，组织专门机构和优秀教师编写大学生心理健康教育的专门教材、辅导读本，制作微课程等。

在课堂教学中，心理健康教育教师要讲求艺术性，用足、用好课堂，丰富教学手段，运用大学生喜爱和接受的方式传播相关知识，让枯燥的理论变得生动具体，不断提高教学水平和教学效果，不断探索新常态下课堂教学的新理念和新内容。在课堂讲授中，要针对大学生关注的热点和焦点问题，把重点放在培养大学生健康、积极的心理素质上，并适当传授心理调适方法，帮助大学生在面临情绪管理、恋爱交往、就业择业、人格发展等问题时调整心态、树立信心、摆脱困扰。

3.完善大学生心理健康教育机制

心理健康教育要不断探索适应时代需要及当代大学生特点的心理健康教育机制，在实践中坚持普及教育与个体教育相结合、课堂教育与实践活动相结合。依托心理学及相关学科优势，以心理文化育人为核心，结合多课堂教育途径与互联网技术，建立专业化的心理咨询与督导、精品课程、平台实践、社会服务等途径，以满足大学生个性化成长需求。

第一，要做好大学生心理健康普查工作，通过心理测量表等科学测试，建立个人心理档案，并注意跟踪后续情况，掌握大学生的心理动态。面向广大学生，通过宣传画册、讲座、论坛等方式做好心理健康相关知识的普及工作。

第二，要建立心理危机预警和干预机制，重点关注有心理问题的大学生，及时发现、有效干预，通过约谈、个别咨询等方式做好心理辅导，及时化解心理危机。

第三，要建立校级、院级、班级三级心理健康教育网络，根据大学生专业特点、个性特点开展具有自身特色的心理健康活动，进一步将教育做细、做实。

第四，要以校园文化为载体，依托心理健康学生社团组织，开展丰富的校园活动，如知识竞赛、校园现场心理咨询、心理话剧、诗朗诵等，潜移默化引导大学生心理健康成长。

4.加强队伍建设与科学研究

教师是学生的指导者、引路人，其心理素质和言行对学生具有很强的示范性。此外，心理健康教育是一项专业性、系统性的工作，对教师的思想品德、专业知识、实践经验等综合素质要求较高。教师队伍的水平、结构会直接影响心理健康教育的成效，要努力建设一支训练有素、数量充足的心理健康教育教师队伍。

高校要配齐配强专职从事大学生心理健康教育的教师，定期进行培训，不断提升其专业水平；做好师资队伍建设规划，注重人才选拔，提供可持续的人才供应。目前，从事心理健康教育的专职人才仍较为缺乏。从长远来看，高校可以在教育主管部门的支持下，开设心理健康教育相关专业，培养专职的心理健康教育教师；建立完善的专业资格审查制度和考评机制，对兼职的心理健康教育教师，通过系统的课程和培训，提高其从业素质，充实队伍，形成心理健康教育的后备力量。此外，高校还要加强新形势下心理健康教育课题的研究，比如大学生心理健康标准的确立、影响大学生心理健康的因素、心理咨询模式、女大学生群体的心理素质培养等，多角度审视当代大学生心理健康教育工作，推出更多有分量、有价值的心理健康教育研究成果。

5.确立积极的从众心理，加强大学生思想政治教育工作

（1）坚持"以人为本"原则，关注学生的个性化发展

社会主义科学发展观的本质和核心是"以人为本"，始终把人的发展放在思想政治教育的第一位。因此，在高校思想政治教育中，教师一定要坚持"以人为本"的教育理念和根本目的，关注大学生的个性化成长，要从大学生的角度出发，去考虑他们生活以及学习中面临的问题，及时与他们沟通，提升他们的思想道德品质，帮助他们树立正确的人生观、价值观以及世界观。教师首先要做到的就是尊重大学生在校园中的主体地位，从内心尊重学生。其次，教师要维护大学生的根本利益，大学生思想政治教育要本着以大学生为本的基本原则，在不损害大学生基本利益的情况下，使大学生能够在校园中感受到应有的人文关怀和利益保护。只有大学生感受到了学校的爱护和善待，他们才能在真正意义上去维护学校的利益，在根本上激励自己形成良好的个人品质。最后，教师要注意大学生的个性化发展，个性化发展是思想政治教育的灵魂所在，社会的发展、人类的发展都需要多元化因素的发展，因此，思想政治教育也要在促进学生全面发展的同时，注重个体的个性化差异，并针对个体的不同情况和个性化差异为其提供可发展的空间和舞台。

（2）利用从众心理积极影响，加强高校思想政治教育工作

①充分发挥社会舆论导向的积极作用。舆论具有开放性、快速性、及时性和广泛性等特点，通常被理解为大众的舆论或共识。因此，舆论对群体心理和行为的影响是巨大的。随着时代和科技的发展，信息的传播方式以及传媒手段越来越多样化，人们获取信息的方式更加多样化和快速化，舆论对公众的影响和话语权也越来越受到人们的关注。舆论是一种导向，当一个群体的大多数成员对某件事或某一个问题采取一致的态度，表达相似的观点，表达共同的情绪或情感态度时，他们会对群体成员的心理施加压力。迅速调整个体的心理和行为保持统一，以便

迅速形成共同的行动。

②促进学生树立集体主义精神与正确人生观。第一，从众心理可以帮助大学生树立集体主义精神。大学生从小学就开始了群体生活，在长期的熏陶和感染之下，很容易树立起对班级、学校的深厚感情。在积极的从众心理影响下，大学生可以迅速、有效地树立起集体主义精神，进而去维护集体的荣誉和利益。第二，积极的从众心理可以帮助大学生树立正确的人生观。在大学校园中，大学生不可避免地受到校园环境和周围人的影响。在群众性、人民性、公益性等积极行为的影响下，大学生可以自觉树立正确的世界观、人生观、价值观。例如，入党可以帮助大学生正确认识中国共产党及其革命历史，从而帮助大学生树立正确远大的理想信念；择业从众可以帮助大学生找到实现人生价值的途径、现实的道路，实现大学生的人生目标和个人价值观；公益从众则可以帮助大学生养成助人为乐的精神，培养大学生高尚的道德品质，从而形成正确的人生观和价值观。

③加强心理教育与引导活动。大学中的思想政治教育工作只是大学生人生阶段的一部分，也只是大学生思想政治的一个辅助因素，真正决定大学生心理和思想发展变化的还是他们的主体需要和自我教育。因此，高校在给大学生创造良好的校园环境以及生活环境的同时，还应该在教学模式和教学方法上多采用激励、启发学生思想的教育方式，使大学生可以自主、自觉地融入社会的主流思想中。教师要时刻关注大学生群体的思想动态，也要及时了解和掌握个体的心理差异和生活动态，因材施教。同时，若学生存在消极心理，教师也不要粗暴对待，而应注重引导。教师更应该帮助大学生摆脱盲目的从众心理，让他们在集体活动中保持独立的思想和清醒的头脑，真正拥有属于自己的生活。

（3）培养大学生良好的心理素质，促进大学生的成才

①注重心理素质的培养，引导学生确立积极、健康向上的理念。目前，大学生的心理问题大多数是情感脆弱、没有安全感、缺乏自信等。而从众心理产生的大部分原因就是部分大学生的心理素质较差，缺乏自信，导致盲目服从。教师帮助大学生树立正确的人生观、价值观，养成良好的心理素质是目前心理教育工作的重中之重。同时教师也要注意对群体的教育方式，提升群体的心理素质，通过群体去改变个体的心理素质和行为。

②从提高青少年自我意识入手，培养健康心理。教师应该从提高青少年的自我意识开始，提高他们的自我教育能力，克服个体的盲从心理。心理学家认为，青少年的自我意识一般经历"身体自我阶段、社会自我阶段、心理自我阶段"，要注重大学生的心理健康教育，增强他们抵抗挫折的能力，而且大学生具有快速接受新事物和求知欲强的特点。因此，在大学生心理健康教育中教师可以模拟一些挫折情景活动，让学生积极参与，在锻炼中做出群体选择，实现共同的选择目标，

从而锻炼学生的坚强意志,逐步形成自己的意识和自主心理。教师应该教导大学生增强辨别是非的能力,提高他们的判断能力。

③强化独立意识,增强自信心。从从众心理的普遍性来看,反映出部分大学生自我意识较弱,独立性较差的问题。因此,教师应该注重激发和培养学生的自信心,保护、激励和培养学生的批判精神,对敢于质疑、敢于发表自己独到见解的学生,应该给予热情的鼓励和评价,以保护和激发学生的批判思维能力。

总之,从众心理是人们经常遇到的问题,是在高校大学生群体中普遍存在的现象,更是处于世界观、人生观、价值观塑造时期的大学生经常遇到的心理问题,因此,大学生从众是一个值得深入研究和关注的问题,本书对这个问题的研究有助于从一个比较独特的视角认识大学生这个群体的心理状况,了解他们身心发展的规律,从而促进高校思想政治教育工作的顺利开展,维护高校的稳定和发展,也有益于教师更客观地分析学生的思想动态,使大学生能够健康成长,使教师的思想教育更具针对性和实效性。以从众心理为切入点谈论大学生思想政治教育是本书的一次创新,在具体的思想政治教育工作中,就是深入分析当代大学生从众心理产生的原因,诱导积极的从众心理,抑制消极的从众心理,只有这样才能促进他们的健康成长。

大学生群体虽然思想开放,接受新事物能力强,但是传统的中华美德和道德认同仍然存在于他们的内心深处,因此,利用不同的媒体,比如言传身教、经典再现、主流网站等进行广泛宣传,引起大学生共鸣,形成积极的心理导向和集体意识,鼓励大学生在遇到责任问题时,能够勇于承担责任,树立正确的责任观念。同时,加强对大学生的积极心理教育,抓住大学生积极人格特征,正确引导大学生的从众心理,利用榜样教育和情感带动,可以充分把握大学新生入学教育的契机,从高年级大学生群体中选取品学兼优、作风优良、有能力有热情的学生来引导学生们形成良好的行为方式和学习、生活习惯,达到大学生自我管理和自我教育的目的。此外,要帮助新生做好心理调适,消除他们在陌生环境中的学习、生活压力,帮助他们适应新的学习、生活环境。

第二节 大学生思想政治教育与人文关怀

一、人文关怀是素质教育的必由之路

人文关怀就是对人的生存状况的关怀、对人的尊严与符合人性的生活条件的肯定,对人类的解放与自由的追求。一句话,人文关怀就是关注人的生存与发展,就是关心人、爱护人、尊重人,是社会文明进步的标志,是人类自觉意识提高的

反映。

人文主义是以人为本位的世界观，集中体现为对人本身的关注、尊重和重视，它着眼于生命关怀，着眼于人性，注重人的存在、人的价值、人的意义，尤其是人的心灵、精神和情感。人既是社会的主体、历史的主体，又是自身存在的价值主体，人不同于一般的"物"，它的根本是"内在"而非"外在"，因此，文明建设的根本是精神。人文精神倡导把情感看作人的基本存在方式，社会要关注人的精神状态和内在需求，避免人的异化。

（一）人文关怀体现大学生素质教育的核心价值

作为一种特殊的生命存在，人并不会满足于对现实世界的追求，而是在不停地寻求对自我的无限超越，追求自身有限性的不断突破，从而赋予单调的生命活动以永恒的价值和意义。这就是所谓的"终极关怀"。终极关怀即对人的最高需要——自由和幸福，予以真诚的、有始有终的、彻底的关心、爱护和帮助。终极关怀应成为现代社会经济增长、科技进步和社会发展的最高目标，更应成为现代教育的最高目标。

人文素质教育中的人文关怀最终要引导学生确立自己的终极关怀，要让学生认识到追求生存条件和追寻生命意义是不同层次的人生境界。当代大学生只有确立了自己的人生终极指向，才能实现真正的意志自律，理性自觉，道德完善，人格独立。高校应以科学为基础，加强对大学生的人文关怀教育，促进人类社会朝着符合人性的方向和谐全面地发展。

大学生素质教育的对象是人，理应体现人文关怀。素质教育是做人的工作，应当贴近大学生，在了解大学生的基础上以剖析人的思想变化，疏导人的心理问题，实现人的观念转变，塑造人的精神世界为目的；以关心人、激励人、提升人、尊重人的价值，激发人的主体性，调动人的积极性为宗旨，尤其应当以关注人的发展与自我完善来彰显其特有的人文关怀价值。我国的大学生素质教育，就是要以马克思主义中国化的最新成果为指导，教育和引导学生树立科学的世界观、人生观和价值观，引导大学生更好地"为人"与"为学"，促进大学生个体与群体的全面发展。大学生素质教育的传统价值定位，没有注重人文关怀。一直以来，大学生素质教育往往忽视人的主体性和对人的现实关怀，忽视对人的现实需要和精神需要的满足，使素质教育偏离"现实的人"这一主题。事实上，社会的发展虽然决定着人的发展，但是人并不是社会存在的消极产物。在人与社会的关系中，人不是被动的，而是能动的。教育的社会价值，在于培养出社会需要的人。脱离一个个鲜活的个体，脱离每个具体的个人对自身发展的追求，教育的社会价值就不可能实现。因此，在大学生素质教育中融入人文关怀，有利于增强大学生素质教育的针对性和实效性。

（二）人文关怀体现大学生素质教育的现实需要

人文关怀基于人文精神意蕴之上并在实践中通过某种形式将人文精神具体化。高等教育中，人文关怀是用人的方式去理解人、对待人、关怀人，特别是关怀人的精神生活。它关注人的身心需求，帮助人理解科学，善待科学，保持人与自然的和谐共处；它倡导人在关心自己的同时，以人类的共同生存和发展利益为最高的行动准则。

现代化要求大学生拥有良好的素质，时代呼唤高等教育对大学生融入人文关怀，因此，高校在教育教学活动中必须致力于提升人的素质。只有遵循教育规律去探索、去研究、去实践育人，高等教育对大学生的人文关怀才会落到实处，科学精神和人文精神才会更加完美地在大学生身上得到融合。事实证明，只有充满人文关怀的人文素质教育才能真正为大学生所接受，才能真正成为大学生健康成长的促进剂。

在大学生素质教育中融入人文关怀，既是适应新时期形势发展的需要，也是促进大学生自身成长的必然需求，还是彰显社会文明进步的重要标志。随着现代科学技术的飞速发展和社会竞争的日益加剧，社会个体的生存压力越来越大。与此同时，大学生在思想、学习、生活和心理上遇到的问题和随之产生的困惑也越来越多，这就使得大学生素质教育面临许多新的挑战和机遇，也对加强和改进大学生素质教育提出了新的要求，更是大学生素质教育理论研究人员和实践工作者面临的新课题。面对纷繁复杂的经济、政治、文化背景，面对众多的思想包袱和心理困惑，大学生素质教育只有融入人文关怀，给予大学生更多的指导、正确的引导和及时的疏导，才能帮助他们又好又快地成长与发展。

（三）人文关怀体现大学生素质教育的内在规律

融入人文关怀，尊重大学生、理解大学生、关心大学生、激励大学生、发展大学生、完善大学生，是大学生素质教育的内在需要，也是大学生素质教育的创新基点。

1.大学生素质教育的内在属性需要注重人文关怀

大学生人文素质教育，是一项以活生生的，有思想、有思维、有思考的发展变化中的人为对象，以不断变化、相互碰撞和互相激荡的思想观念为内容的纷繁复杂的社会活动。它不仅涉及大学生的思想、观念、意识，而且涉及人的生理、情感、兴趣、家庭、环境和社会生活等各个方面。因此，对大学生的教育必须以尊重和激发他们的主体能动性为基础，一切教育影响和教育措施都必须经过学生的领会和主体内化，才能真正得到贯彻并成为内在的本质力量。在大学生素质教育中，既要崇尚科学，追求真理，又要崇尚人文，提高境界，二者相辅相成，相得益彰。

2.大学生素质教育对象的主体特征需要注重人文关怀

大学生的个体特征主要表现为：伴随年龄增长，知识面的拓宽和理论知识的增多，社会认知水平明显提高，判断事物的自主性、独立性和批判性增强，抽象逻辑思维能力和辩证思维能力有所发展，意志品质中的自我意识和目的性增强。同时，相当一部分大学生有学习的主动性、自觉性，他们普遍追求自主性和充分的学习自由。主体自身的不完全成熟与强烈追求自主性之间的矛盾需要外界给予人文关怀，以帮助他们正确地选择和确定自己的追求目标。

3.大学生素质教育过程的沟通需求需要注重人文关怀

实践证明，成功教育的关键是师生互动。沟通需要民主、平等、和谐、互动的工作机制和教育环境。真正的沟通是反应性相倚的沟通，即彼此双方都是积极的主体，都对对方的信息做出反应。建立在反应性相倚基础上的素质教育是最为理想的教育。这种反应性相倚的沟通，恰恰需要人文关怀为其创造相互尊重、平等、信任和理解的关系。建立在人文关怀基础之上的沟通和情感的共鸣，不仅可以促进大学生素质教育目标的实现，而且可以促进师生之间的互动。因此，我们一方面要营造宽松和谐的师生关系，努力将教育的外在权威转化为内在权威，让学生体验到被尊重、被关爱的精神满足。另一方面，要引导学生营造活泼互动、宽容纯洁的社区环境和同学关系，培养学生广博的人文情怀，使素质教育要求自然地内化为学生的人格，转化为学生的人生信念，从而实现素质教育育人功效的高度释放。

二、人文关怀的核心是以人为本

（一）尊重人是做好大学生人文教育的前提

人不仅是物质生活的主体，也是政治生活、精神生活乃至整个社会生活的主体，因而也是改善人的生活、提高人的生活品质的主体。承认人不仅作为一种物质生命的存在，更是一种精神、文化的存在；承认人无论是在推动社会发展还是实现自身发展方面都居于核心地位或支配地位；承认人的价值，追求人的社会价值和个体价值的统一，作为手段和目的的统一。

过分强调共性要求，忽视甚至抹杀个体在个性特征、心理需求、思想现状、接受能力等方面的差异，是大学生人文教育针对性实效性不强的一个重要原因。必须更新思想观念，尊重学生在思想、心理和行为上的差异性，承认人生观、价值观上的多样性，正视接受能力上的层次性，变革过时、失效的工作方式，坚持贴近实际、贴近生活、贴近学生，有的放矢地实施教育引导，循序渐进地增强思想政治工作的科学性和有效性。

尊重人还要尊重大学生的知情权和参与权，凡是涉及他们切身利益的事，都要尽量详细地让他们了解情况，并广开渠道，让他们以不同的形式参与，听取他们的意见，及时采纳他们的合理化建议，让他们认识到自己的地位，从而激发他们学习、生活的热情。

（二）理解人是做好大学生人文教育的基础

人的感受和需求是多层次、多方面的，除物质需求外，还有政治需求、文化需求等；除安全感外，还有满足感、自豪感和成就感等。特别是当人们的生存需要得到满足之后，自我发展、自我实现的愿望就会日趋强烈。要高度重视人民群众主体感受上是否满意、是否赞成、是否高兴的情绪反应，充分关注每一个人自身成长与发展的需要，关注人的理想、信念和情感，努力创造让每个人都能够根据自己的选择发挥聪明才智的环境，使人人都有平等创业和凭借自身能力改变处境的机会，促进人的个性、才智和潜能的充分展现。

（三）帮助他人是做好大学生人文教育的关键

把先进性要求与广泛性要求结合起来，把做好群众思想工作与帮助群众解决实际问题结合起来，既讲道理又办实事，在办实事中贯穿思想教育，这是人文教育的重要经验和方法，是提高人文教育针对性和实效性的重要途径。尊重人、了解人、关心人，最终要落实到帮助人上。在人生道路上，每个人都会遇到这样或那样的困难，每个人都会有困难需要别人帮助解决，但每个人的困难和问题又是不相同的，这就需要我们认真分析把握。因此，只要做到"虚功实做"，人文教育就能春风化雨，润物无声，产生的效果就会变成强大的动力，推动学校的人文教育，推进学校的发展。

要引导大学生加强自身修养，提高精神境界，完善自我人格，根据自己的实际情况确定志向和目标，从劳动、从付出、从自己的创造和对社会与别人的关爱中获得幸福。要引导大学生把个人发展与国家的发展、民族的发展，把自身价值的实现与他人价值的实现、社会价值的实现有机统一起来，在为祖国和民族的奋斗中实现自身的价值。

三、人文关怀的实现路径

人文关怀不仅是一种理念和口号，更重要的是落实在行动中。大学生人文教育体现人文关怀的关键和突破口是教育大学生正确认识人与自然的关系，建设良好的校园物质文化；正确处理人与社会、人与人的关系，创建和谐的校园氛围；

注重制度建设与人文关怀的统一，建设良好的制度文化。

（一）静态性人文关怀

静态性人文关怀就是要在建设人与自然和谐统一的物质文化中体现人文关怀。物质环境的育人作用是十分明显的。一是要将正确认识和处理人与自然的关系纳入人文教育的范畴，加强对大学生的生态、生存、生命教育。二是要教育学生热爱自然、适应环境、保护环境、热爱生命、热爱生活，始终保持乐观向上、积极处世的人生态度。三是在校园物质环境设计和建设中，注重人性化，便于师生的学习、生活；注重个性化突出各自学校的个性特点，体现自己独特的校园文化；注重审美化，激活审美张力，促进大学生的身心健康，培育他们的审美情趣。

要在大学校园倡导和谐理念，培育和谐精神，引导大学生用和谐的方法、和谐的思维方式认识事物、处理问题，培育乐观、豁达、宽容的精神，培养自尊自信、理性平和、健康向上的社会心态，以开阔的心胸和积极的心境看待一切。在人与人的关系上，引导大学生树立合理竞争、共同发展的理念，提倡包容和协作精神，形成男女平等、尊老爱幼、互爱互助、见义勇为的社会风尚。

（二）动态性人文关怀

动态性人文关怀就是要在建立和谐的人际关系中体现人文关怀。指导学生建立良好的人际关系，不但是人文教育的重要内容和方法，也是人文教育的重要目的。和谐的人际关系能使大学生保持良好的心理状况，促进大学生提高学习效果和增强自信心，从而促使大学生健康顺利地发展、成才。人文教育者要特别注意与大学生建立良好的人际关系，通过与其和谐交往达到心灵的沟通。一是要学会倾听和尊重学生的意见，不能独断专行；二是在做学生的思想工作时要有耐心，切不可操之过急，敷衍了事；三是在与学生发生矛盾时要保持理智，不能固执己见，得理不让人；四是在学生犯错误时要宽容，绝不能借机报复；五是当学生在思想生活等方面碰到困难时，要及时、热情地给予帮助，要使学生在这种充满人文关怀的氛围中体验到快乐和温暖。

要着力丰富课余文化生活，满足学生的精神文化需求，用健康丰富的文化生活有效调节学生的情感和心理，消除忧郁感、孤独感、失落感等不良情绪，让学生在精神上感到愉快。

（三）制度化人文关怀

制度化人文关怀就是要注重制度建设与人文关怀的统一。制度建设具有基础性、全局性、长期性，好的制度能保证工作的顺利开展，不好的制度则会束缚人的发展，扼杀人的积极性和创造性。制度的特点是强制和他律，运用强制手段，依靠外力约束人的行为，使人的行为符合制度的要求；而人文关怀则强调情感和自律，运用情感的手段约束人的动机，使人自觉遵守制度。通过情感的作用，促使人自我教育，产生内在影响，这是人文关怀发挥作用的特殊机制。制度管理和人文关怀既有区别，又能实现相互补充、相互促进。人文关怀能促进大学生遵守学校制度，确保制度能顺利实施。制度又能为实施人文关怀提供保障，保证人文关怀规范化、经常化。

制度建设和人文关怀完全能够统一：一是制定制度的出发点是为了更好地促进大学生健康发展，而不是为了把大学生"管死"，因此，制度建设一定要坚持以人为本的理念。二是学校在制定制度时，一定要让大学生参与讨论，认真听取他们的意见，并尽可能合理采纳。三是在制度与人文关怀发生冲突时，要以是否有利于大学生的发展作为根本标准来处理矛盾。四是要根据社会发展和大学生成长的需要，及时修改或废除那些违背人文关怀精神、不利于学生发展的制度，从而将人文关怀真正落到实处。

四、人文关怀和心理疏导相结合

（一）教育主导与唤醒主体相结合

人的主体意识的觉醒，对于人的全面发展至关重要。一个主体意识强的人，他能通过对自己的反思，达到对自我与他人、自我与社会、自我与自然关系的准确理解和深刻把握，在此基础上确认自己崇高的人生追求和理想目标。主体意识越强的人，就越具有价值选择的能力，对自身的认识越深刻，对崇高精神境界的追求就越自觉，就越富有创造力，就越能丰富地占有自己的本质，体现主体的崇高人格境界。因此，人文关怀教育，不是向受教育者灌输一些思想道德修养的知识，或将一些外在的社会道德规范强加给大学生，而是注重唤醒人的主体意识，不断地激发人的主体发展欲望和追求崇高的自觉性，使人自觉地将外在的社会规范、要求内化为自身的成长、发展需要，从而在内心获得一种提升境界、完善人生的动力。因此，大学生主体意识的培养，是构建其人文关怀精神的重要前提条件。

长期以来，大学生思想政治教育强调对其行为的规范和约束，忽视了学生的主体地位和其内在的发展需要，侧重于它的教育管理功能，忽视了思想政治教育的服务引导功能，导致实际效果不理想。思想政治教育工作者必须要一方面继续严格教育管理大学生，另一方面还要关心服务大学生，承担起教育者和服务者的双重角色，在竭诚服务学生成长发展的过程中有效地进行教育引导。要树立以学生为本的思想，强化服务意识，增强服务功能，搭设服务平台，善于抓住大学生最关心、最直接、最现实的问题开展工作，帮助他们解决学习、生活、就业等方面的困难,给予他们温馨的心灵抚慰,使他们获得更多的归属感、尊重感、满足感和成就感。

(二) 团体辅导与重视个别谈心相结合

人文关怀倡导教育方式从灌输式转变为对话式,从限制性的教育转变为解放性的教育。为了培养大学生健康的人格,高等教育要从片面地强调知识、情感、行为的教育转向知、情、意、行全面协调发展的教育。高等教育要与人的生命融合,与教育融合,与大学生的生活融合。长期以来,我们的教育过程过于关注学生的知识获取,相应弱化了学生其他方面的品质培养,教育者与受教育者之间较缺乏沟通,人文教育流于形式,在很大程度上只是以传统的知识传授方式去灌输人文精神。

以往注重集体的公共性教育,采取团体辅导方式。当代大学生的群体构成日益呈现规模扩大、来源多样、组合复杂等特点,他们的思想认识、知识水平、心理素质也不尽相同。因此,人文关怀和心理疏导要有针对性,充分考虑大学生个体的差异性和特殊性,做到因材施教,对不同个性特征的大学生进行不同的教育,有的放矢地进行引导,准确把握大学生需要,在培养健康心理、塑造健全人格上下功夫,使不同层次、水平、志趣、爱好、性格特征的大学生都能够充分展现自己,发展自己。

(三) 重视当前与关注全程相结合

人的思想问题尤其是心理问题的产生不是偶然的,既有当下的因素,也可以在其过去的经历中找到原因,同时还可能来自对将来生活的期望。这要求思想政治教育工作者在开展人文关怀和心理疏导的过程中具备整体观念,完整地分析产生问题的各种特殊因素。不仅要解决大学生当下的问题,而且要重视其产生的根源,解决过去的问题,让大学生在新的生活、学习环境中消除过去生活的负面影响和解决成长中遗留的困惑,只有这样才能真正发现引导大学生的合适途径,寻找到更适合大学生个体的解决问题的切入点。要着眼于"人的发展",关心大学生的未来,与大学生的发展需要相结合,在解决过去和当下问题的基础上,为他们的发展创造条件、提供机会,促进他们健康成长。

近年来,大学生中出现心理问题的人数逐年增加,大学生心理疏导和心理健康教育的压力日益加大。这要求思想政治教育工作者在进行人文关怀和心理疏导的过程中,做到解决思想问题与心理问题相结合。思想政治教育工作者不仅要了解大学生的基本情况,而且要深入大学生中间,掌握他们的思想动态、心理状况等各方面的真实情况,积极开展心理健康教育,引导大学生加强心理素质修养,正确看待自己、他人和社会,正确对待困难、挫折和荣誉,树立正确的人生观、价值观。

（四）关注生存与激励创新相结合

人文关怀，关注人的生存、发展、幸福、价值实现等要素，体现人对自我和同类的认同、尊重等，是一种具有包容性的高尚情怀，是人类文明进步的标志之一，应该成为大学生思想政治教育的一项重要内容。关心学生、服务学生要求思想政治教育工作者要善于抓住大学生最关心、最直接、最现实的问题开展工作，强化服务意识，增强服务功能，搭设服务平台，在竭诚为大学生成长发展服务的过程中有效地进行教育引导。比如，要帮助大学生掌握科学有效的学习方法，提高学习能力；要加强对经济困难大学生的帮助和支持，真正帮助经济困难的大学生解决生活和学习中存在的问题，积极争取社会资助，提供勤工助学信息，联系勤工助学岗位；要开展丰富多彩的校园文化活动，满足大学生文化生活需要，培养大学生健康向上的生活习惯和生活情趣。

大学生创造素质是其全面素质的重要组成部分，而其形成又表现为长期受教育的动态过程，是教育主体与受教育主体的良性互动过程，也是受教育主体的主体性充分展现的动态过程。在大学生素质教育中，要特别注重培育大学生的主体性，因为这是创造性人才必备的基本素质。实践表明，人的主体性越强，其创新性就越强，潜能发挥就越充分，创造力也就越发达。因此，思想政治教育的终极价值目标就在于促进受教育者主体性的充分发挥和知识、素质、能力的全面发展。

根据大学生精力充沛、兴趣广泛的特点，应积极在大学生中组织丰富多彩的第二课堂活动，赋予严肃的教育内容以生动活泼的形式，寓教育于校园文化活动之中。在第二课堂的活动中，不断培养大学生的创新意识，积极组织大学生参与社会实践，为大学生提供自我发展的空间，满足大学生的个性需求。和谐校园应该促进每个大学生的个性得到发展，学校的每一个教育者都应努力了解和掌握大学生的个性与特长，积极创造大学生个性发展的平台，鼓励大学生在完成基本学业的基础上自由发展个性。

（五）传统方式与现代方式相结合

人文关怀要求人文素质教育做到有目标、有内容、有方法、有效果。要重视那些贴近大学生生活实际，为大学生所关心、所需要的道德准则以及富有时代精神的先进的思想文化；要创造多种多样的、新颖的、生动活泼的高等教育形式；还要活跃大学校园、优化社团管理和开展社会实践，从而疏通培养大学生人格健康发展的途径，引领大学生人格健康发展的风气。

多样性是时代的一个重要特征。随着高校的快速发展，高校改革、发展呈现多样化发展态势。各种不同层次、不同类型、不同体制、不同学科、不同形式的高校相继建立、相互转化、相互比照，呈现出丰富多彩、各具特色的发展趋向。与之相适应，大学生的来源渠道、录取形式、就业方式、个性特点、发展需要等也呈现出多样性。我们一定要从这些多样性的现实需要出发，结合各高校的特点和各类大学生的特点，灵活运用人文教育的原则、内容和方法，构建各具特色的模式，从而增强大学生人文教育的针对性。

现代科学技术的发展，特别是信息技术的发展，不仅改变了人们传播和接受各种社会信息的方式和途径，而且改变了人们的社会交往方式和生存方式，这要求思想政治教育工作要与先进的科学技术相结合，与新的信息传播手段相结合，运用新的信息传播手段。大学生思想政治教育应当在保留传统手段的基础上，积极运用现代技术手段，增强科技含量。特别要利用发达便捷的网络，有针对性地发展受学生欢迎的网站、网页，利用QQ、微信、E-mail搭建师生交流沟通的有效平台，加强网上引导。

（六）思想教育与环境熏陶相结合

责任感的培养是大学生思想政治教育的重要内容。责任感是指个人对自己和他人、对家庭和集体、对国家和社会所承担的义务，以及与之相应的自觉态度，是个人以精神需求和人生价值的体现为主要对象的一种感受、情景评价、情感共鸣和内心体验。在教育活动中，要高度重视大学生的情感世界，加强责任感的培养。

在教育活动中培养大学生的责任感应把握好以下几个层面：一是责任感以认知为前提。没有是非标准，责任感就无从谈起。二是责任感以情感为基础。一个对集体、对社会、对国家拥有深切情感的人，才会产生国家和集体利益高于一切的责任感，否则，就不能对集体负责、对国家奉献。三是责任感靠意志来维持。尽心尽责是一个艰苦的意志过程，并反映在人的行为举止上。因此，要教会大学生在对自己、对他人、对社会等情况做出某种决定时，必须将责任心转化为符合道德伦理的行为。

人文关怀精神是一种内在的品质，要在外界环境的熏陶下通过人的"内化"而成。因此，人文关怀精神的形成离不开校园文化这个重要载体。高校要重视建设优秀校园文化，发挥校园文化中物质文化和精神文化两个层面的作用，通过开展大学生喜闻乐见、丰富多彩、积极向上的学术、科技、体育、艺术和娱乐活动，使有中国特色的社会主义文化和中华民族优秀的传统文化如春风化雨般融入大学生心中。只有营造好的校风、教风、学风、人际关系和集体舆论等校园文化环境，才能使校园文化对大学生自我管理、自我服务、自我教育和提高大学生综合素质起到良好的促进作用。

第三节 大学生思想政治教育与心理健康教育的有效结合

一、思想政治教育范畴的大学生心理健康教育

思想政治教育是马克思主义教育在中国本土化的一个概念,以马克思列宁主义、毛泽东思想、邓小平理论、"三个代表"重要思想、科学发展观、习近平新时代中国特色社会主义思想为指导,以理想信念教育为核心,最终的目的是让教育对象形成正确的思想政治观念。心理健康教育则是运用心理学、教育学、医学等学科理论,遵循相关教育规律,对大学生进行心理卫生知识的教育,旨在提高大学生个体的心理健康素质。

思想政治教育与心理健康教育,虽然含义不同、具体任务不同,但二者教育对象一致,都指向在校大学生;根本目标一致,都要把学生培养成身心健康、全面发展的个体。许多学者对大学生心理健康教育属于思想政治教育范畴已形成共识。钱焕琦认为,心理健康教育本身就是思想政治教育的内在组成部分,两者在内容上具有广阔的融合空间,把心理健康教育纳入思想政治教育领域具有长足的优势,心理健康教育成为思想政治教育的重要组成部分具有客观性和必然性。

国家相关部门曾颁发多个文件,对心理健康教育的重要地位予以强调,并明确将心理健康教育纳入大学生思想政治教育范畴。1994年,中共中央在《关于进一步加强和改进学校德育工作的若干意见》中指出,高校要通过多种方式对不同年龄层次的学生进行心理健康教育和指导,帮助学生提高心理素质,健全人格,增强承受挫折、适应环境的能力。1995年,国家教委发布的《中国普通高等学校德育大纲》中指出,要把心理健康教育作为高等学校德育的重要组成部分,大学生应具备良好的个性心理品质和自尊、自爱、自律、自强的优良品格,具有较强的心理调适能力。2002年,教育部印发《普通高等学校大学生心理健康教育工作实施纲要(试行)》,明确由教育部对全国普通高等学校大学生心理健康教育工作实施统一领导,统筹规划。2004年,中共中央、国务院颁发《关于进一步加强和改进大学生思想政治教育的意见》(中发〔2004〕16号),文件中将开展大学生心理健康教育视为"拓展新形势下大学生思想政治教育的有效途径"。2005年,为了贯彻落实16号文件精神,教育部、卫生部(现中华人民共和国国家卫生健康委员会)和共青团中央联合下发《关于进一步加强和改进大学生心理健康教育的意见》,明确指出,加强和改进大学生心理健康教育是新形势下全面贯彻党的教育方针、推进素质教育的重要举措……是加强和改进大学生思想政治教育的重要任务,要把心理健康教育融入思想政治教育之中,开展深入细致的思想教育活动。2016

年12月，中共中央、国务院印发《关于加强和改进新形势下高校思想政治工作的意见》，指出，要在服务引导中加强思想教育，把解决思想问题与解决实际问题结合起来……加强人文关怀和心理疏导，促进大学生身心和人格健康发展。2018年为推动全国高校思想政治工作会议精神落地生根，切实加强高校思想政治工作体系建设，进一步提升心理育人质量，根据原国家卫生计生委、教育部等22部门联合印发的《关于加强心理健康服务的指导意见》和中共教育部党组《高校思想政治工作质量提升工程实施纲要》的工作要求。2023年4月，教育部等十七部门印发了《全面加强和改进新时代学生心理健康工作专项行动计划（2023—2025年）》，强调了："以德育心。将学生心理健康教育贯穿德育思政工作全过程，融入教育教学、管理服务和学生成长各环节，纳入'三全育人'大格局，坚定理想信念，厚植爱国情怀，引导学生扣好人生第一粒扣子，树立正确的世界观、人生观、价值观。"

在一系列文件精神中，明确阐述了大学生心理健康教育与思想政治教育的关系。高校应自觉贯彻相关精神，在实践中注重将二者有机结合、相互促进。

二、大学生心理健康教育要与思想政治教育紧密结合

心理健康教育与思想政治教育和谐统一。心理健康教育是思想政治教育的基础，也是进行思想政治教育的切入点。心理活动是思想形成的基础，思想道德必须建立在一定的心理机制之上。如果一个人心理不健康，一旦面临挫折或逆境，往往痛苦不堪，从而影响正常的学习和生活，更无从谈起对其进行思想政治教育。

在思想政治教育中关注大学生的心理健康成长，注重培养大学生的意志、情感等，不断提高大学生的心理调适能力，培养健康的、良好的心理品质，将有利于大学生思想道德素质、科学文化素质和身心素质协调发展。大学生心理素质的提高有利于大学生思想政治教育工作的全面展开，大学生心理健康教育是思想政治教育目标得以实现的前提条件和基础。心理健康教育与思想政治教育相结合，既能帮助大学生优化心理素质，又有助于大学生培养积极进取的人生态度。心理健康教育能够有效促进思想政治教育。传统的思想政治教育主要采取自上而下的教育模式，这种模式曾发挥过重要作用，并且依然是我国进行思想政治教育采取的主要模式。新形势下，加强和改进大学生思想政治教育工作，要遵循教育规律、学生成长规律，把握大学生思想特点和发展需求，注重理论教育和实践活动相结合。随着社会文化越来越多元、开放，以及互联网环境的极大改变，如何让思想政治教育工作更加科学化、精细化，更加接地气、深入人心，是一个值得探讨的问题。

心理健康教育作为一门专门的学科，在其形成、发展、完善的过程中，积累

了十分丰富的可供借鉴的理念和经验。比如，心理健康教育倡导共情、尊重、个体性，在具体实践中，采用心理健康教育课程、心理咨询、校园心理剧表演、心理素质拓展、心理沙龙、心理知识竞赛等多种形式来达到教育目标，这为思想政治教育提供了重要的参考。心理健康教育注重个人心理的成长，是一种个性化的教育，而思想政治教育注重思想道德素质的指导，是一种群体性的教育，二者相结合能发挥各自的优势，达到最优的教育效果。

心理健康教育融入思想政治教育中，对广大学生而言，无形中增加了思想政治教育的吸引力和感染力，从教育效果来说，有助于提升思想政治教育的实效性和针对性，达到润物无声、自觉认同的效果。

思想政治教育为心理健康教育指示了正确的导向。思想政治教育从思想的层面对大学生的人生观、世界观、价值观予以指导，保证了心理健康教育的正确方向。心理健康教育不应该仅仅停留在解决心理困扰与心理障碍的层面，还要站在思想政治教育的高度，从更高的层面对大学生进行教育和指导。如果背离了思想政治教育的方向，心理健康教育将走向狭隘。提高大学生的思想政治素质，能够从根本上培养大学生正确的人生观、世界观、价值观和道德观，使他们在自我认知、自我探索的过程中不致迷失方向，并引导大学生形成稳定、健康、积极向上的心理素质。二者的关系还体现在思想政治教育与心理健康教育经常相互交织、相互促进。对于大学生来说，心理问题往往同世界观、人生观、价值观交织在一起。心理问题是世界观、人生观、价值观问题在心理方面的反映；心理问题的存在，就会影响正确世界观、人生观和价值观的确立。因此，加强大学生思想政治教育工作，要在理想信念、思想品德、行为养成、心理健康等各个层面全面开展，使思想教育与心理健康教育互相补充、互相促进。

第六章 新时代大学生思想政治教育与新媒体融合实践研究

在新媒体环境下，互联网正以前所未有的速度向社会的各个领域延伸，而高校校园已成为我国互联网用户最密集的区域之一，网络所传递的信息对大学生政治思想、情感、品质、心理的影响日益深远。这种影响是极其复杂的，既有积极的正面的影响，也有不可忽视的消极影响。相应地，网络的迅速发展既带来了大学生思想政治教育的新机遇，同时也给传统的思想政治教育方法及内容提出了严峻的新挑战。因此，我们要全面地分析新媒体环境对大学生思想政治教育的影响，积极探讨大学生思想政治教育的对策创新，抓住新媒体为大学生思想政治教育带来的机遇，积极应对它所带来的新挑战，努力提高大学生思想政治教育水平。

第一节 新媒体时代大学生思想政治教育概述

新媒体对经济社会发展和人们的日常生活产生广泛而深刻地影响，也给高校学生思想政治教育机制带来了机遇。这些机遇主要包括思想政治教育的时空维度、内容维度和效果维度三个方面的内容。新媒体蕴藏着无比的能量，思想政治教育的方式与载体也获得了提升和创新，为思想政治教育的发展提供了前所未有的机遇。准确把握新媒体时代给高校学生思想政治教育机制带来的机遇，进一步拓展高校学生思想政治教育的时空，丰富其内容，提升其效果，推动高校思想政治教育在新媒体时代的发展和繁荣，开拓高校思想政治工作的新局面。

一、新媒体环境下高校思想政治教育面临的机遇

（一）新媒体环境下高校思想政治教育的时空维度

1.新媒体打破了高校思想政治教育的时间限制

新媒体技术的普遍应用不断打破时间与空间的限制，使得人与人之间的交流

沟通更加便捷化。新媒体环境下高校学生思想政治教育机制的运行不仅局限于课堂教学时间，很多高校的思想政治理论课或者学生辅导员在学生课余时间、假期时间以及其他空闲时间利用微信、微博和QQ等信息交流工具和平台发布或转载与思想政治教育相关的内容。他们也可以通过新媒体技术手段随时与学生交流沟通，了解和把握高校学生的生活、学习和思想状况，更有针对性地进行思想政治教育。高校学生也可以通过新媒体技术手段随时搜索与思想政治教育相关的内容。就思想政治教育的时间维度而言，新媒体环境为高校学生思想政治教育机制提供了"全天候"的机遇。

2.新媒体打破了思想政治教育的空间限制

网络是开放的、自由的，它不再有地域上的界限。无限延伸的网络，使人们足不出户就可以尽览世界风云，世界变成了一个小小的"地球村"，真可谓"一网打尽天下"。网络结构的无边无际，极大地拓展了思想政治教育的空间，提高了宣传教育的覆盖面，使受众人数从传统的有限变成了无限，为我们在网络社会传播真理，宣传马克思列宁主义、毛泽东思想、邓小平理论、"三个代表"重要思想、科学发展观、习近平新时代中国特色社会主义思想以及党的各项方针政策创造了前所未有的条件。如人们不必按传统方式在规定的时间到规定的场所接受教育，"聆听"教诲，而是可以在任何一个设有终端的地方随时获取所需要的知识，迅速了解国内外已经发生或正在发生的政治、经济、科技、教育、军事、社会生活等各个方面的信息。

交互式远程教育为思想政治教育提供了广泛的传播途径。学校"围墙"的概念将逐步消失，不同地点的学校学生，既可通过网络共享思想政治教育资源，又可在网上自由地向老师咨询问题，与其他同学开展思想交流和讨论。同时，网络使家庭与学校对学生的思想教育连为一体。通过网络，家长可以随时查询子女在学校的思想表现、学习生活等状况，学校也可随时与学生家长保持联系，做到家校结合，共同做好学生的思想政治工作。因此，交互式的远程教育使得原有相对狭小的教育空间变成了全社会的开放性、立体式教育空间，从而使思想政治教育的范围更加广阔。在高校，过去传统的大学思想政治教育往往局限于课堂教育，它对学生的影响占主导部分。网络的出现和发展，把学生带入一个更为广阔的天地，通过网络，学生了解到社会乃至世界上的各种社会形象、思想观点、文化思潮、学术流派，使得思想政治教育的社会化程度得以大大提高。过去，我们常常说，半年学校思想教育成果，一个假期就被冲垮了。网络拆掉了学校与社会之间的"围墙"，学生不再生活在"象牙塔"中。只要我们加以正确引导，思想政治教育的效果将更加坚实。因此，网络思想政治教育工作是大有可为的。

3.新媒体促进了高校思想政治教育的互动

在网络交往中，交往对象的社会角色往往都是虚拟的，交往对象之间不存在什么心理上的负担。角色虚拟使交往者能够保持相对平等的心态，无直接利害关系冲突的交往位置，有利于交流的双方建立宽松的人际关系。因此，在思想感情的传达上，交往者可以直抒胸臆，容易达到思想上的共鸣，并触及交流的较深层次。同时，网络上的角色也是可以变换的，在浏览网页、选择以及吸收各种思想政治教育信息时，参与者是以受教育者的身份出现的，而在参与网络上的各种信息的制作、发布等网络实践活动中，交流者将自己的思想、观点、看法以及信息传播出去的同时，参与者就又成为教育者。因此，依托以网络为主的新媒体在实施思想政治教育时，教育者与受教育者双方都能较好地发挥其主体性。这样便十分有利于教育的互动。

4.新媒体促进了高校思想政治教育工作的现代化

网络等新媒体的快速发展及其特点，促使思想政治教育在内容、形式、方式方法、手段等诸多方面也将发生很大的变化。网络等新媒体所具有的开放性和民主性等特点，要求网上思想政治教育既要坚持网上宣传的主旋律，又要研究宣传形式的多样化问题，以适应网上思想政治教育的需要，改进方式方法，努力增强说服力、影响力和战斗力。从自上而下的单向灌输和被动接受，转变为双向、多向的直接交流的互动；从单调的指示、命令、说教，转变为图文并茂、多媒体并用、生动活泼的思想和情感的交流；从工作周期较长、效果反馈较慢，转变为跨越时空障碍，即时性较强，周期短，见效快。一篇有说服力的好文章，在几分钟内可以得到网民的认可，并很快在网民中传播开来；相反，一句不得体的话，立刻就会遭到网民的攻击。随着网络等新媒体的广泛应用，思想政治工作的科技含量、文化含量以及管理含量都明显增强，思想政治教育工作者的现代意识也得到了相应的提高。

（二）新媒体环境下高校思想政治教育的内容维度

1.新媒体丰富了高校思想政治教育的机制

新媒体环境在更大范围和更高层次上丰富了高校学生思想政治教育机制的内容。新媒体环境下高校学生思想政治教育工作者通过新媒体技术手段与高校学生更加便捷地交流，了解高校学生的真实需要，适时调整思想政治教育的内容，更有针对性地开展思想政治教育；高校思想政治理论课教师运用新媒体技术手段收集讲课资料，进一步丰富课堂教学内容，并通过新媒体技术手段更加生动、直观地展示与讲课内容相关的典型案例，增强思想政治理论课的吸引力，激发高校学生的学习兴趣。高校学生也可以运用新媒体技术手段获取更多与思想政治教育相关的知识信息、具有一定影响力的新观点和新思想以及著名高校的网络视频公开课等。

新媒体环境下高校学生思想政治教育机制还要关注我国现实社会和网络社会的发展变化的具体实际，做好高校学生网络舆论宣传与引导工作和网络意识形态工作等。通过新媒体技术手段更加系统、生动地向高校学生积极宣传我国在社会各领域所取得的突出成就，教育引导高校学生明确自身所承担的历史责任，为全国各族人民"中国梦"的实现而不懈奋斗；在网络社会中要正确规范自身的言谈举止，增强网络法治意识，提高明辨是非的能力，坚决同网络社会中错误的思想观点做斗争，积极维护清朗的网络空间。这也是新媒体时代赋予高校学生思想政治教育机制的新内容与新使命。

2.新媒体拓展了高校思想政治教育的形式

长期以来，高校开展大学生思想政治教育的基本形式是以课堂教学为主，辅之以座谈、讨论、谈心、社会实践等，这在时空上存在着很大的局限性与限制性。在新媒体环境下，思想政治教育可以不受以往的那些局限性和限制性，而是突破了这些不足，通过专门的网络资源，如网站和网页、视频或信息报道等链接到互联网上，这样，教育者就可以方便快捷地提供大学生上网浏览、阅读大量的信息。为了帮助大学生形成正确的思想意识，可以在网上尽量多的发布正面信息，感染、鼓励大学生，进而达到引导的目的。通过网络还能便捷地交流，及时掌握大学生的思想状况，便于调查和统计。信息的集成性和双向性，信息的可选择性和便捷性是网络所特有的，高校思想政治教育工作与之相结合，就为大学生的思想政治教育提供了一个极具特色的环境；手机的及时快捷也为教育提供了更多的形式和方法，从而让传统的教育形式变得更为多样化、更为合理性、更为快捷性。因此，借助新媒体技术，必将有力地丰富大学生思想政治教育的形式，增强大学生思想政治教育的实效性。

3.新媒体丰富了高校思想政治教育的内容

以网络为代表的新媒体是当代大学生思想政治教育的一种新的载体形式，丰富了思想政治教育的内容，拓宽了思想政治教育的途径，使传统的大学生思想政治教育内容的定义发生了改变。首先，网络是信息量大、覆盖面广的新媒体，即使思想政治教育的内容更丰富多彩，也使教育者和被教育者都有了很好的选择性。通过一根网线、一个电脑终端，就能达到不出门而知天下事的理想效果，更能通过形象的、直观的、生动的动态信息调动并激发学生的好奇心和强烈的求知欲，达到更好地信息收集、传达和吸收的效果。其次，教育者也是互联网、手机、多媒体技术等的受益者，教育者可以根据自己的不同需求，通过新媒体来检索大量信息，从而利用相关手机或电脑软件对检索到的信息进行快速分析和再利用，使教学工作高效开展。思想政治教育网站能够提供全新的、更具有针对性的关于大学生思想政治教育方面的信息，对思想政治教育者和受教育者均具有十分强烈的吸引力，不论在内容上，还是在形式上，新媒体都能使传统的思想政治教育内容更加丰富。

4.新媒体丰富了高校思想政治教育的资源

网络上汇集了人类文明的精华，内容广泛而又丰富，并且图文并茂，网络受众可以根据自己的兴趣和需要有选择地尽情浏览，从容地吸纳和传播。人们可以坐在"网"前周游世界，"进入"图书馆、博物馆查找资料、搜索信息、阅读报刊。通过网络可以随时地了解国内外已经发生或正在发生的政治、经济、科技、教育、军事、文化、娱乐等各个方面的信息。网络的发展，为人们拓宽视野，更好地了解世界，在世界范围内吸纳优秀的文化遗产，以宽广的眼界看待中国和世界的发展，提供了极大的便利，为人们自觉学习新知识，培养科学的思维方式，提高自身素质，提供了更大的空间，从而有利于人们思想品德的形成发展。可见，网络等新媒体的发展使思想政治教育的资源更加丰富。

5.新媒体拓展了高校思想政治教育的方式

传统的思想教育，大多采用读报纸、做报告、课堂讲课等形式，思想政治教育者要花大量的时间、人力、精力去查找资料、撰写讲稿，受教育者则是被动地在一个封闭的空间接受"灌输"。网络等新媒体的运用及普及，大大提高了思想政治教育信息的传播效率。网络等新媒体传播信息容量大、范畴广、速度快、功能多、浏览方便，是传统媒体无法比拟的，便于思想政治教育工作者获取从事思想调查和分析所需的数据、资料，便于形成整合研究，形成教育合力。多媒体技术使网民的多种感官同时感知学习的效果，明显优于单一感官感知的学习效果。特别是虚拟现实技术的应用，为网民提供了色彩艳丽的图片、悦耳的音响、活泼的三维动画及其他多媒体仿真画面，使人犹如身临其境，其效果是传统思想教育方法所无法比拟的。因此，思想政治教育工作者如果能很好地利用这些现代科技成果和先进传播手段，必将促进观念的转变、载体的更新、方法的改进，从而大大提高工作效率。

（三）新媒体环境下高校思想政治教育的效果维度

1.新媒体丰富了高校思想政治教育的教学模式

新媒体环境下高校学生思想政治教育机制改变了过去单纯以课堂教学为主、以第二课堂和社会实践为辅的高校学生思想政治教育模式，其更加关注高校学生的个性需要，充分尊重高校学生的独立性和自主性，注重运用新媒体技术，为思想政治教育工作者和高校学生建立更加民主、自由、平等的沟通机制。高校思想政治教育工作者通过这种沟通机制与高校学生进行有效的沟通交流，及时掌握高校学生的思想变化和心理健康状况，发现和解决高校学生的心理问题，消除高校学生群体中存在的不稳定因素，提升思想政治工作的实效性，建设和谐文明校园。

新媒体技术为高校思想政治教育机制创造了新的传播载体，改变了传统的"一张嘴和一支笔"单调乏味的思想政治理论课教学方式。新媒体环境下高校学生视野开阔、思维活跃，乐于接受新鲜事物，对新媒体技术充满兴趣并能够灵活运用新媒体技术进行沟通交流，处理学习和生活中遇到的问题。新媒体环境下高校思想政治理论课教师综合运用图片、视频和动漫等高校学生喜闻乐见的方式全方位展现思想政治教育的丰富内容，满足高校学生多方面的需要，切实增强高校思想政治理论课的吸引力和感染力。

2.新媒体提高了高校思想政治教育的效率

传统的媒体信息传递的速度较慢，思想政治教育的内容不能及时有效地传送给受教育者，导致教育的效率不高。而新媒体比如网络、手机短信、手机网络等形式在信息传播方面就显得十分迅速，使用者可以在任何时间，甚至任何地点内接受、浏览以及查看任何有益的信息、关于思想政治教育的信息，而教育者同样可以以此方式及时地把思想政治教育的内容传送到每一位受教育者的手中。例如可以把大学生思想政治教育理论课的课件、讲义、案例分析、讨论题等发布到校园网上、班级QQ群里，让教师与学生们展开讨论，从而使思想政治教育课程的思想、内容从课堂上延伸到网络内，从课内延伸到课外，调动学生学习思想政治理论的积极性，增强教学效果。此外，大学生思想政治教育的专门网站还能够实现信息内容在组织上的超文本链接功能，在阅读电子化的理论著作中，任何一个概念、一个事件、一个人物、一部著作等都可以通过超文本链接而及时找到与之相对得非常详细的资料，供学生参考，满足学生在学习过程中查阅资料的需要。这不仅极大地提高了大学生思想政治教育理论学习的效率，而且还增强了思想政治教育理论学习的全面性、综合性以及现代性。

3.新媒体提高了高校思想政治教育的实效

互联网使地球上任何一个地方的人们可同时在网络等新媒体应用终端上"面对面"地交流，每个人既是信息的传播者，又是信息的接收者。这种交互式沟通，可吸引人们的传统的被动式接受"灌输"教育变为主动参与思想交流，在思想碰撞的火花中选择接受正确的思想观点。在网络世界里，教育者与被教育者是平等的。同时，由于网络的匿名性和隐秘性，使大多数人在网上流露的思想往往是最真实的，特别是一些受到普遍关注的社会热点、难点问题，网民们都会在网上发表各自的观点、意见，进行交流、讨论，这些都是网民真实思想的流露。通过网络等新媒体，教育者更能够真实地了解人们的思想情绪和他们所关心的热点问题，通过收集、整理、分析，找出对策并进行有针对性的解答和引导，从而实现思想政治教育由传统的单向传播向双向交流拓展，大大提高教育的传播实际效果。因此，依托网络等新媒体开展思想政治教育具有更强的针对性。

4.新媒体提高了高校思想政治教育的时效

网络时效性的优势，是信息网络的重要特征。信息高速公路所架设的四通八达的方便快捷的网络，使舆论信息、思想教育信息与其他网络信息一样，通过网络能在瞬间生成、瞬间传播，具有实时互动，高度共享，多路传递，随时随地获取和传播的特性。网络信息的迅速传播，使人类确实感到了"天涯若比邻"。只要在鼠标上轻轻一点，世界另一端的信息，就立刻以每秒绕地球七圈半的速度，通过光纤、电缆或卫星显现在你面前。在互联网上"即时新闻"已成现实，并且正以小时乃至以分钟为周期更新信息。人们通过网络，可以随时了解世界各地正在发生的政治、经济、文化等各方面的大事。可见，借助网络迅速、准确的传播方式，有利于及时传播健康、科学、文明、正确的思想教育信息，提高思想政治教育的时效。因此，一方面，我们可以通过网络等新媒体及时了解舆论信息，把握广大网民思想舆论动态；另一方面，还可以利用新媒体开设网络思想舆论阵地，进行广泛、及时的宣传教育，提高思想政治教育的时效，扩大思想政治教育的影响力。

5.新媒体提升了高校思想政治教育的吸引力

以网络为代表的新媒体是一种极具感染力的信息传播工具，它将文本、图画、图形、声音等信息集成于一体，可在屏幕上创造一种轻松、愉悦的受教育情境，使受众在图文并茂、声情融汇的语境中感知教育信息，从而达到"随风潜入夜，润物细无声"的效果，其影响力度远远大于过去任何一种曾经使用过的传播手段。运用虚拟现实技术，可通过计算机创造一种"真实"的教育环境。当受教育者戴上带有微电视屏幕的头盔和数字手套时，三维的图像、虚拟的声音和触觉的体验可让受众进入一种虚拟世界，产生身临其境的感觉，从而使思想政治教育更具感染力。人们拥有一台联网电脑，便可尽情地听、说、读、写、看，既可方便地获取大量信息，又可以与外界自由地进行思想交流，从而极大地激发网民的求知欲和想象力，最大限度地调动网民获取信息的主体性、自主性和参与性。因此，充分利用网络的这些特点于思想政治教育活动之中，使其手段、方法多种多样，生动活泼，将会大大提高思想政治教育的辐射力、吸引力和感染力。

从新媒体信息容量大、资源丰富、传播迅速、交互性强、覆盖面广、形式多元等优势来看，新媒体为促进思想政治教育实现内在效果提供了机遇。这种机遇主要反映在：新媒体丰富的共享资源，为高校思想政治教育工作者开展工作提供了充足的资源；新媒体的快捷性，为高校思想教育工作者大规模地、主动地、快速地传播正确的思想、理论和政策提供了方便，避免了信息传递过程中的衰减和失真；新媒体主体的平等性，促进大学生主动参与对话交流，实现了教育者与学生双方的随时互动交流，使教育者和学生之间的互动更广泛、更深入；新媒体传输的超媒体性，扩大了思想政治教育的覆盖面，将思想政治教育的课堂延伸到学生学习、生活的各个场所，促进了思想政治教育的社会化，使思想政治教育的实效性得到了大大增强。

二、新媒体环境下高校思想政治教育面临的挑战

在新媒体飞速发展的崭新时代，高校学生思想政治教育面临的机遇与挑战并重，新媒体在给高校思想政治教育机制带来了全新的发展机遇的同时，也给其带来了诸多挑战。就新媒体环境下高校学生思想政治教育机制的构成要素而言，新媒体环境主要给主体要素、媒介要素和环境要素都带来了挑战。大学生思想政治教育工作是一项高度复杂的系统性工作，其中的任何一个环节如果发生大的改变，都必然会引发整个系统的协调性问题。在我们享受巨大力量和方便快捷的同时，也引发了诸多社会问题。要准确把握并积极应对新媒体环境给高校学生思想政治教育机制带来的挑战，推动新媒体环境下高校学生思想政治教育机制的良性运行，实现思想政治教育的目标。

（一）新媒体给主体要素带来的挑战

1.教育主体对新媒体技术所带来的积极影响认识不深

新媒体技术的迅猛发展使得信息的传播速度更快、受众面更广，人们可以更加便捷地从互联网中获取信息、与他人进行信息交流、实现信息共享。在新媒体环境下高校学生运用新媒体技术从互联网中获取更多的信息资源，但是部分思想政治教育工作者在课堂教学和日常工作中使用的教育教学资料陈旧，学生已经掌握了这些教育资料甚至有的学生掌握的资料远远超过思想政治教育工作者；有的学生在日常的生活和学习中使用一些思想政治教育工作者所不了解的网络词汇来表达自己的观点。这就导致高校思想政治教育机制的主体要素逐渐丧失在信息资源上的优势。同时，高校学生根据自身需要从互联网上获取与思想政治教育相关的信息，并结合自己的独立思考做出筛选，并非被动地接受高校思想教育工作者传达的信息，这也使得高校思想政治教育机制的主体要素的权威受到挑战。

还有一些高校学生思想政治教育的主体要素没有适应新媒体环境，没有树立互联网思维，不能积极融入思想政治教育的新环境；他们在日常工作中不能根据时代的变化和高校学生的实际需要有效调整教育教学内容，创新教育方法，而是仍然固守传统的、落后的教育教学模式等。这对高校学生思想政治教育主体要素的教育教学观念和工作方式提出了挑战。还有部分高校思想政治教育工作者使用

新媒体技术手段的能力以及信息素养还有待于进一步的提高，他们对待新媒体技术发展的态度消极被动，只是片面地看到了新媒体技术的弊端，而没有正确地认识新媒体技术在高校学生思想政治教育机制中的重要作用。这也使得高校学生思想政治教育的主体要素学习和运用新媒体技术的能力受到挑战。

2.新媒体容易引发大学生人际信任危机及人格障碍

手机短信、互联网、移动电视、数字广播等新媒体形式都带有很强的互动性与虚拟性，在新媒体的平台上，大学生们以"隐姓埋名"的方式进行交流，角色的虚拟性与交流的间接性使他们卸下责任感的负担，因而他们的言论也就无所禁忌，也无须为自己言论的真实性负责。虚拟世界的这种人际信任危机可能直接导致大学生在现实生活中的人际交往偏差，忽视自身真诚性，对他人真诚性产生怀疑，从而阻滞其社会人际关系的良性发展。最后，一旦大学生在新媒体平台上的异于现实的表现得到固化，虚拟人格与现实人格频频更替，就可能引致心理危机，甚至引发双重或多重人格障碍。

3.大学生思想政治教育者的媒体素养不高

新媒体是大学校园的信息化平台，大学生思想政治教育者不仅应对其熟悉掌握，还需懂得如何创新运用，因为这将直接关系到大学生在接受思想政治教育过程中，对新媒体的了解、使用和发展。新媒体环境下的大学生对新生事物往往有着强烈的好奇心和天然的认同感，这使他们成为新媒体首批接收者、使用者及推广者，而思想政治教育者则相对处于信息天平的另一端，在过去较封闭的条件下，他们活动的范围有限，视野、思维难免局限于比较狭隘的时空。就当前的情况而言，他们对新鲜事物的敏锐性不够，缺乏新媒体技术意识，网络技术水平不足，观念更新略滞后于学生发展的需要，甚至部分教师对网络等的熟悉程度还不如学生。因此，高校迫切需要努力建设一支思想水平高、网络业务水平强、熟悉学生特点的网络教育者专业队伍。换言之，新媒体环境对思想政治教育者的媒体素养提出了全新要求，提高新媒体素养将是提升大学生思想政治教育水平的关键要义。

4.新媒体会影响大学生的价值选择和判断

处于生理和心理成熟期的大学生，自由地参与到无中心状态的交流之中，成为话语主体并作为信息方式中的主体。新媒体的迅猛发展，使得信息传播的路径和形态发生了根本性的变化，出现了"去中心化"的显著特点。无法回避的现实问题是，出于商业利益考虑的网络媒体为了追求"眼球经济"，暴露出"经济人"的逐利本性，严重败坏职业形象、背弃社会责任、突破道德底线。同时，境内外反动势力也不失时机地借助新媒体载体，到处散布谣言、颠倒是非、混淆视听、鼓吹西化，企图达到攻击政府、煽动暴乱、颠覆我国政权的不可告人目的，这些都严重影响着青年大学生的价值选择和判断。作为年轻人，青年大学生总是喜欢新鲜事物、追求时尚和刺激，但是他们分辨是非、真假和评判善恶、美丑的正确认知和分辨能力还不强，因而容易将上述人为制造的误导视为标准和乐趣而盲目追随，这就给高校学生思想教育工作制造了难题、提出了考验。

5.新媒体使思想教育工作者的主导性话语权削弱

新媒体的"平民化"与"草根性"特点，注定了其使用者具有"反权威性"的心理。这不仅是因为人人都可以通过新媒体手段轻而易举地获取相应的信息，而且是因为青年大学生更趋向于相信自己的独立判断，他们的思想活动和思维模式不再拘泥于传统，常常通过新媒体来表达自己的想法与观点。同时，在新媒体环境下，大学生们以娱乐化和碎片化的阅读方式，解读各种复杂而深刻的社会问题，传统教育所强调的思想深刻性、逻辑条理性、内容全面性则被置之边缘化。受教育者从习惯性"问老师"，转变成习惯性"搜百度"；从对教师传播的"主流价值观"的深信不疑，转变成"将信将疑"甚至信仰危机；从对学术权威的敬畏与仰视，转变成无所顾忌乃至不屑一顾。在这种情况下，思想政治教育工作者依靠不对称性信息途径获得专业知识、社会阅历、实践经验等比较优势的主导性话语权正在逐渐被削弱。

（二）新媒体给媒介要素带来的挑战

1.新媒体对高校思想政治教育的方法及内容带来了挑战

新媒体给高校学生思想政治教育机制的媒介要素带来挑战主要是给高校思想政治教育的教育方法和教育内容方面带来的挑战。传统媒体时代高校学生思想政治教育主要通过思想政治理论课教学、主题班会、私下谈话以及第二课堂等方法教育、引导高校学生，方法较为单一、缺乏新鲜感，很难吸引高校学生的兴趣和注意力，所以高校学生思想政治教育的效果并不明显。新媒体环境下高校学生充满活力，富有朝气，思维活跃，乐于接受新鲜事物，能够灵活使用新媒体技术手段获取信息，进行网络学习和沟通交流，充分有效发挥新媒体技术手段在高校学生思想政治教育中的优势。

新媒体环境在给高校学生思想政治教育的教育方法带来挑战的同时，也给高校学生思想政治教育的内容带来挑战。传统思想政治教育内容主要是以思想政治理论课教材为主，进行马克思主义理论教育、意识形态教育以及道德和法律基础知识教育等。而新媒体环境下高校学生思想政治教育在讲授传统思想政治教育内容的基础上，还要关注新媒体环境对高校学生的思想和行为产生的双重影响，教育引导高校学生树立正确的网络法治观教育和网络道德观等，在现实社会和网络社会中都要遵守相关的道德和法律，学会运用互联网思维解决学习和生活中遇到的问题，这也为高校学生思想政治教育机制增添了新内容，提出了新的时代命题。

2.不良的传媒带来了消极的影响

市场化进程中的不良倾向弱化了大学生思想政治教育的影响,而这种影响正被互联网日益放大。在我国推进经济市场化的进程中,部分传媒媒介和个人为了一己私利,为了争取更多受众,大多采用迎合受众的方式推销自己的观念。难于全方位有效监管的互联网上充斥着庸俗、猎奇和虚假内容的信息,这些都严重影响了大学生受众的身心健康,削弱了大学生思想政治教育的影响力。

3.现有的高校思想政治教育显示出了滞后性

大学生思想政治教育面临着崭新的新媒体技术背景,新媒体信息技术的迅猛发展,模糊了真实社会与虚拟社会的界线,过于直接的认知方式从根本上改变了人们的认知体系,大学生的独立性认知在不知不觉中被剥夺,他们被动地接受了"虚拟时空"形式的存在,并渐渐失去理性和自我。然而,面对新媒体的这种挑战,现有大学生思想政治教育的发展速度却远远跟不上新媒体技术发展的步伐,由于相关理论实践研究缺乏前瞻性,大学生思想政治教育的教育环境、教育制度、教育理念、教育形式等维度已严重滞后,从而导致当代高校现有的思想政治教育形式受到严峻的挑战。

4.新媒体携带的外来思想造成新的冲击

外来文化与日俱增对大学生思想政治教育造成了强烈的冲击。新媒体本身是在全球化的背景下形成的,其具有超越地域、民族、语言、国籍的障碍,更易为受众接受的特点。美国作为国际互联网的发源地,是掌握互联网核心技术最多的国家。有学者指出,"进入交互网络,从某种意义上讲,就是进入了美国文化的万花筒"。这种文化融合对促进民族进步有着积极影响的同时,其负面作用也是显而易见的:国际上处于支配地位的国家不会忽视意识形态领域里的"殖民主义",某些外国传媒刻意夸大我国的阴暗面,甚至无中生有,造谣惑众。因此,必须采取积极有效的措施保护中华民族文化,确保我国的文化安全,同时针对信息社会的特点改进思想政治教育工作,特别是要加强对年轻的"网上一代"的教育。

(三) 新媒体给环境要素带来的挑战

1.新媒体的网络环境给大学生思想政治教育带来负面影响

新媒体深刻改变着高校学生思想政治教育机制的环境,也使得其环境更加复杂化。改革开放40多年来,我国在经济社会各领域均取得了举世瞩目的成就,人民群众的生活水平日益提高,"我国社会主要矛盾已经转化为人民日益增长的美好生活需要和不平衡、不充分的发展之间的矛盾",人民群众利益诉求的范围不断扩大、层次不断提高,人们的价值观也更加多元化。现实环境的这些变化也会在不同程度上影响高校学生的思想和行为,这会给高校学生思想政治教育机制优化提出新的时代要求，也带来新挑战。

新媒体环境下高校学生思想政治教育机制不仅要关注现实环境的深刻变化，而且更要积极应对来自网络环境的挑战。高校学生能够灵活运用新媒体技术进行网络信息交流、网络消费和网络学习等，潜移默化地接受网络社会环境的影响。在网络社会环境中，一些不健康的、虚假的网络信息恶意传播，网络诈骗、网络个人信息泄露和网络犯罪等现象不断出现，严重影响了网络社会生态环境，也或多或少地对高校学生产生负面影响，给高校学生思想政治教育带来了更大的挑战。

2.新媒体的网络传播给大学生思想政治教育带来负面影响

大学生思想政治教育的内容包括世界观、人生观、价值观以及政治、道德与法制观念的教育。中共中央、国务院《关于进一步加强和改进大学生思想政治教育的意见》提出，当前大学生思想政治教育的主要任务之一便是"以理想信念教育为核心，深入进行树立正确的世界观、人生观和价值观教育"。而新媒体环境下，校园信息传播失去了时间、空间的屏障，信息使用发布的自由化程度加深，这便给了诸多腐朽落后的非主流思想文化以可乘之机，这些思想文化妄图扭曲大学生三观，给当前大学生思想政治教育带来了许多严峻的新挑战。透过新媒体传播的消极信息复杂多变，可控性较弱，极易对大学生的道德认知及理想观念形成渗透，并由此令高校思想政治教育的许多前期工作劳而无功。从"火星文"到"脑残体"，从"非主流"到"恶搞"风潮，消极的新媒体信息一次又一次地冲击着大学生的道德与心灵，一次又一次地将大学生推向虚拟王国的狂欢毒池。新媒体信息传播的负面影响的滋生，不仅提升了思想政治教育导引工作的难度，同时也抵消了传统思想政治教育的部分效果，从而给高校思想政治教育者鸣响了警笛。

3.新媒体的海量信息给大学生思想政治教育造成选择干扰

信息量剧增和信息污染对大学生思想政治教育尤其是正确的价值选择产生干扰。新媒体使海量的信息涌入受众的视野，这种日益膨胀的信息开阔了人们的眼界，同时也为信息的分辨和筛选带来了难度。信息量太多太滥，往往会让人无所适从；信息控制和过滤技术相对滞后，使得许多腐朽的思想如暴力、色情等混杂在正常的信息流中。这些信息污染严重影响了有用信息的清晰度和效用度，不利于大学生对知识的吸收。尤其是对思想觉悟和识别能力、抵抗能力都比较低的大学生来说，这种信息污染更为危险，对大学生思想政治教育形成了不容忽视的挑战。

新媒体的传播方式带有虚拟特征，新媒体的使用者具有较强的隐匿性，造成现实生活世界和网络虚拟世界截然不同的精神体验。人们在现实世界里许多不敢说的话、不能做的事都很容易在虚拟世界找到发泄的场所。在如同大染缸的虚拟世界里汇集了无以计数的良莠不齐的海量信息，受网络群体非理性和需求刺激、冒险猎奇心理的影响，人们更容易摆脱社会道德约束，突破社会伦理底线。特别是青年大学生正处于心理从不成熟到趋于成熟、人格从未定型到趋向定型的关键时期，他们的世界观、人生观、价值观更容易被具有情绪化、煽动性的信息所动摇和挟持，再加上相关法律法规尚未完善，网络监管困难重重，网络的"超现实性"大大弱化了思想政治教育工作对大学生的道德约束功能，使青年大学生极易沦为传播不良信息的主体，这无疑给大学生思想政治教育工作增添了极大的障碍与阻力。

综上所述，在新媒体环境下，互联网已经成为思想文化信息的集散地及社会舆论的放大器。新媒体对大学生思想政治教育的影响是一把"双刃剑"：一方面在丰富资源、增强自主性、提高效率和增强效果方面，为大学生思想政治教育创造了良好的机遇；另一方面，给大学生思想政治教育的控制力、辨别力、引导力和主导力提出了新的挑战。为此，全面分析新媒体环境对大学生思想政治教育的影响，积极探讨大学生思想政治教育的对策创新，将有助于提升当代大学生思想政治教育的整体水平，增强大学生思想政治教育的实效性。

第二节　新媒体环境下高校思想政治教育的实践探索

在互联网一统"天下"的新媒体环境下，加快思想政治教育传统方式向现代方式转变，成为思想政治教育内在的需要和趋势，也成为大学生思想政治教育创新发展的新航向。正是在这种背景与趋势驱动下，思想政治教育迈进了网络思想政治教育的新阶段。

网络思想政治教育的诞生，从某种意义上可以说是互联网发展与思想政治教育"联姻"的产物，是新媒体环境下思想政治教育实现网络化的一个进步标志。就我国而言，从1994年我国正式接入国际互联网开始，我们思想政治教育网络化的序幕就由此正式拉开，经历了从无到有、从萌芽到不断成长和成熟的历程。

一、新媒体与思想政治教育相结合的实践探索

（一）新媒体环境下大学生网络舆情引导的依据和途径

在信息大爆炸、新媒体称雄的信息时代，互联网+新媒体平台日益成为社会舆情的敏感区和发源地，其重要性、影响力和渗透力已经远远超越了传统媒体。网络舆情深刻改变和重塑社会舆论生态，对当代大学生的思想、行为和生活产生直接作用和广泛影响，给青年大学生的健康成长和实现党在新形势下的大学生思想政治教育工作目标造成了不容忽视的冲击。

1.网络舆情改变和重塑社会舆论生态

(1)网络颠覆了传统的信息传播方式。在信息社会到来和网络时代崛起之前,人们之间的信息传播主要依靠人与人之间的口耳相传、文字交流和纸质媒介等方式,呈现出点对点、单向度、被动性、线性的特征。公众掌握和接收的信息极其有限,个人发表意见、发布信息、传播思想的渠道和平台十分狭窄,也决定了信息传播速度、传播范围和影响力的局限性与效度。社会舆论基本处于官方掌控和主导的范围,对一些不利于社会安定团结和有悖国家治理的信息,政府有关部门可以轻而易举地进行防范、删除、封堵。然而,网络技术以其层级扁平性、多向互动性和交流开放性等特点,使信息传播和交流实现了自由顺畅、高度共享、即时交互的目标。

事实上,智能手机的出现,已经将我们带入另一个世界。在这个世界,信息不再是稀缺物,很难再成为垄断资源。网络消除了参与者身份、地位、阶层等个体性的差异,人人都可以自由、简易、快速地在网络上发布信息,也可以根据自己的兴趣、爱好和关注话题发表观点、搜索信息,并与其他用户就共同关心的话题进行广泛讨论、深入交流。这种无障碍的信息传播模式完全改变了传统信息传播的主客体关系,模糊了信息创造者、发布者、传播者以及接收者之间的界限,传统的"我说你听"传播模式被大家都是"言说者"的传播方式所取代,权力主导的话语权力体系也被解构。网络技术发展和网络工具的普及,改写了信息传播的规则,带来了信息传播方式的彻底变革,颠覆了传统的信息传播模式,解除了政府部门对信息的垄断权和控制权,使得公众信息以由此形成的及社会舆论大面积形成、大范围传播与产生巨大社会影响成为可能。

(2)网络具有很强的舆论放大效益。在网络上,每个人都可以作为信息的制造者、传播者和接收者,并且可以同时兼具三种身份、扮演多种角色。特别是随着自媒体时代的到来,"随手拍"成为常态,"微博直播"日益普及,公民记者大量涌现,标志着整个社会舆论环境已经从"大喇叭"时代转型升级为"麦克风"时代。在"麦克风"时代,无形无色的网络力量无孔不入地渗透到经济社会的各个领域和人们生活的各个方面。在网络上,一则消息、一句评论或一张图片都有可能引爆网络舆情,只言片语、点滴涟漪可以在刹那间波及全球、辐射全世界,引发网络社会甚至是现实社会的轩然大波和广泛反响。正是凭借着便捷性、平民化、普泛化、自主化和快速性等压倒性优势,网络的强大互动功能推动着信息传播朝着社会的广度和深度扩散与渗透。网络舆论以其跨越时空的强大生命力、渗透力演绎了社会舆论世界和现实生活中的"蝴蝶效应"。

(3)网络日益成为社会舆论的"发酵器"和主推手。随着我国网民队伍的日益壮大,网站、网页的成倍增长,互联网已经成为人们生活中不可缺少的重要部分。人们在网上或"指点江山",或"激扬文字",或"隔网喊话"……在这样多元而复杂的网络舆论生态下,许多与公众切身利益相关的社会热点难点问题,尤其是社会关注、百姓关切的消息一经"上网",就会立刻被无所不在、无时不在的网民迅速"围观""转载"和"追踪"。网络上关于某一现象或特定问题所给予的关注、所形成的讨论也随之向现实社会渗透、扩散和影响。很多社会舆论事件往往发端于网络信息,许多现实生活中的集体行动或群体性事件最初都是在网络中酝酿和发酵。可以毫不夸张地说,"自媒体时代,是每一个人只要有简单的条件(有电脑或手机,能上网,会发帖、跟帖,会发微博等)就拥有了个人能够使用和控制的媒体,就可以随意向外界披露信息和发表意见,就相当于手中有了'麦克风'"。而网民中有关较大影响力或极大影响力的意见领袖,甚至掌握关系着"核按钮",产生舆论聚变和裂变,最后酿成舆论海啸。网络对社会公共生活与社会舆论生态的影响随着时间的推移而更加明显、日益深刻。网络不仅完全改变了信息传播的方式和形态,而且彻底颠覆了社会舆论的生成机制和演变格局,一跃成为社会舆论的"发酵器"和推手。

2.网络舆情的新特点及其对当代青年的影响

由于网络打破信息传播主体的一元化和垄断性地位,网民既不是传统意义上的"受众",更不是人云亦云、毫无主见的"应声虫",而是集信息的挖掘者、发送者、接收者、加工者、使用者于一体。每个网民对网络事件的围观、点赞、转载或评论,都有可能直接影响网络舆情的发展方向,甚至是对现实社会的影响。网络舆情表现出与传统社会舆情大相径庭的新特点。

(1)网络舆情内容丰富但复杂化。网络的开放性为求知欲极强的当代青年打开了知识宝库的大门,网络海量的信息和形式多样的服务功能给当代青年带来了极大便利的同时,也面临着许多问题和挑战。一方面,由于网络公共理性发育不足,尚未形成规范有效的网络参与秩序。网民对网络信息的关注往往止于表面,通常按照自己既有的思维去认识、了解,容易忽略甚至不愿相信事件背后的真相。另一方面,当前正处于社会利益结构重大调整的转型时期,各种社会问题层出不穷,各种社会矛盾趋向激化,各种社会情绪此起彼伏。得意者、得益者、得利者可以在网上尽情潇洒,失意者、失败者、失利者也可以在网络上找到属于自己的"领地"。在网络这个对任何人、任何事几乎都可以畅所欲言的缥缈空间里,既有积极健康向上的意见,又有消极偏激虚假的蜚语,既有理性审慎、科学严谨的态度,又有无理取闹、无中生有的"奇葩",网络虚假信息防不胜防,各种网络闹剧层出不穷,整个网络秩序呈现出无秩序的混沌状态。甚至"可以发现,互联网中网络暴力现象大量存在,不少网络舆论质量低下,很难找到理性探讨的网络空间"。由于大多数青年尚处于世界观、人生观、价值观从幼稚到成熟转型的关键阶段，极易受到外界思想观念的影响。良莠不齐、鱼龙混杂的网络信息，在使网络舆情趋于复杂化的同时，也深刻影响着青年的价值判断和价值选择。

（2）网络舆情传播迅速，难控性强。当碰到新奇的情况或一个热点事件发生时，网民可以在第一时间于微信"好友圈"、微博、QQ群、社交网站等网络平台发表看法、高谈阔论，尽情享受、挥霍网络赐予的言论自由，使其形成网民关注的焦点，使得个体零散的意见快速聚合，不同见解或意识形态的舆论剑拔弩张，就在这种汹涌澎湃的舆论"拉锯"中，迅速形成初具规模的舆情声势。在网络知名人物、"意见领袖"和主流媒体等介入后，网络舆情对事件的影响力度将以指数级倍增，影响范围将呈波浪状向外扩散、放大，很快就形成了"滚雪球式"的传播效果。缺乏理性和价值观的引导，个别的、局部的甚至是不真实的问题，经由网络传播，可以轻而易举地演变为全局性、社会性的问题。但问题并未仅限于此，网络舆情形成后，与现实社会中的舆情交替传播，相互影响，对社会生活中的各个方面产生深远影响。特别是对公共决策、民主政治、社会伦理道德和文化安全等方面产生正面或负面影响。与其他舆情形态相比，网络舆情具有突发性、多元性、交互性、扩散性和偏差性等特点，个人主观判断、情感直觉和情绪化意味浓厚，因此极为容易出现非理性和群体极化的倾向。这对网络舆情的可控性提出了挑战，也使青年网络舆情引导增长了难度。

3.大学生网络舆情引导的基本策略和实现途径

以"00后"为主体的大学生群体处在一个世界观、人生观、价值观趋于成熟的关键阶段，但尚未最终定型，极其容易受外界因素的影响和形塑，波动性极大。思想文化对大学生思想观念、理想信念和价值取向的影响不可小觑。要实现"两个一百年"奋斗目标和中华民族伟大复兴中国梦，保证中国特色社会主义现代化建设事业后继有人，就要准确把握社会信息化、网络生活化对青年思想和行为的深刻影响，扎实有效做好大学生网络舆情引导工作，使网络舆情引导成为当代大学生成长、成才、成功的重要武器。

（1）抢占网络舆论阵地，牢牢把握网络舆情引导权。当前，社会意识形态领域的竞争、斗争和博弈日趋复杂，各种思想文化交流、交融、交锋此起彼伏。网络作为各种社会思潮宣扬和兜售其"价值秘方"的重要市场，是各方势力竞相争夺的敏感地带。在网络社会，一些热点话题和敏感问题极易被居心叵测的人利用，通过歪曲事实、挑拨离间、添油加醋等手段，造成"波涛汹涌"的网络舆情。网络舆情对青年大学生的思想、思维、性格、道德和日常行为的影响与日俱增。从这个意义上讲，互联网已然成了宣传思想战线和意识形态领域争夺人心、争夺大学生的主战场。要赢得未来，必须赢得大学生，而只有贴近网络，方可赢得大学生。对此，高校各级党委、各个部门和思想政治教育工作者必须牢固树立阵地意识,及时跟上互联网发展的步伐,做好官方网站、官方微博的建设和应用,积极促进传统媒体和新兴媒体融合发展,通过创建校务微信、思政专家微博、公众微信平台等方式,全面进军新媒体舆论场,主动抢占网络舆论阵地、网络舆论空间,做到平时"润物细无声",重大问题不缺位,焦点问题不迟钝,关键时刻不失语,牢牢把握网络舆情引导权、主动权。

(2)加强预警机制建设,正确引导网络舆情走向。由于网络信息鱼龙混杂、良莠不齐,因而在网络世界里,既能"乱花渐欲迷人眼",又如"黑马激起万里尘"。网络在给人们带来便利的同时,也对网络谣言、网络暴力的产生蔓延起到推波助澜的作用。网络谣言扭曲事实真相、颠倒是非黑白、混淆舆论视听,而网络暴力则会破坏社会正常秩序、颠倒社会主流价值。由于大学生网民年龄偏小、认知受限、经验不足,缺乏鉴别网络谣言、抵制网络暴力的定力,极其容易被网络谣言所误导、被网络暴力所俘获。这些"网络病毒"毒性极强、危害极大,并且具有隐蔽性和传染性,一旦"中毒"即被毒害思想、侵蚀灵魂、腐蚀情操,导致大学生道德崩溃、精神颓废、信仰缺失、心灵物化、物欲横行,进而侵蚀社会的主流价值观和道德观,最终掏空国家和民族长远发展的精神根基。因此,做好大学生网络舆情引导工作意义非凡,关键是要建立一套反应灵敏、响应快速、运转顺畅、应对有力的网络舆情预警机制,建设完善网络舆情收集、分析、研判、应对工作机制。通过经常性、不间断获取网络舆情信息,全面分析、科学甄别,合理研判网络舆情中苗头性、倾向性问题。宣传思想战线和青年工作者要增强政治鉴别力、政治敏锐度,对涉及政治立场、社会思潮、重大问题等网络舆情,要及时迅速捕捉热点焦点,掌握全面、准确、详细的信息,做到率先发声、权威发声、引导发声,努力抢占舆论先机、舆情制高点,通过主动回应社会关切、满足大学生网民关注心理,引导网民在互动参与、真诚对话和理性讨论中发现事实真相、辨明是非曲直,消除公众的疑虑和不安,稳定和安抚网民情绪,杜绝网络谣言的产生和扩散,引导网络舆情从无序、混沌的状态朝着正常、有序、可控和建设性的方向发展。

(3)掌握基本规律和方法艺术,提升对大学生网民的网络舆情引导力。在复杂多变的网络舆论生态中,"舆论导向正确的刚性要求,与讲求良好的传播效果和引导效果的柔性做法,力求实现和谐统一"。而要达成这种统一,必须要以熟悉网络舆情形成特点、传播规律和掌握驾驭网络舆论的艺术,提高防范和化解网络舆情危机的能力与水平。一是要深入研究大学生网民的网络心理、行为习惯、网络偏好以及大学生网络沟通、联络、交流和聚集方式,通过主动设置议题、利用舆论领袖、增强人性化关怀等手段巧妙、灵活地引导网络舆情,做到网络舆情引导有方、有术、有力、有效。二是要贯彻尊重包容、平等互动的原则。广大思想政治教育工作者与大学生网民进行对话、交流，要坚持理性的精神和谦卑的态度，抛弃高高在上、盛气凌人的姿势，用真诚、坦诚、热诚赢得大学生网民的认可、信任和支持，建立起与大学生网民有效沟通和良性互动的长效机制，努力实现对大学生的引导、吸引和凝聚。三是要善于用新媒体环境下高校思想政治教育的实践探索大学生的语言、大学生的思维、大学生的逻辑以及大学生乐于接受的方式与大学生网民进行交流，准确掌握大学生普遍关心、高度关注的现实问题，对接大学生网民多样性、多元化的网络需求、心理问题、思想困惑，广泛运用微博、微信、手机媒体等新媒体工具，认真做好解释说明、分析论证和网络舆情引导工作，引导广大学生树立网络文明意识，帮助大学生培育积极向上的价值观。

（4）激发网络正能量，进一步强化社会主义核心价值观对网络舆情的引导功能。做好大学生网络舆情引导工作，必须要高扬社会主义核心价值观的旗帜，传播"好声音"，激发正能量。一方面，要依托网络技术和网络平台，在网络上设论坛、定主题、立专栏，讴歌真、善、美，鞭挞假、恶、丑，传递真、善、美，传递向上、向善的价值观，引导大学生树立和实践正确的利益观、权利观、道德观，自觉抵制庸俗、低俗、媚俗之风，增强道德判断力和道德荣誉感，向往和追求讲诚信、尊道德、守戒律的生活；另一方面，要根据当代大学生的特点、兴趣和爱好等，把文学、影视、音乐、艺术乃至生活，赋予网络的表达形式和展现途径，把社会主义核心价值观的内涵和要求活灵活现、淋漓尽致地充分镌刻在网络作品之中，做到春风化雨、润物无声，最大限度地增强广大青年对社会主义核心价值观的价值认同、情感认同和理论认同度，不断提升社会主义核心价值观在网络舆情中的影响力、渗透力和主导力。

（二）新媒体环境下创新高校校园文化建设的原则与对策

高校校园文化是高校在长期的办学实践和发展过程中逐步创造、不断积淀而形成的具有自身特色的一种特殊类型的社会文化形态，它是高校办学思想、育人理念、理想追求、教学实践、管理机制、行为规范的总和，是高校发展进步的精神基石、动力源泉和核心竞争力。新媒体的广泛应用和日益普及对高校校园文化建设产生新的影响，赋予了高校校园文化新的内涵、特征和发展趋势，通过新媒体传播大量互联网信息等正在逐渐影响着师生们的学习和生活，对高校校园文化的建设既带来了新的机遇也迎来了新的挑战，研究和加强新媒体视域下高校校园文化建设意义深远、势在必行。[①]

1.新媒体对高校校园文化的影响

[①] 郭世华著.新时期高校思政教学新面貌[M].昆明：云南科技出版社，2020.06.

(1) 新媒体对高校校园精神文化的影响。新媒体具有音乐、收音、录音、照相、摄像、上网浏览和信息交流等众多功能，随着移动互联网时代的到来，新媒体环境下的高校校园生活更容易在网络的海量信息中搜索到自己需要的学习资料和生活信息，真正做到了"足不出户，尽知天下事"，极大地方便了师生的学习生活，大大拓展了他们的视野。在当前中国特色社会主义事业蓬勃发展的新时期，新媒体的广泛发展有利于社会主义主流思想的传播和正能量的传递，能很好地帮助学校开展德育教育，帮助学生树立正确的世界观、人生观和价值观，直接或间接地促进中华民族伟大复兴的中国梦的实现。但是，由于整个世界意识形态及思想环境的多样化和复杂化，使人们对个人利益的要求成了社会生活的基本动力，久而久之便大大地削弱了社会主义核心价值观的主导地位，导致了部分老师和学生缺乏爱国主义、集体主义、责任心、奉献精神等。另外，由于大多数的学生都处于一个思想尚未成熟的阶段，认知体系比较片面，没能拥有一个辩证全面看待问题的态度，导致负面的思想弥漫了整个大学校园，影响了整个校园主流文化发展。

(2) 新媒体对高校校园行为文化的影响。大学作为人们心中的"象牙塔"，是培养高层次人才的摇篮，学习是大学生的第一要务，课堂是老师传递知识的主阵地。以往师生的课堂都只局限在三尺讲台上的黑板和粉笔，但随着新媒体应用日益普遍，促使高校的教学方式和学习方式等多种校园行为文化发生了深刻地变化。多媒体、视频、图片等技术在课堂上得到广泛应用，课余时间同学们也可以在网络上查阅下载学习资料，甚至通过网上寻找答案排疑解难，极大地方便了师生的学习和生活，大大提高了学习的效率，彻底改变了传统单一枯燥的学习方式。此外，新媒体环境下校园网络的日益发展和新媒体技术的迅速普及，突破了不同国家、地域、民族之间的制度、观念、语言和风俗等传统束缚，把整个世界连成一个小小的"地球村"，世界的时空界限变得日益模糊，几乎消除了社会交往的"社会藩篱"。在大学校园，人与人之间的交往非常频繁，各种活动的组织、恋爱的发展和交际的拓宽都离不开新媒体技术传播，以往人与人之间单纯的书信和面谈已经不能满足现代人交流的需要，特别是随着智能手机的出现和普及，还有QQ和微信的出现，使人与人之间的交往打破了时空的限制，提高了沟通的效率，降低了沟通的成本。但同时也让人与人之间的交往增添了许多的陌生，交往中缺乏了真感情的流露，变得敷衍甚至虚伪。

(3) 新媒体对高校校园制度文化的影响。新媒体在校园新闻中的广泛应用和迅速发展，使在传统媒体意义上建立的校报、广播站等逐渐退出了校园文化的中心地位，取而代之的是跟新媒体技术息息相关的一些新兴机构，如校园网、官方微信、官方微博、网络电视台等，这些管理机构正在出现并发展壮大，已经成为校园生活及新闻宣传不可或缺的文化重要平台。这些平台的产生一方面是为了更好地服务学校的教学工作，打破传统的教学模式，丰富教学手段和形式，拓展教育渠道和途径；另一方面是为了保证社会主义核心价值体系得到正确的传播，加强正能量的输送，更好地帮助师生树立正确的"三观"。在这些平台产生的同时，相应的管理制度也要应运而生，逐步形成和丰富适应新媒体环境的制度文化。加强对这些平台的监督和引导以及对新媒体制度文化的建设，才能保证校园文化的主流思想得到发展，保证学校成为社会主义人才培养的基地。

2.新媒体环境下创新高校校园文化建设的原则

随着新媒体发展步伐的不断加快，加强对新媒体环境下高校校园文化建设是不容忽视的重大问题。新媒体确实给师生们带来了很多的方便，改变了传统的教学模式，提高了学习和交往的效率，但是也带来了很多负面的影响，如果我们不能很好地引导和规范新媒体技术的应用，不仅影响青年大学生的健康成长，而且还关系到我国高等教育事业的科学发展。移动互联网和媒介融合时代，繁荣发展高校校园文化需要牢牢把握以下几项原则。

(1) 坚持传承和发展相统一。高校校园文化是高校在长期办学实践的过程中，经过历史积淀而逐步形成的一种特殊的社会文化形态，这种积淀的过程既是传承的过程，也是发展的过程。新媒体的快速发展和普及应用，开辟了高校校园文化建设的新领域：一方面，高校作为创造知识、培育人才的重要摇篮，是传承优秀传统文化的重要平台。高校校园主体可以结合各自学科的不同理念、专业特点、办学特色和历史传统等，运用新媒体手段积极传播中华文化的历史价值、优良传统和知识体系，充分展现高校校园文化的独特魅力和发挥其引领社会风尚的功能。另一方面，新媒体的出现使得发展高校校园文化比任何时候都显得更为重要和迫切。高校应按照高校校园文化的独特价值和发展规律，充分发挥高校师生的思想文化创造活力，广泛运用新媒体打造更多的校园文化精品，推动高校校园文化在传承中创新、在创新中发展，使高校校园文化成为我国社会主义文化"百花园"中的一朵艳丽奇葩。

(2) 坚持开放与融合相统一。高校校园文化是一种依托于社会文化又区别于社会文化和其他亚文化的相对独立的文化体系，它随着社会文化的发展而变化。媒介融合的加速，新媒体的应用普及，促使高校对外联系互动的渠道、方式和形式变得日渐丰富且推陈出新，对外开放的广度越广、深度越深，变得越来越便捷、快速而富有效率，构筑出一种全新的文化交流和传播方式，赋予了高校校园文化建设新的内涵和发展方向。高校校园文化与社会文化之间的融合程度、趋同性、互动性日臻明显。例如，高校学者在其微博上发布其对某个社会问题或事件的看法和意见，可以在瞬间把信息传达到其"粉丝"和其他用户手中，广播、电视、报纸等传统媒体纷纷跟进,就会在现实生活和网络社会之间掀起对这一问题或事件的轩然大波,进而影响社会管理和政府决策。因此,在移动互联网和媒介融合的时代,高校校园文化建设应该坚持开放性和融合性相统一,努力借助新媒体的强大力量,积极汲取和借鉴一切社会优秀文明成果,古为今用、洋为中用,让高校校园文化绽放绚丽光彩。此外,新媒体对经济社会发展和人们生产生活的影响已经远远超越了纯技术或某一学科的研究范式,必然要求对人才培养和科学研究的理念与模式进行调整,这是社会生活网络化、信息化在高等教育领域中的新确证和新影响。高校应适时调整学科设置和专业结构,敢于打破学科间的壁垒,更加注重不同学科之间的融合与渗透,增设新媒体应用、管理和对经济社会发展影响方面的课程,积极搭建产学研一体化、跨学科融合研究等各类平台。

(3)坚持多元化与主导性相统一。高校校园文化对青年大学生的成长成才具有潜移默化的熏陶作用,对社会主义文化发展进步及社会风尚具有明显的导向和引领作用。在移动互联网和媒介融合的时代,高校师生不仅可以随时随地利用各种终端在网络上发微博、玩微信、聊QQ,参与各种讨论,进行信息交流,还可以在网络上开展各种商业活动,铸就了一种全新网络社会文化。这种文化作为高校校园文化的重要组成部分,致使高校校园文化更加多元化:一方面来自于高校不同学科、专业和办学理念的差异和历史传统的不同,形成形态各异、种类万千的文化风格和品位;另一方面也来源于媒介融合造就网络文化的多样性。尽管高校校园文化具有多元化的特征,但是,我国高等教育的性质、根本任务和社会主义办学方向,决定了高校校园文化建设必须坚持主导性,即必须坚持马克思主义指导思想在高校校园文化建设中的主导地位,用社会主义核心价值体系引领高校校园文化繁荣发展,善于占领网络信息传播和网络舆论的制高点,毫不动摇地坚持用社会主义荣辱观引领网络舆情,引导青年大学生知荣耻、明是非、识美丑、辨善恶,坚决抵制庸俗、低俗、媚俗之风,积极营造文明和谐、健康向上的高校校园文化环境,使网络成为宣传党的主张、弘扬社会正气、创造先进文化的重阵地。因此,坚持多元化与主导性相统一,是新媒体视域下高校校园文化建设必不可少的一个重要原则。

3.新媒体环境下创新高校校园文化建设的对策

今天,我们正处于移动互联网和媒介融合时代,媒介融合是以计算机技术、移动通信技术和互联网技术等多种技术相融合为基础,众多传播媒介汇集一体发挥多种功能的媒介传播形态。随着媒介技术、媒介业务的融合程度不断加深,新媒体获得迅猛发展,这对校园文化产生巨大的影响。为了更好地营造积极向上的校园文化氛围,在坚持"三统一"的原则上打破传统思维,根据新媒体发展的规律和校园文化建设的特点寻找新的对策。

(1)完善新媒体应用管理制度,营造积极向上的校园文化环境。首先,新媒体在大学校园的广泛应用是社会进步的体现,是高等学校发展的需要,但是新媒体带来的各种思想广泛传播对健康校园文化的塑造带来了很大的冲击,这需要我们在思想上重视新媒体这把"双刃剑",使之在校园中更好地服务我们的学习和生活。此外,需要我们警惕新媒体带来的负面思想冲击校园健康生活,加强对新媒体应用管理制度的完善,使风险得到有效管控,积极营造高雅和谐的校园文化。

其次,新媒体环境下西方资本主义国家宣扬的各种拜金主义、享乐主义和个人主义思想迅速传播,大大削弱了学校开展德育教育的积极影响,学生的健康思想受到了侵蚀,这需要对信息源头进行监管,阻止、隔离腐蚀的落后文化。同时,建立师生互动的公共平台,并且做到身份公开、信息交流真实,及时发现和过滤各种庸俗、反动和低级的信息,尤其是西方敌对势力进行渗透活动而发布的有害信息,建立起校园网络文化的安全"防火墙",必要时候运用技术、行政和法律手段及时制止。

最后,在学校层面要加强对新媒体管理人员进行教育培养,完善新媒体管理人员的选拔、管理和考核制度,使之成为一名校园文化主流思想的传播者,同时相应新媒体平台例如校园新闻网站、官方微博、官方微信等需要在相关老师指导下开展工作,规范他们的日常管理制度,把好新闻报道的出口关,提高他们对事情的认知能力,减少负面思想的传播,保证整个校园文化积极向上。

(2)加强媒介素养教育,增强文化自信。媒介素养教育就是指导公众正确理解、建设性地享用大众传媒资源的教育。为了更好地运用新媒体技术,使之成为我们学习和生活的好帮手,必须要加强师生的媒介素养教育,也就是增强师生对网络媒介的认知能力、对网络信息的解读和评估能力、创造和传播能力、利用网络媒介信息发展和完善自我的能力。只有增强了媒介素养教育,才能保证校园主流文化得到发展,保证青少年学生的身心不受西方腐朽思想的影响,保证学校的各项教学工作沿着社会主义方向进行。在提高师生的媒介素养教育中必须坚持"引进来"和"走出去"相结合战略。"引进来"即引进一些新媒体教育的专家和学者通过学术论坛、交流会、报告会等各种形式教会学生如何提高自己对信息的辨别能力,如何抵制腐朽思想的影响,做到更好地运用新媒体技术服务我们的生活和学习;"走出去"即通过引导学生走出校园,走入社会,用心去了解新媒体技术的发展对社会带来的利弊,认真去揭露西方腐朽思想通过新媒体技术毒害人们心灵的真面目。只有坚持"引进来"和"走出去"战略,才能真正提高师生的媒介素养能力,才能帮助学生树立正确的"三观",才能真正了解中华民族五千年的灿烂文化,从而增强了对社会主义文化建设的自信心。

(3)传播社会主义核心价值观,维护社会的正能量。网络具有开放性、自由性和无边界性的特点，在给人们带来方便和快乐的同时，也为各种谣言和错误思潮的传播"插上了翅膀"，是一把锐利无比的双刃剑。面对世界范围思想文化交流、交融、交锋形势下价值观较量的新态势，面对改革开放和发展社会主义市场经济条件下思想意识多元、多样、多变的新特点，积极培育和践行社会主义核心价值观，对巩固马克思主义在意识形态领域的指导地位、巩固全党全国人民团结奋斗的共同思想基础，对促进人的全面发展、引领社会全面进步，对集聚全面建成小康社会、实现中华民族伟大复兴中国梦的强大正能量具有重要现实意义和深远历史意义。由于现在的青年学生处于一个思想尚未成熟的阶段，再加上对网络媒介的认知能力、对网络信息的解读和评估能力、创造和传播能力、利用网络媒介信息发展和完善自我的能力都较为薄弱，往往容易被社会上一些负能量思想侵蚀，对问题的了解停留在表面，缺乏对新媒体商业属性和政治属性的分析，进而导致主流思想传播受到阻碍，负能量在校园粉墨登场。

"网络垃圾"毒害大学生的思想、侵蚀他们的灵魂、腐蚀他们的情操，冲击、淡化青年大学生的主流价值观和道德观，甚至扭曲马克思主义主流意识形态。社会主义核心价值观是社会主义核心价值体系的内核，体现社会主义核心价值体系的根本性质和基本特征，反映社会主义核心价值体系的丰富内涵和实践要求，是社会主义核心价值体系的高度凝练和集中表达。党的十九大以来，中央高度重视培育和践行社会主义核心价值观。习近平总书记多次做出重要论述、提出明确要求。所以新媒体环境下的校园文化建设一定要坚持社会主义核心价值观，维护社会正能量，教会学生从历史和现实的角度去批判西方腐朽文化，教会学生懂得如何抵制负能量的传播，教会学生如何掌握中华文化的优秀成果，要让学生懂得今天西方国家利用新媒体的技术在极力推行文化殖民主义实行文化霸权主义，必须加强对西方国家腐朽思想的警惕，坚定共产主义的理想信念，保证整个社会正能量的传递。

在新媒体环境下，各种网络信息充斥整个校园文化，影响社会主义建设者和接班人的教育，这不仅迫切需要高校尽快打造一支具有良好媒介素养和新媒体技能的校园文化建设者队伍，更需要校园文化建设者们能够进一步统一思想、形成合力，坚持"三统一"原则，完善校园文化管理制度，加强媒介素养教育，保证社会主义核心价值观成为高校文化建设的主流思想，只有这样，大学校园文化才会更好地迎合移动互联网和媒介融合时代，并呈现出勃勃生机，社会主义现代化的建设才能拥有可靠的保证。

二、新媒体环境下高校思想政治理论课教学探索

新媒体时代的到来对青年学生而言开阔了视野，拓展了知识面，丰富了交流

方式，增强了自主性，但同时也对传统思想政治教育造成了一定的冲击，对思想政治理论课教学提出了新要求。所以，加强新媒体环境下的思想政治教学的研究并进行创新显得尤为重要。

（一）新媒体时代加强思想政治理论课教学的重要意义

在我国高校普遍开设思想政治理论课，这是由我国社会主义制度的性质所决定的，是执政党的指导思想和执政理念在高校的传播和贯彻，是培养大学生树立科学的世界观、人生观和价值观的主渠道。因此，正确认识高校思想政治理论课的作用及意义十分重要。

1.大学思想政治课的定位

这门课的性质是什么？或者说，这门课应归于哪一类课程？该如何定位？比如，从事这门课程教学的老师，当他走上讲台时，可能会认为这是政治课；而下面听课的学生可能会认为这是政治宣传课、政治说教课、政治灌输课；一些校级领导会认为这是上级部门布置下来的硬课程，动摇不得；其他专业课的老师会认为，这种课我也会上，没必要占用这么多课时，还不如让出一些课时给我的专业课；家长会认为这种课应该为那些思想品德不好的学生开设，自己的孩子思想品德没问题，这类课应该免修，甚至学费也应当少缴……

对这些模糊思想的产生作具体分析：高校思想政治理论课是执政党执政理念的主旋律，涉及上层建筑的意识形态领域，属于政治课，这是毋庸置疑的。但是高校政治理论课的教师不是承担一般的传道、解惑和授业职责，他传播的是执政党的指导思想，高扬的是马克思主义的伟大旗帜。在这旗帜下，每个人都是平等的。教师丝毫不具有天生的马克思主义面孔，或者是一副绝对真理在握的样子。师生之间应当进行平等的对话，教师不仅要做到以理服人、以情感人，还要以自身丰富的知识和社会阅历、以扎实的理论功底和理性的思辨能力去获得学生的共同语言。

2.大学思想政治课的作用

思想政治理论课究竟起到怎样的作用？作用有多大？其实是有不少争议甚至是误解的。圈外人士认为，它关系到大学生的世界观改变、人生价值的选择、高素质人才的培养；而圈内人士认为，大学生队伍中涌现出的优秀学生代表是思想政治理论课的积极成果。笔者认为，圈内人士不以为然的态度可能只是少数，而圈外人士的期望值过高，也许会失望。学校领导将自己优秀学生的事迹，归咎于思想政治理论课的作用，这也使人多少感到有一些往自己脸上贴金的嫌疑。提高大学生的政治素质是一项系统工程，思想政治理论课只是其中的一个重要环节，其实学校的众多社团活动如暑期实践、党团组织、辅导员工作等，都对大学生的世界观、人生观和价值观的转变起到了积极作用。那么思想政治理论课起到什么作用呢？笔者认为包括以下四个方面。

（1）感悟的启迪。"三字经"的首句是："人之初，性本善。"鲁迅说，即使是一个天才，他的第一声啼哭也不会是一首好诗。一个人的成长过程，也是不断感悟的启迪过程。这里的家长、各级学校、社会条件，甚至一段生活阅历都会起到积极作用。大学生时代是即将走上社会的最后学习时期，但给予积极的感悟并没有结束。思想政治理论课教师应该以自己的人格魅力、品德修养、社会阅历去启迪人生。

（2）知识的传授。感悟毕竟是需要经验的，经验必须要有理论作为支撑。目前的大学生所学的四门必修课，各自有自身的理论特点，尤其是"原理"课，是从整体上概括了马克思主义的基本原理，是科学的世界观和方法论。原理本身虽然比较抽象，但它由一系列的知识点、概念和范畴组成，具有内在的、严密的逻辑性，认真教授这方面的知识是十分重要的。这就要求教师具有深厚的理论根基、较强的科研能力，还要有高超的授课艺术，这三者是统一的。

（3）信念的确立。大学生是具有激情、富有理想、朝气蓬勃的群体。但他们没有走入社会，人生经历不丰富，一方面对有些事情容易陷入理想化；另一方面又会感到不理解和困惑。尤其是当今社会上一些负面的价值观念和理想判断，经常影响学生们的日常学习和生活，大学校园早已不是一块纯净的世外桃源。信念的确立有助于大学生毕业后走上工作岗位时，能够积极面临各方面的挑战。但在大学时代，通过教师的一系列教学活动，让学生们在比较中选择，在困惑中认清，逐步确立各自的理想信念很重要。我们不可能期望大学生都具有整齐划一的信念，但我们可以积极引导大学生们确立不同层次的理想信念。

（4）行动的引导。无论是怎样层次的理想信念，最终都可以落实在行动中得到体现，大学生的日常行为也反映了其整体的思想素质。例如校园社团活动，既有高层次的专家讲座，也有陶冶艺术情操的各类文化活动，更有社会流行的大众娱乐文化，如那些影视明星、歌星的粉丝，在大学生的群体中也大量存在。作为思想政治理论课的教师，有责任引导大学生积极参与高层次的校园文化活动，这对提高大学生身心健康是十分重要的。

总之，大学生是国家宝贵的人才资源，是民族的希望、祖国的未来。要使大学生成长为中国特色社会主义事业的合格建设者和可靠接班人，不仅要大力提高他们的科学文化素质，更要大力提高他们的思想政治素质，形成健全人格。只有真正把这项工作做好了，才能确保党和人民的事业代代相传、长治久安；加强和改进大学生思想政治教育，是当前全社会共同关注的一个时代课题。党和国家领导人高度重视高校学生思想教育工作，因此，中共中央、国务院《关于进一步加强和改进大学生思想政治教育的意见》指出,"高等学校思想政治理论课是大学生思想政治教育的主渠道",应"大力推进多媒体和网络技术的广泛应用,实现教学手段现代化"。

(二) 新媒体环境下思想政治理论课教学方法的运用和创新

在新媒体环境下,应对混杂在纷繁信息中的负面不良信息挑战,维护马克思主义意识形态的核心地位和社会的和谐稳定,巩固党的领导地位,思想政治理论课教学必须顺应时代潮流,深化教学改革,积极运用新媒体手段,大力提高教学效果,努力提高大学生思想政治素质,服务于大学生健康成长和顺利成才。①

1.目前思想政治教学存在的问题

目前,一些高校政治理论课的美誉度偏低,处于"三不满意"状态:领导不满意、学生不满意、教师自己也不满意。大学生的思想政治理论课程学习效果令人担忧:一是多数学生觉得当前思想政治理论课的理论知识过多,内容枯燥,难以激发兴趣。二是思想政治类课程缺乏有效的教学方式,大多是纯理论课,造成台上老师捧着教材照本宣科,台下学生打瞌睡、玩手机、看课外书等不良的课堂状态。

2.积极应对新媒体对思想政治教学的挑战

在新媒体环境下,信息传播自由、获取快捷、内容不可控等特性不仅给人们获取信息带来便捷,而且作为一种有效的潜移默化的思想政治教育形式,对大学生思想政治意识、价值尺度、道德观念的形成有着重要的影响。思想政治理论课作为大学生思想政治教育工作的主要渠道,必须主动适应新媒体环境下的新要求,采取新对策,唯有如此,才能增强大学生思想政治教育的实效性。

(1) 与时俱进革新理念

新媒体环境对高校思想政治理论课教学理念的影响主要体现在两个方面:第一,现代技术本身的特点对教学理念的影响。以互联网为例,互联网自诞生之日起,就以其时间的无限性与空间的延伸性彰显一种开放、自由以及平等的创新精神和技术理念,这种理念必然延伸到高校思想政治理论课的教学之中。第二,新媒体的广泛使用对大学生思维特点、价值观念以及行为方式产生巨大影响,这种影响进一步对高校思想政治理论课教学理念的创新发挥巨大作用。因此,大学生思想政治理论课理念创新应体现在以下几个方面。

①虚实互补理念:虚拟社会的形成与发展不断丰富人类自身的发展内涵,使

---

① 曹顺仙,郭兆红.高校思想政治理论课教学的实践与探索[M].合肥:合肥工业大学出版社,2010.07.

人类虚拟发展成为人类本质的必然组成部分。因此，正确处理好虚拟社会与现实社会的关系成为重大的理论课题。虚拟社会与现实社会是人类生存与发展的必然组成部分，这两大社会的和谐发展促进人类本质的实现。我们"不能因为人的基本生存和需要离不开现实社会，就以现实社会取代和压制，甚至决绝虚拟社会，因为虚拟社会已经不可置疑地成为一个客观存在的社会场域。同时，我们也不能以虚拟社会取代和消解现实社会，更不能远离现实社会，因为人的物质、情感、亲情等需要在现实社会中完成，再加上虚拟社会只有在现实社会基础上才能健康有序地发展，那种离开现实社会追求在虚拟社会生活的人，不仅不能发展自己，反而限制自己的发展，导致自己畸形地发展"。高校思想政治理论课教师在利用新媒体技术与手段时必须正确把握虚拟与现实的关系，将虚拟与现实的和谐互补作为高校思想政治理论课教学的首要理念贯穿高校思想政治理论课教学的各环节。

②平等交互理念：新媒体使教师的权威地位开始动摇，传统教学中教师与学生的不平等地位以及单向灌输式教学理念受到极大挑战。这种挑战主要基于两方面依据：第一，现代信息技术的发展突破时间与空间的限制，使大学生的思维能力、创新能力得以提升。大学生通过网络等载体可以自由获取大量科学文化知识以及其他各种信息，这导致在某些情况下教师与学生观念的冲突甚至教师的信息量不及学生。第二，新媒体上的资源作为一种公共资源具有共享性，任何人都有在新媒体平台上进行构建和创新的机会。面对这一挑战，高校思想政治理论课教学工作者必须与时俱进，树立平等交互理念。

③双主体理念：双主体理念是在现代建构主义教学观与现代信息技术相结合的基础上提出的一种高校思想政治理论课教学理念。现代建构主义强调学习的主动性、社会性和情境性。现代建构主义教学观强调，教师不单是知识传授的载体，还是知识权威的象征；教师应该以学生学习为中心，重视学生对各种现象的不同理解和看法，并以此为依据对学生的看法进行调整，这时教师便由知识灌输者变为学生学习的组织者与指导者。这种建构主义教学使学生的主动性、积极性和创造性得以充分发挥。新媒体技术为现代建构主义教学理论的落实搭建了良好平台，其中最典型的就是网络教学。它游离于传统教学的物质空间之外，减少了传统教学对学生的肉体与精神的束缚，增加了更多的虚拟因素。它强调以学生为主体，通过多样丰富的媒体呈现真实的环境创设、不受时空限制的沟通交流，正在改变着传统教学中教师和学生之间的关系，使学生能够真正成为知识信息的主动建构者，从而呈现出常规教学所没有的优势。教师在现代建构主义的指导下，利用现代信息技术的巨大优势，可以科学合理地进行课堂教学内容、方式的创设与选择，从而有利于学生的自我学习。

④个性创新理念：高校思想政治理论课教学个性创新理念的提出是基于新媒

体技术对大学生产生的影响的积极回应。现代信息技术为大学生创新意识的激发和培养提供了肥沃的土壤。"有时仅仅是一个想法，或仅仅是两种或几种新媒体因素的创意组合，便能掀起一股新的应用潮流，甚至获得风险投资者的垂青。"高校思想政治理论课教师要积极响应这一趋势，树立个性创新的理念：第一，高校思想政治理论课教师必须尊重大学生的个性意识与创新精神，努力激发他们内心深处的思想火花。第二，高校思想政治理论课教师须对大学生的个性意识与创新精神进行积极正面的引导。第三，高校思想政治理论课教师必须积极探索适应新时期大学生个性特点的教学内容和教学方法，使教学内容具有选择化、学习方式具有多样化以及学习形态具有多维化。

（2）巧思妙想制定方案

①方案制定过程更趋便捷化：高校思想政治理论课方案的制定过程是资料的获取、选择和重组的过程；是高校思想政治理论课教师把握学生思想动态和思想疑惑的过程；是教师根据所占有的资料和学生的思想问题进行目标确定和方法选择的过程。新媒体技术的应用在很大程度上克服了传统的教学方案制定过程中的时空限制、经费不足、图书资料有限以及资料陈旧等问题。教师可以利用电脑的易操作性去实行网上备课，可以利用网络信息资源以及网络图书馆，以花较少时间和精力去获取最新信息，还可以通过手机、QQ、微信、微博等新型交流工具及时了解学生思想动态，从而大大提高了教学方案制定的效率，使教学方案制定更趋便捷。

②方案涵盖内容更趋合理化：高校思想政治理论课教师在选择方案的内容时应该要更加的合理化。要想合理化，就必须达到以下要求：第一"全"，即教师所选取的内容不能零散、残缺不全，而应该是围绕既定目标形成体系。第二"准"，即方案的内容必须具备客观性，既符合高校思想政治理论课教学的规律和特点，又符合社会和大学生发展的客观需要。第三"精"，即方案所涉及的内容抓住主要矛盾，突出重点，具有针对性。第四"快"，即所选内容必须及时有效。现代信息技术的应用，为高校教师达到以上要求提供了前所未有的机会。教师可以利用网络搜索相关的网络书籍和资料，尤其是前沿性的知识；可以获取社会热点问题以及学生所关心的诸多焦点问题；可以及时了解学生的认知结构与认知需求，从而使自己的教学更具突出性；现代信息技术的反馈功能也使教师及时根据反馈信息去调整、丰富自己的教学内容。

（3）灵活运用实施模式

将现代信息技术的交互性、灵活性、开放性、共享性以及协作性与高校思想政治理论课方案实施相结合，从而可以产生更具时效性的方案实施模式，主要有以下几种。

①基于多媒体教室的课件型教学实施模式：这种教学实施模式是以教师为主导、以课件为前提的演示型教学实施模式，也是当前被教师普遍采用的一种教学实施模式。教师在教学之前利用丰富便捷的网络技术，通过Flash、Power Point等多种网络软件把思想政治理论课的教材内容制作成教学课件。课件的内容与传统的备课一样必须包括教学目标、教学内容、教学难点和重点、教学案例分析、教学阅读书目以及教学课后思考题等。同时，这种课件要求集图、文、声、影于一体。在具体的课堂教学中，教师利用计算机和学生进行交互，多媒体与教学内容的结合给学生呈现出一幅生动活泼的画面，有利于激发学生的参与意识和学习意识。

②基于传统媒介与现代媒介有机结合的混合型教学实施模式：在传统的思想政治理论课教学中，教师利用板书向学生传递教育信息。为达到较好的教学效果，教师必须具有真实的情感投入，必须通过板书、仪表、手势、语言、声音等艺术去活跃和丰富课堂教学。但是在传统教学中信息传递量小，而且教师也不可能时刻想出新花样去吸引学生的眼球。新媒体的应用，可以在很大程度上克服这一弊端。现代媒体通过图、文、声、影的合理配合，不仅为学生创设了一个图文并茂、声像并举、能动会变、形象直观的教学情境，而且可以根据学生的喜好和课堂教学的需要及时调整多媒体的呈现方式，把学生的积极性和主动性充分地调动起来。网络教学并不是没有弊端，网络教学使学生和教师、学生和学生之间的隔离成为可能，这样就缺少了人与人之间的情感投入、情感互动以及情感交流。因此，传统媒体教学和网络媒体教学是非替代性的关系，必须使两种教学密切结合，有效整合传统教学模式和网络化教学模式的优长，建构一种混合型教学模式。

③虚拟课堂型教学模式：在虚拟课堂型教学模式中，师生无须面对面，教师和学生人手一台电脑，通过网络介质进行知识的传授和讲解，学生可随时根据自己的观点去向老师提问并就相关问题和老师进行探讨。同时，学生可以在接受这一教师的教学时接受其他课程的教育和学习。以微信教学为例，教师通过创建一个微信群把选修这门课程的学生添加为成员。教师通过语音、视频以及发送文字的形式去讲授这门课程，学生可以在微信群里发表问题和看法，也可以通过微信与老师进行一对一的交流互动而不打扰其他同学的学习和思考。教师通过邮箱把思考题以及考试考核重点群发到各个学生邮箱中，学生则在规定的时间内把教师规定的作业发到教师的邮箱。这种教学使教师和学生都处在平等的地位，教师成为教学的主导者，学生成为教学过程的主体者，从而使双方的参与意识相对提高，教学效果得以充分的体现。

④基于新媒体通信工具的个别辅导教学实施模式：新媒体技术的发展和普及，为高校思想政治理论课个别辅导教学模式的建立和实施提供了契机。比如，现在

有很多大学通过QQ进行个别辅导教学，教师通过QQ就可以深入了解每个学生的学习情况和学习问题。教师可以以"朋友"的姿态在QQ上和学生进行一对一交流，了解学生的家庭情况、生活学习以及面临的种种困惑，从而使问题的解决更具针对性。教师还可以就国内外大事或国家政策和学生进行探讨，对学生进行积极引导，这比单纯地灌输教师的观点更具时效性。同时，教师和学生可以通过E-mail发送节日贺卡、动漫以及电影；通过微博相互关心关注；通过微信进行全方位沟通交流，为进一步的思想政治理论课教学的实施打下了良好的情感基础。

（三）构建新媒体环境下的思想政治理论课教学考评体系

1.教学考评概念

教学考评是教学效果评价的一系列方法制度的统称，主要由考核内容与方法、考试命题与评分、成绩评价与统计反馈等环节构成。高校思想政治理论课的教学考评关系到"培养什么人""如何培养人"的问题，既可以衡量大学生马克思主义理论素养和道德品质，也能够反映教学理念和教学水平。

2.高校思想政治理论课考评弊端

当前，各高校思想政治理论课教学效果的考评方式各不相同，总体上仍以期末考试为主、平时为辅，这种传统考核方法存在考试内容与教育教学内容脱节的弊端，采用标准化试题，题型固定、内容稳定的闭卷考试，这样的考试形式不利于学生创新意识的培养和学风建设。此外，还存在重视知识点考核，轻视实践行为的考核等弊端。改革和创新学生成绩考评体系，是高校思想政治理论课的内在要求和提高教学实效性的重要手段以及培养合格人才的重大课题。

3.高校思想政治理论课考评方式改革及创新

结合新媒体环境下信息传播方式的改变以及与当代大学生及大学思想政治课堂的巨大改变，我们应思考构建一种全新的、适合时代要求的大学思想政治教育考评理念和方式。

（1）转变考评理念

高校思想政治理论课兼具理论教育和知识教育功能，政治性、思想性和实践性都很强，特别是在新媒体环境下，更强调对受教育者高尚品质的培育、创新思维的训练和实践能力的开发。因此，今后我们要改变以往淡化、弱化"创新型"人才培养的考试方式，实现教学考评由"理论型""知识型"向"创新型"的转变；由重理论概念考核向重应用能力考核转变；由重书本知识考核向重社会实践考核转变；由重考核结果向重学习过程转变。着眼于提高学生对实际问题的理论思考能力，对理论知识的实践运用能力；着眼于提高学生的精神境界和道德理想来确立考评标准。

(2) 扩大考评体系外延

结合大学生的个性特点,把学生在思想政治理论课教学过程中的参与程度、能力表现等纳入考评范围。对学生参与专题讨论、上台演讲等活动进行评定,将成绩考评和能力的培养融为一体,完善相应的激励和竞争机制,使学生自信、自强、自立等自主性品格在教学中得到充分尊重与完善,不断提升学生分析问题、解决问题的能力及创新的品质和能力。

(3) 健全灵活多样的教学考评方法

评价方法的确立与评价者、评价对象、评价目的甚至评价程序等密切相关,是一个相当复杂的过程。高校思想政治理论课教学评价作为一个动态的过程,涉及诸多环节和方面,任何一种评价方法都不可能面面俱到,只有健全灵活多样的评价方法并交互使用,才能确保评价结果的客观性、真实性和准确性。尤其是在新媒体条件下,大学生日益敏感、自尊和自主,灵活富有实效的考评方法更容易为他们所接受和配合,可以采取以下几种方式进行教学考评。

①笔试考核与实践考核结合法。笔试考核具有形式统一、题型多样、覆盖面广等优点,能够有效地检测学生对相关知识的掌握程度。实践考核更直接、更真实,能让学生通过完成实际任务和真实情景来表现其学习成效,既能反映学生的知识和能力,又能揭示出学生的态度、责任心、合作精神等,应加大对实践活动的考察力度,包括调查、参观、看电影、课堂辩论赛、办展览等。

②平时作业与期末测验结合法。这种方法需要增加平时作业在评价中的地位和权重,且平时作业可采取机动灵活、形式多样的方式,如课程论文、读书体会或者是教学录像的观后感等。在对平时作业的评分上,可分为优秀、良好、一般和较差四个等次,按一定权重进行换算后与期末测验成绩相加。

③理论认知与日常行为结合法。在高校思想政治理论课教学中,经常出现理论认知与日常行为之间相脱节和背离的情况,理论考核高分并未及时转化为思想道德行为的良好表现。因此,高校思想政治理论课教学要把能否做到"知行统一"作为考核评价的重要标准。

④课内表现与课外实践结合法。我们不仅应该重视学生的课堂表现,还应把学生的课内表现与课外实践有机结合起来。课内表现主要由任课教师进行记录和考评,课外实践则由班主任、班干部和学生代表等共同评价。在学期末把每个学生课内表现和课外实践的总成绩按一定权重换算后将其作为学生总评成绩的重要组成部分。

总之,随着新媒体时代的到来,思想政治理论课的教学应顺应时代变化,善于运用微博等新网络媒体,线上教育与线下教育相结合,通过各种途径激发学生的学习兴趣,提升教学的质量,为构建社会主义核心价值体系,培养优秀的社会主义建设者服务。

第三节　新媒体时代高校思想政治教育的话语变革

新媒体给高校思想政治教育提供了全新的环境，它的发展使思想政治教育主体的信息优势丧失、某些传统方式方法失灵，话语权也发生了变化。因此，加强对高校思想政治教育话语研究，系统探讨高校思想政治教育话语权的变化及其缘起，变革和重塑高校思想政治教育话语权，是新媒体时代提高高校思想政治教育有效性的一项迫切任务。

一、新媒体时代高校思想政治教育话语的特征与功能

（一）新媒体时代高校思想政治教育话语的内涵

新媒体时代思想政治教育话语是指思想政治教育活动主体运用新媒体技术，通过多形式、多模态的信息传播而展开的沟通活动，包括说话人、受话人、文本、沟通、语境等要素，以达到指向一定思想政治教育目的的言语符号系统。

本定义的内涵体现了以下三点。

第一，新媒体时代思想政治教育话语已超越了作为社会符号的语言。传统意义上的话语，可以理解为是一种社会符号的语言，而在新媒体时代，话语已超越了作为社会符号的语言、成为使用两种或者多种符号资源（语言、图像、空间等）完成意义建构的社会实践。语篇的含义也从传统的静态文字语篇扩展到了动态多模态语篇。因此，思想政治教育活动主体只有适应这种变化，才能更好地完成思想政治教育目的的建构的社会实践。

第二，新媒体时代思想政治教育话语传播呈现多形式、多模态。新媒体时代，在信息传递过程中，信息发送者和接收者之间的交流是双向的，大大改善了传统媒体传播信息过程中受众的被动地位，如互联网已经成为接收者与传播者之间一个相当重要的相互沟通工具，"点对多""多对多"等信息交换方式也相继出现。话语在现代新媒体技术的作用下，呈现出多形式、多模态，基于此，思想政治教育话语唯有通过这些新的形式以及不同的模态才能得以体现。

第三，新媒体时代思想政治教育话语沟通更具人性化和契合性。新媒体时代的话语具备了很大的开放性，大众从单纯的受众变成媒体的主体，具有了更大的主动性，如在网络个人博客中，个人掌握着话语权。虽然新媒体对技术有很强的依赖，但在这个时代，信息的获取越来越快捷、方便、自由。因此，在新媒体时代，突出思想政治教育话语的人文关怀和以人为本的宗旨，是实现思想承载性、

主体主导性和内容契合性的保证。

（二）新媒体时代高校思想政治教育话语的特征

与传统高校思想政治教育话语特征相比较，新媒体时代高校思想政治教育话语特征是有所不同的，主要有四个特征。

1. 思想开放性

传统高校思想政治教育所传播的思想主要是通过话语来实现的，没有话语也就没有思想。话语具有多种表现形式或者话语方式，任何一种话语方式都承载和传递着一定的思想内容；离开了这种"表达方式"就不会有任何思想体现，无论是表达者还是接受者，都是首先通过话语方式来表达和理解语言信息的。而新媒体时代却使这种"表达方式"发生革命性变化，新媒体在传播时间、内容和方式上都表现出了极大的开放性。新媒体信息的传播可以突破时空界限，跨越千山万水，抵达世界的各个角落，成为真正意义上的"全天候媒体"。新媒体尤其是网络新媒体的广泛传播带来了海量信息，实现了"资讯无屏障"使网络用户可以获取的信息"永不枯竭"。因此，新媒体时代高校思想政治教育所传播的思想，必须体现极大的开放性，它应当善于借助这种"开放性"的"表达方式"来承载和传递着一定的思想内容；可以说，离开"开放性"话语，思想政治教育活动主体的教育思想既无法表达，也无所依附。

2. 主体交互性

传统高校思想政治教育话语，通常是以思想政治教育工作者作为教育的主体的，所采用的控制式和劝导式话语方式与思想政治教育工作者在思想政治教育实施过程中的主体地位是相适应的，表现为"实施主导性"。新媒体时代，新媒体的传播方式是双向的，传播者和受众在信息交流过程中都有对等的控制权或主动权，每个人既是传播者，又都是受众，传播信息和接受信息几乎可以同时完成。由于在网络空间里每个主体都以相互区别的代号平等存在、平等对待、平等交流，要求学校思想政治教育话语的对话方式表征着教育者与受教育者之间是一种民主交往关系，双方拥有平等的话语权，教育者与受教育者可以采取自愿、自由的方式展开对话，并且这种对话不是封闭式而是开放式的，不是控制式或劝导式而是交互性的。施教者只有充分认识到思想政治教育话语主导性的变化，不断调整自己、完善和发展自己，才能更好地发挥自己在新媒体时代高校思想政治教育中的教育和引导作用。

3. 形式多样性

传统高校思想政治教育话语形式比较单调，主要通过课堂、讲座、报告会等形式来实现。新媒体时代，由于新媒体技术的广泛运用，话语表现形式丰富多彩，就互联网而言，就有网络即时聊天、网络博客、播客、微博等多种形式。它们巧妙地绕开现有结构的控制，使得人们对信息的获取越来越快捷、方便、自由。新媒体所具有的多样性话语形式，不仅超越了报纸版面、电视时段、地缘等方面的限制，更突破了高校课堂、讲座、报告会等话语形式的局限，大大改善了传统媒体传播信息过程中受众的被动地位，在时间和空间两个维度都极大地提高了话语传播的可能性和有效性。因此，新媒体时代高校思想政治教育话语必须切实掌握这种"点对多""多对多"等话语形式，只有这样，话语意义才能通过这些新的形式以及不同的模态得以体现。

4.内容个体性

传统高校思想政治教育话语的内容历来强调两点：一是思想政治教育话语必须与思想政治教育对象的日常生活及利益、需求相契合，具有相应的联系。二是思想政治教育话语的表达要与思想政治教育对象对信息认识、理解的程度相契合。即思想政治教育话语所指向的思想政治教育目的、所表达的思想政治教育内容都要与教育对象具体的接受能力和接受特征相适应。但是在实际操作时，由于受到各种因素的影响，效果不明显，尤其是对有个性化需求的更难以有效。新媒体技术的运用，也为高校思想政治教育话语带来了两个革命性的变化：一是对等，即 Peer to Peer。在新媒体世界，没有老幼尊卑，人们随时享受到的是对等的关系、对等的权利。由此带给我们的是思想教育主客体关系本质的变化。二是点对点，即 Point to Point。过去"一令众应"的指令性话语发送在新媒体世界变成了"个性化"的问题解决，由此带给思想政治教育的是对传统的、相对粗放的工作模式的变革，是注重每个学生的个性需求，强调学生的主观能动性，更新固有的工作理念和方法的变革。新媒体时代高校思想政治教育应当注重话语内容的变革，融图形、文字、声音、动画等为一体，为大学生提供"点对点"的传播服务，尤其是针对不同需要的大学生提供个体性的服务，使得思想政治教育话语内容更具契合性和实效性。

（三）新媒体时代高校思想政治教育话语的功能

新媒体时代高校思想政治教育话语的功能，概括起来主要有6大功能。

1.载体功能

所谓高校思想政治教育话语载体，是指能够承载和传递思想政治教育话语内容的物体或工具。新媒体时代，新媒体技术为高校思想政治教育和学习交流搭建了一个数字化、网络化和智能化的话语载体。所谓网络化是指利用通信手段把分布在不同地理位置的计算机连接成为一个计算机的集合体，主要是指广域网（Wide Area Network）和局域网（Local Area Network）的充分互联。互联网高度整合局域网上的各种教育和科研上的资源以及整个社会的知识资源，是一个超越时空限制并且完全开放的教育和学习平台。所谓数字化是指利用现代科技信息技术将图像、文本、声音与动画等物理信息以某种数字格式进行录入与存储并进行传播。那些充分共享的数字资源发展成为全社会进行教育和学习的共同拥有的知识财富。所谓智能化是指包含超媒体、人工智能、多媒体与知识库等都在内的信息技术，与计算机网络进行统一，从而能够更有效地使用数字资源，进而创造出一种具备智能化的思想政治教育系统和环境。高校思想政治教育作为一种教育活动，需要有一种纽带把思想政治教育主客体有机结合起来。这种纽带就是高校思想政治教育话语载体，或者说是承载和传递高校思想政治教育话语内容的物体或工具，高校思想政治教育者可以通过运用和发挥这些话语载体功能，把高校思想政治教育的内涵传递给学生，使高校思想政治教育内容和信息作用于学生。没有这些话语载体功能作用，高校思想政治教育工作者和学生的关系就会断裂，无法实现二者的沟通和互动，教育内容自然无法传输给学生，思想政治教育的效果也就无法显现出来。

2.导向功能

导向功能是高校思想政治教育话语主要的功能。思想政治教育的话语实现，必须通过各种传播媒介，而传播媒介的发展，尤其是新媒体的出现，使得高校思想政治教育话语的导向功能更为显现。随着传播信息的扩展和传播速度的加快，当今社会信息传播方式大大丰富起来，现在人们通过手机微信，除了可以发送文本信息外，还可以发送音频、视频信息。同样，通过网络，可以以在线聊天的方式以文字、信息、视频等多种形式通话、聊天；可以通过博客发表自己的见解，阐述自己的观点；可以通过文本、多媒体播件传递各种信息；等等。总之，各式各样的信息都可以通过新媒体进行多种方式的传送，其形式变得越来越复杂多样。由此传统的思想政治教育的单向灌输话语不再可行，取而代之的是思想政治教育导向话语，通过思想政治教育的导向话语营造主流话语氛围。所以，思想政治教育话语的导向功能是时代所要求的基础功能，而其功能的体现必须借助新媒体才能实现。为体现高校思想政治教育话语在价值、目标和行为导向方面的功能导向作用，思想政治教育工作者可以利用新媒体即时性的特点，将学生感兴趣的思想政治教育素材发布到网络空间，促进高校思想政治教育学习的即时性；还可以利用新媒体的开放性、随意性特点，将自己在道德观、人生观、价值观方面的观点，通过简单凝练而富有哲理的文字形式发布到微博空间，对学生进行教育，从而提高思想政治教育的针对性。在网络环境中，由于每个人的认识能力和处理信息能力不同，大众媒体时代所遗留下的"权威性"仍将在网络新媒介中习惯性地发挥作用。当网络上出现大量不同议论、争辩激烈时，人们往往会自觉、不自觉地关注权威评论家的话语,希望"意见领袖"为自己答疑解惑。为此,应发挥好"意见领袖"话语的导向功能作用,加强对舆论的正面引导。"议程设置"是大众传媒所具有的一种为公众设置"议事日程"的功能,指的是传媒在新闻报道和信息传达活动中,可以通过赋予各种"议题"不同程度的显著性的方式,影响人们对事件重要性的判断。在新媒体环境下,虽然信息发布者的话语为公众设置议程的影响力因舆论主体公众化、舆论内容多元化而大打折扣,但网络媒体议程设置的话语仍然存在,如果巧妙运用,同样能够发挥好其话语的导向功能作用。

3.互动功能

思想政治教育是一个双向互动的过程。新媒体时代,网络改变了人际沟通的模式,使人际沟通与互动的广度和深度达到了一个新的层面。网络将私人空间与公共空间结合起来,给人们的沟通提供了前所未有的便利。这是一种心理与科技结合的渐进革命。在网络人际沟通中,个人以局部参与互动,实际上是个人自我认同的互动,但参与者共同组成的社会,支撑着互动的进行,个人甚至有时也援引在真实世界中的身份来推动这一互动过程。网络所有的多媒体特性都隐含了互动的功能。过去的人际传播是"点对点"的"对话式"双向传播,大众传播是"点对面"的"独自式"单向传播。新媒体为人类传播活动提供了第三种传播形式——电子"交互式"的网络传播。这种话语的传播形式既综合了人际传播与大众传播的特点与优势,又不是两者简单的整合和延伸,而是一种全新的沟通互动功能的创造和体现。

从某种意义上说,新媒体时代高校思想政治教育话语既是广义上的信息传播和通信过程,它同样也是一种特殊的远程信息传播或通信,一种情感传播的过程,其话语的互动功能主要表现在:有助于高校思想政治教育工作者能够按照一定的教育目的要求,选择合适的思想政治信息,通过有效的媒体通道,把知识、观念和技能等远程地传送给教育对象,在教育者和受教育者之间实时地进行双向话语交流活动。同时,也有助于发话者在话语互动的过程中,能够立足话语接受者的实际,结合接受者自身特点,充分尊重个体差异,从接受视角出发,合理满足话语接受者的话语需求,优化表达语境,准确表达教育信息,及时提取反馈信息,从而使接受者在话语的互动中也能够积极主动地接受教育,并通过内化、外化形成良好的思想道德品质和品德行为。因此,可以说新媒体时代高校思想政治教育话语所具有的互动功能,是一种网络思想政治文化传播,是一种在时间和空间上拓展人的语言和情感的融政治性和思想性为一体的网络双向互动行为。正是从这个意义上来说,新媒体时代高校思想政治教育话语传播的主体不仅是教育者,还是受教育者,教育者往往同时又是受教育者,而受教育者往往又是教育者,是他们双方共同的行为和作用,促成了话语传播的进行。教育者和受教育者的关系是两个主体相互依存、相互制约的互动过程。

4.渗透功能

所谓渗透功能指的是，新媒体时代高校思想政治教育工作者在进行思想政治教育的过程中，通过采用新媒体技术，将思想政治教育的话语渗透到受教育者实际生活的各个方面，从而使受教育者在渗透功能的影响下，潜移默化地接受这种思想政治教育话语并将其内化为自己的符合社会需要的思想观念、政治观点、道德规范的一种教育形式。新媒体时代高校思想政治教育话语的渗透功能主要体现三个方面。

（1）利用校园网渗透高校思想政治教育话语

利用高校校园网这一途径可以使学生获得对各种新闻、观点和主题进行自主表达意见和评论的便利条件，即使这种自由评述是在虚拟的背景下进行的，而且有别于实际生活当中的自由对话，然而它与具有无形特征的文化、思想和意识形态有吻合之处，会对大学生的话语造成不同程度的正面或负面的影响。所以在大学生面对众多话语选择的同时，高校传媒的文化与意识形态领域的渗透方式应当更加潜移默化、令人难以觉察。高校传媒利用这种潜移默化的渗透方式改变大学生的观念、思想和舆论，功能发挥的方式更具有隐蔽性，在渗透中可以实现教育功能。

（2）借助新媒体的隐匿性渗透高校思想政治教育话语

新媒体技术的匿名性、隐蔽性等特点，使网友的性别、年龄、身份、地位等社会角色得到屏蔽，网络在线的每一个人，只用符号就可以实现畅所欲言。新媒体技术的这一特征，在一定程度上缩小了人际交往的心理距离，去除了先入为主的交往恐惧，可以使人在精神完全放松的情况下交流认识和思想，这有助于教育者了解大学生的思想动态，获得真实而有价值的信息，解答大学生在成长过程中出现的困惑，并针对他们的各种问题及时准确地加以引导，提高思想政治教育话语渗透的有效性。同时，也可以通过互动互助的论坛、交友、电子邮箱等形式，引导大学生对学校的发展、管理等自己感兴趣的话题发表自己的观点，在话语的碰撞中充分发挥出新媒体"渗透式"隐形教育的功能，这样无形中的思想政治教育往往比面对面的交谈等思想政治教育方法更有效。

（3）把握新媒体的广泛性渗透高校思想政治教育话语

作为高校思想政治教育新载体的新媒体具有覆盖无限空间的功能。以往的大学生思想政治教育经常以"一对一"的形式开展，通过促膝谈心，可以很好地解决个人的思想问题，但这种教育手段因为要受制于场地和时间等因素，覆盖面比较有限。新媒体的发展使高校思想政治教育话语传播可以突破时空的局限，使得高校思想政治教育话语传播得以进一步的发挥，更具有广泛性和影响力。随着思想政治教育话语渗透功能的拓展，渗透到组织规范制定和管理过程之中，可以让思想教育在大学生学习、生活的多个角度不知不觉地展开，对教育对象的思想、行为将会产生潜移默化的影响和塑造作用。同时，由于这种渗透功能有意识地将思想教育话语渗透到人们各种活动之中，可以使过去与思想教育无关的部门、单位、人员和活动领域，成为思想教育的载体，进而形成多种社会因素和多方面人员参与的教育合力的功能，从根本上改变高校思想政治教育话语传播的有限性局面。

5.规范功能

思想政治教育话语的规范功能是思想政治教育学科话语实现的目的功能。所谓高校思想政治教育话语的规范功能，是指通过思想政治教育具体话语的传播，运用思想政治教育话语权力，对受教育者的政治意识、道德意识等进行规范，从而使受教育者的政治道德意识提升到社会所要求的水平上，使高校思想政治教育的目的得以实现。

高校思想政治教育话语的传播，离不开话语"权力"，而"权力"的运作必须进入特定的话语并且受特定的话语控制才能发挥其力量，没有话语，"权力"就缺少运行的重要载体。同样，任何话语的形成及其实践"权力"运作的结果，也是"权力"运作的方式，"权力"能够让一部分话语成为主流话语，而让另一部分话语隐匿消解。毋庸讳言，高校思想政治教育话语应具有这种"权力"，而这种"权力"是思想政治教育话语必需和必要的，并且它的规范功能就是依靠这种"权力"而实现的。新媒体时代，由于信息传播速度快、范围广，高校思想政治教育内容与社会发展有时具有不同步性，导致思想政治教育话语滞后于社会发展，导致教育者和受教育者之间难以使用思想政治教育话语进行有效沟通，从而使得其话语权力受到一定影响，规范功能不能得到充分体现。鉴于此，为使高校思想政治教育话语的规范功能得以充分发挥，应牢牢掌握三个方面"权力"。

（1）掌握话语"以快制快"的主动权

近年来，国际、国内大事频繁出现，对这些情况，高校思想政治教育工作者应当利用新媒体的快速反应能力，抓住问题实质，及时传播思想政治教育话语。例如通过网上开辟"时势论坛"，第一时间向广大师生"即时播放"信息，引导大家的思想评论，以形成良好讨论氛围，提高师生的政治敏锐性和政治鉴别力。尤其当不良风气在师生中刚露头时，就充分估计到可能带来的后果，及时弘扬新风尚，倡导新风范；当消极的东西只是表现为一般言行时，就意识到在思想上政治上可能带来危害，从而掌握话语主动权，把工作做在前头，把问题解决在萌芽状态。

（2）掌握网络话语的"把关"主动权

网络话语的"把关"主要体现在三个方面：一为"时机把关"。当热点话语发生时，应迅速做出反应，给予合理解释，可以有效扼制问题话语的产生；引导显舆论的困难程度远大于潜舆论，当潜显转换时，对初露端倪的热点话语给予有效引导，可以把握话语引导的主动权，运用思想政治教育话语权力，制止有害话语的传播。二为"内容把关"。始终把宣传党的创新理论、社会主义核心价值观作为思想政治教育话语引导的根本任务和重要内容突出出来，精心设置话语内容，调控大学生话语导向。三为"网络把关高校网络把关人既包括宏观上的网络主管机关和网络管理机构，也包括实践中的网络管理者和论坛版主等。网络主管机关和网络管理机构主要从法理的角度指定"把关"规则，实施宏观把关；网站则对信息的选择"把关"，用各种网络技术或编辑手段来体现自己的意图，使受众获得的信息总是在把关人设置的框架中，论坛版主则通过删改、关注主题等特殊权力对论坛内容"把关"。

（3）牢牢掌握第一时间的话语的主动权

新媒体是把双刃剑，往往话语传播的快慢都可能给不良话语留下传播空间。因此，高校思想政治教育工作者必须在网上第一时间与网络亲密接触，有针对性地传播思想政治教育话语，使现行的高校思想政治教育模式更加贴近社会的实际，更加贴近生活的实际，更加贴近高校的实际，更好地体现以人为本的理念。

6.评价功能

所谓高校思想政治教育话语的评价功能，是指对思想政治教育话语描述、传播、灌输思想政治教育内容的结果进行评价，这种评价既是对他者的评价，又包括对自身的评价，对自身的评价即自我评价，对思想政治教育话语效果的评价实际上就是话语的自我评价。

新媒体时代，高校思想政治教育话语的评价功能主要体现在三个方面。

（1）正效果评价

所谓正效果评价，主要是指在高校思想政治教育活动过程中，思想政治教育话语描述、传播、灌输思想政治教育内容的积极效果，即有效结果。其特征：一是描述有效，是指高校思想政治教育工作者利用新媒体快捷传播的技术，使思想政治教育话语能够准确、恰当、及时地描述思想政治教育内容。二是传播有效，是指高校思想政治教育话语在描述有效的基础上通过自上而下自下而上的传播方式（即传播的双向度）适时将思想政治教育内容传播到大学生中间去。三是灌输有效，是指高校思想政治教育工作者充分运用新媒体交往引入的特点，使灌输更加充满人文关怀和时代特征，即通过教育者和受教育者之间的话语交往引入，在交往的过程中达到灌输思想政治教育内容的目的，使有形的内容通过无形的方式实现灌输目标。

(2) 零效果评价

所谓零效果评价就是没有效果，它介于正效果评价和负效果评价之间。主要是指在高校思想政治教育活动过程中，思想政治教育话语描述、传播、灌输思想政治教育内容失效。具体而言，就是思想政治教育话语无法描述、传播、灌输思想政治教育话语内容，以及教育者和受教育者之间的对话难以取得任何效果。思想政治教育话语失效就意味着思想政治教育话语的存在失去意义，即思想政治教育话语失去存在的依据。导致思想政治教育话语失效的根本原因在于思想政治教育话语的滞后，这个滞后包括两个层面：一是思想政治教育话语滞后于思想政治教育话语内容，导致思想政治教育话语无法对思想政治教育内容进行描述和传播。二是思想政治教育话语滞后于时代发展，导致教育者和受教育者之间难以使用思想政治教育话语进行有效沟通。

(3) 负效果评价

思想政治教育话语的效果评价还存在另外一种状况，即负效果评价。高校思想政治教育话语的负效果评价主要是指在思想政治教育活动过程中，思想政治教育话语描述、传播、灌输思想政治教育内容所产生的消极效果或者是负面影响。思想政治教育话语的负效果是与正效果相背离的，是对正效果的一种消解和阻滞。它表明思想政治教育话语已经异化，即异化成为自身的对立面，从而导致随着自身的演变而不断消解自身的恶果。一般来说，思想政治教育话语的负效果，在正常的思想政治教育活动过程中不会形成，但是在特定的历史时期就有可能发生。

总之，要重视和发挥思想政治教育话语的评价功能，不管是正效果、零效果，还是负效果，都要进行理性分析和评价，在此基础上，扬长避短、趋利避害。重点增强思想政治教育话语的正效果评价，而要使其实现，就必须建构思想政治教育话语的实效体系；同时，要从负效果评价中吸取教训，从而更好地推进新媒体时代高校思想政治教育话语发展。

二、新媒体时代高校思想政治教育话语权的转移现象与成因分析

(一) 新媒体时代高校思想政治教育话语发展面临的新机遇

在新媒体时代，高校思想政治教育话语发展面临许多新的机遇，主要体现在以下几个方面。

1.新媒体拓展了高校思想政治教育话语的新空间

传统高校思想政治教育话语，主要基于地缘、职缘的交往范围，以点对点交往的形式来实现的，由于受话语传播局限性的影响，无论是话语传播的空间，还是话语传播的效果，都很难达到预期目的。随着新媒体的普及和高速发展，高校

思想政治教育话语的拓展已成为迫切需要。

首先，网络世界、虚拟现实、虚拟空间、虚拟社会、虚拟世界等一系列的交往模式日益受到大学生的青睐。这就为思想政治教育话语向网络世界、虚拟世界拓展提供了新的机遇。思想政治教育对象的需要是思想政治教育话语发展的最根本因素。具体来说，一方面新媒体为大学生提供了相对自由的独立空间。网络语境的无中心性、情境性等为受教育者提供了一个相对自由的独立空间，使他们能够自主地浏览网页，选择信息，而不再被单一的信息渠道或价值观所束缚，也不再被任何话语权威所控制，他们可以通过对不同价值取向的比较，发现其中的善恶、优劣，培养独立的人格。另一方面，新媒体为高校思想政治教育工作者拓展了教育范围。新媒体语境下的高校思想政治教育过程突破了以往点对点交往的局限姓，超越了基于地缘、职缘的交往范围，通过网络进行全方位、多层次的信息传播，为受教育者提供了更为方便且范围更大的教育机会。

其次，新媒体为高校思想政治教育话语注入新的动力。传统的高校思想政治教育对新媒体关注不够，甚至在一定范围内导致新媒体环境下思想政治教育话语真空的现象。新媒体具有即时、简明、快捷、时代性强等特征，许多网络的话语形式、话语内容和话语方式为高校思想政治教育话语发展注入了新的血液。

再次，高校思想政治教育话语的宏观领域已经无法满足虚拟世界的需要，这就迫使思想政治教育话语向微观领域拓展，这个机遇虽然不是极为主动的，但是确实是个难得的机遇。高校思想政治教育话语向微观领域拓展，在一定程度上，才能形成真正的思想政治教育话语体系。宏观领域的思想政治教育话语体系算不上是真正完美的话语体系。因此，高校思想政治教育话语向微观领域拓展才刚刚开始，大有可为，机不可失。

2.新媒体创新了高校思想政治教育话语交流互动的新范式

近年来，学界对高校思想政治教育话语展开了深入研究，一些研究者认为高校思想政治教育话语作为一种实践性的话语，是主体间（包括思想政治教育者、思想政治教育受教育者和思想政治教育利益攸关者）沟通、说服、意义表达、意愿培养等实践活动的参与者和建构者。高校思想政治教育话语主要是针对大学生这个特殊的青年群体而言的，是高校思想政治教育者（专业教师、政工师、辅导员等教师群体）对大学生的沟通、说服、意义表达、意愿培养等实践活动的参与者和建构者，以促进大学生的身心健康发展，促进大学生实现人与人、人与社会、人与自然、人的内心的和谐发展，进而实现大学生的全面发展。在当代中国，广大教师和大学生作为社会的特殊群体，他们以敏锐的社会眼光和深邃的洞察力紧跟时代步伐，关注社会动态、社会思潮、国际局势、全球性的各种浪潮等。他们广泛涉猎政治、经济、文化、社会、网络等各个领域的话语资源，尤其是全球性的社会思潮、浪潮的话语资源，使得主体在交往、沟通中不断丰富高校思想政治教育话语的内涵，为高校思想政治教育话语发展提供良好的实践平台。但是，由于传统高校思想政治教育话语的交流范式，是"面对面"的直接交流，不仅形式比较单一，更重要的是受教育者处于比较被动的位置，难以达到交流互动的效果。新媒体创新了思想政治教育双方的交流范式，它把传统的思想政治教育中主客体间的"面对面"直接交流，演变为新媒体语境所提供的虚拟的间接式的交流模式，隐去了每个人先天赋予的各种自然条件和后天形成的社会地位差别，传统社会对固定群体的身份认同不复存在，提供给每个人以平等的机会。这种交流范式，有利于加强教育者和受教育者之间的沟通，有利于教育者进一步了解受教育者的真实想法，有利于有的放矢地进行思想政治教育。简言之，正是由于高校思想政治教育主体间话语的丰富性和创造性，在他们的交流与互动中给高校思想政治教育话语发展提供了良好的发展机遇。

3.新媒体推动了高校思想政治教育话语适应构建社会主义和谐社会的新要求

从总体上来说，高校大学生的心灵和谐，是实现全社会和谐的重要组成部分，也是高校思想政治教育适应构建社会主义和谐社会的新要求。但在实际工作中，高校思想政治教育如何与构建社会主义和谐社会相适应，是思想政治教育工作者在新媒体时代碰到的一个新课题。一方面，它要求思想政治教育要与构建和谐社会相适应，不断促进人与人、人与社会、人与自然的和谐及人的内心的和谐。在诸多和谐中，心灵和谐是人与人关系和谐的基础、是人与自然和谐的前提。另一方面，新媒体时代，来自网络的各种信息会对人的心灵和谐产生影响，这种影响有正面的也有负面的，而负面影响往往会有害于人与人、人与社会、人与自然的和谐。要协调好两者之间的关系。高校思想政治教育话语则是促进大学生心灵和谐的重要沟通者。高校思想政治教育话语可通过新媒体的途径和方式，走进大学生的内心世界，对大学生的内心进行充分的评估，并采取相应的对策，对他们的心理机制进行干预、对心灵世界的混乱秩序进行梳理，进行潜移默化的影响、化解其内心的矛盾。通过对大学生的良性机制、心灵机制、情感机制的干预和友善对话，使得他们的内心达到一种和谐的状态。因此，高校思想政治教育话语在构建社会主义和谐社会中具有更加突出的作用，这也就给高校思想政治教育话语发展提供了新的机遇，为思想政治教育话语向微观拓展提供了舞台。

4.新媒体提供了高校思想政治教育话语与全球化话语接轨的新机遇

与全球化话语展开对话是高校思想政治教育话语国际化发展的必然取向。从理论上来说，高校思想政治教育话语作为一种特殊的话语理论与全球化话语理论一样同属于一般性的话语理论范畴，具有一般性话语理论的共同的特征、属性和价值取向。换言之，高校思想政治教育话语与全球化话语在理论层面上具有某些共同性、相通性。高校思想政治教育话语与全球化话语可以在一定的环境和场合下相互沟通、相互吸收，而不是完全相排斥。而全球化话语是一个涉及全球性的话语理论，内涵极为丰富，其边界远远超出了高校思想政治教育话语理论乃至整个思想政治教育话语理论的视域，这就为高校思想政治教育话语发展提供了新的广阔的空间、机遇和契机。从实践上来说，由于受到全球化话语的冲击，传统高校思想政治教育话语的滞后性，导致在高校思想政治教育活动过程中出现了话语失语、话语失效等现象。在文化全球化、信息全球化、网络全球化快速发展的时代，高校思想政治教育话语发展离不开新媒体，只有借助新媒体技术，去获取更多、更加丰富的世界各民族文化话语资源，才能够不断拓展自身的话语理论，搭建好高校思想政治教育话语与全球化话语接轨的平台，从而在国际舞台上获得更加广阔的话语空间。

5.新媒体促进了高校思想政治教育话语理论更新的新自觉

当前，高校思想政治教育工作者或者习惯于传统思想政治教育方式方法，或者对新媒体时代的思想政治教育还难以适应，高校思想政治教育话语权已经或者正在失去，思想政治教育话语的空间也不断遭到挤压。此外，一些已经涉足新媒体时代思想政治教育话语的工作者，由于对思想政治教育话语基本定位在宏观领域，对微观领域涉足不多，往往对思想政治教育话语在微观领域中的解释退隐，或者解释力较匮乏，从而使得思想政治教育话语逐渐失去吸引力和战斗力。高校思想政治教育话语迫切需要进行理论反思，在反思中逐渐实现理论更新的新自觉。"全球视野""世界思维"是新媒体时代话语的新特点。高校思想政治教育话语应当把握新媒体时代话语的新特点，努力促进思想政治教育话语的理论更新，以此激发思想政治教育主客体之间的创造性，使得思想政治教育话语深入一个新的微观世界，从而为高校思想政治教育话语提供更加广阔的发展空间。

（二）新媒体时代高校思想政治教育话语权的转移现象

新媒体时代高校思想政治教育话语在面临发展新机遇的同时，也面临着新挑战，这种挑战主要表现来自话语权转移，概括起来存在如下转移现象。

1.新媒体"海量共享"特性

新媒体"海量共享"特性，解构了高校思想政治教育的话语权威和信息优势。在高校传统的思想政治教育中，教育者就是信息的传播者，有稳定可靠的信息来源，掌握着学生不曾了解抑或无法得知的教育资源。因此，教育者在教育过程中比较容易树立威信，其话语权的主体地位受到制度的确认和学生的尊重。而新媒体的广泛应用以及所呈现出的"海量共享"特性，极大地拓展了受众获取信息资源的机会和渠道，教育者不再是主要的信息源，学生可以直接从网络获取大量的信息，甚至是教育者所不曾掌握的信息，学生有了更多地参与教育活动的自由权、信息选择的自决权、价值认同的自主权、信息反馈的主动权等。传统思想政治教育的"一元话语体系"被解构后，取而代之的是师生间的平等互动、自由选择，思想政治教育工作者的教育行为只是给学生提供选择和引导。由于教育者和受教育者面临同样的信息环境，因而教育者的信息优势地位相对减弱，这无疑对教育者原先独有的话语权造成了很大的冲击。这是不以人的意志为转移的客观事实。如果思想政治教育工作者不能适应这种新情况并采取相应对策，势必降低高校思想政治教育的权威性和话语权的影响力。

2.新媒体"信息传播无屏障"特性

新媒体"信息传播无屏障"特性，削弱了高校思想政治教育的话语调控力和引导力。在高校传统的思想政治教育中，大学生主要通过电视、广播、报纸及各项校园活动来了解信息。高校思想政治教育工作者的话语权是建立在一定控制力的基础上，他们可以运用管理手段对来自这些渠道的信息进行过滤，尽量抹去不良信息。与此同时，思想政治教育工作者还能直接参与信息的制作，对大学生接触的信息具有较好的可控性。而在新媒体环境下，由于"信息传播无屏障"特性，任何观点、思想都可以在网络上自由的接收和传播，这使得高校思想政治教育工作者对信息源的限制和对信息的过滤变得力不从心，随着作为"把关人"的话语调控力的削弱，思想政治教育工作者的话语权也将无从谈起。

高校思想政治教育工作者的引导力是其发挥主导作用的关键因素，若引导力下降，思想政治教育工作者话语权也会受到很大的影响。网络的多元化使多种思想和文化并存，更需要思想政治教育工作者发挥引导力。然而，大学生对信息选择空间越来越大，极有可能拒绝自己不喜欢的思想政治教育的网络信息。新媒体中充斥的各种非马克思主义甚至反马克思主义的东西与思想政治教育工作者向大学生"灌输"的马克思主义思想形成激烈交锋，在一定程度上给大学生的思想造成了混乱。大学生的好奇心和求知欲及不成熟的分辨能力，往往会增加其选择和接受错误思想观念的概率。高校思想政治教育工作者的引导力如果削弱，则其话语权也会遇到不可避免的冲击。

3.新媒体"全天候即时互动"特性

新媒体"全天候即时互动"特性，降低了高校思想政治教育话语模式的吸引力。高校传统思想政治教育大多是单向的以"灌输"为主的教育模式，学生成为信息的"存储器"教育者习惯于"自上而下"的路径，手段单一、方法简单、形式一律，而忽视对不同层次的学生及其身心发展规律的认识，教育者与受教育者的关系被演绎成知识传授与接受的关系，因而缺乏对人性提升的作用。相对于传统思想政治教育固定时段的课堂教学或者有限数量、有限形式的社会实践等第二课堂活动而言，新媒体为大学生提供了全天候的信息获取渠道和发布平台。任何学生在任意时间、任意地点以新媒体终端接入互联网，都可以自由获取资讯、应用服务、与别人分享观点。新媒体这种"全天候即时互动"的特性凸显了传统思想政治教育手段的乏力，从数量上看，有限时间的思想政治教育教学难以企及新媒体随时随地、潜移默化的影响；从形式上看，新媒体天然的即时互动特征更大地刺激了学生的参与热情，进而加强了互动的频率，扩展了互动内容的深度和广度。这无疑调动了大学生的主体意识，改变了大学生的认知方式。他们不再满足于单方面的接受灌输，更青睐于以新媒体作为沟通的手段平等地与教育者交流，从而使教育者不再有依靠角色权威控制思想教育话语的优势。面对新媒体环境下的新变化，一些思想政治教育工作者并未及时转变居高临下的角色和传统的教育方式。如此，思想政治教育工作者在思想政治教育过程中面临尴尬，其话语权显得苍白无力、其话语模式失去吸引力已成为一种必然。

4.新媒体"个性鲜活"特性

新媒体"个性鲜活"特性，影响了高校思想政治教育话语的实效性。传统的高校思想政治教育话语体系作为社会主流文化的具体体现，在内容与形式上有着语境的严肃性、话语的规范性、语词的固定性、叙事的宏大性等特点，教育语言缺乏个性、审美特征和生活化。教育者习惯这种语言表达方式，而大学生对于缺乏新鲜话语的思想政治教育兴趣不高，内心往往萌发出对教育者的排斥和反感。新媒体的显著特征之一是个性化。新媒体形式赋予了用户尽可能展示自己的工具，博客、微博、微信等的应用，使所有普通人拥有了轻松、随意表达个性的渠道和平台。鲜活的个性特征、丰富的精神需求、各异的态度观点在新媒体环境下自由绽放。传统的高校思想政治教育的"说教"方式在新媒体环境下遭遇传播瓶颈。一方面，一些教育者的创新意识和对于新鲜事物的接受能力往往不如大学生，因而对于流行于大学生群体中富有"个性鲜活"特性的网络语言难以适应，或者不以为然，更不能主动利用网络语言在网上和大学生交流。另一方面，网络话语的迅速更新使教育者的信息很难进入大学生所熟悉的文化语境，甚至可能与他们所认同的网络语言和文化心理产生激烈冲突。这样，教育者的工作便陷入了信息不对称、交流不畅通的困境。如果思想政治教育工作者不能有效地了解并利用网络语言，必然造成其话语权某种程度的旁落，影响高校思想政治教育话语的实效性。

5.新媒体"碎片化"特性

新媒体"碎片化"特性，呼唤高校思想政治教育话语传播的组织方式更新。"碎片化"是近年来社会学领域的一个关注焦点，也成为新媒体下信息生产、传播的典型特征。表现为：一方面，人们应用新媒体的时间越来越零碎，高频率、短时间成为使用者在新媒体环境下互动的常态；另一方面，人们对信息的关注与需求越来越发散,传统的、倾向于无差异的普遍的广大受众,被分割为志趣相投的或者利害相关的"小众部落"。在"小众部落"的圈子中,人们更容易找到有着共同话语的伙伴,关注相似的热点话语。新媒体"碎片化"特征下,传统的高校思想政治教育话语传播的组织方式亟待更新。思想政治教育工作者必须主动进入大学生的新媒体世界,成为"圈内好友""粉丝",才有可能第一时间了解大学生的即时状态、观点态度、利益关切,进而为在新媒体环境下传播思想政治教育话语奠定基础。

(三)新媒体时代高校思想政治教育话语权的转移成因

当前,新媒体时代高校思想政治教育话语权缺失是客观存在的现象,究其原因主要如下。

1.从话语传播形式上来说:滞后于思想政治教育的发展和要求

现阶段,高校思想政治教育话语并没有完全突破原有的形式,尤其是理论课话语体系的主体依然是政治话语、文件话语、权力话语等,甚至从教材上呈现的文本到教师课堂讲授的语言都是用以上对下的姿态来传达党和国家对受教者的要求和规定的。随着新媒体时代的到来,作为教育者和受教育者的话语传播形式传统交往关系已经发生了深刻变化。一方面,话语的传播和获得表现出极大的开放性,各种信息、组织和人员可以自由地进出,人们的思想可以得以自由驰骋,没有任何人可以永远是话语的拥有者、话语规则的制定者,新媒体中的人际交往呈现多元性,话语传播形式呈现无中心性和多变性。每一个人都可以是话语的传播者,也都是话语的接受者。另一方面,新媒体的发展使得受教育者的独立意识、民主意识、自我意识进一步增强,他们对于自我和与他人关系的重新认识和评价,更大程度上具备了改变自我的从属地位的现状,力图获得更多的话语权。他们期望在交往中更多地被以平等的眼光和平等的话语进行交流。在这种情况下,传统思想政治教育模式中的受众将被重新定义。但在实践中,由于传统的影响,一部分人仍然将高校思想政治教育话语传播视为是一种"传—受"关系,把教育者单纯视为一个话语传播者,而把学生单纯视为一个被动的话语接受者。这样实际上把思想政治教育看作了一种简单的"传—受"过程,是一种由外向内施加影响的过程,从而忽视了学生的平等主体和自我建构,完全剥夺了学生作为平等参与主体的权利和机会。由于话语传播形式远远滞后于思想政治教育的发展和要求,这样就容易导致话语失效,使高校思想政治教育难以取得预期效果,产生话语断裂的现象。

2.从话语传播内容上来说:疏离于大学生的生活世界

以互联网为代表的新媒体已经影响并且深刻地改变着我们的现实生活,创造了一个新的空间"虚拟空间"或"虚拟世界"。在观念变化、人际变化和现实社会感知变化上，虚拟空间已经介入到人们常态生活之中，而随着新兴媒体技术的不断进步，虚拟空间与现实空间的互动性不断增强，相互作用、相互影响。

信息传递与现实行动间的时间差急剧缩短。今天，新媒体的触角已经伸到了世界的几乎每一个角落，信息在网上的流通已经不再受到时间和空间的限制。新媒体技术带给大学生较之传统社会更为丰富的生活资讯，带来了巨大的便捷，不管是任何地方的信息都可以使用网络以最快的速度获得进行分析整理，从而做出对自己有利的选择；新媒体技术帮助大学生更为快捷地掌握了生活技能和对各种难点问题的分解，新媒体已深深地扎根在大学生的生活世界之中。然而，反观高校思想政治教育话语内容传播的现状，长期以来疏离了生活世界，主要表现为：一是思想政治教育话语内容只注重方向性，缺乏时代性、层次性和生动性，存在过度理想化倾向。二是思想政治教育话语有意规避现实生活中有争议的热点和难点问题，存在过度封闭化倾向，导致了受教育者在社会生活现实价值冲突面前无所适从，引发对思想政治教育话语的质疑。尽管多年来我们一再强调要理论联系实际，加强社会实践活动，但由于我们的高校教学是从"理论世界"出发来观照生活世界而不是相反，所以很难使大学生对思想政治教育话语内容传播入脑、入心。由于高校思想政治教育话语传播内容与生活世界的高度隔离，不与受教育者的生活世界发生联系，学校对大学生生活世界中的公共话题不掌握话语权或者缺乏有效介入，致使受教育者陷入了面对课程文本无言可说，面对有话可言的现实生活却又无处可发的"失语"困境。

3.从话语传播视域上来说：主客体之间话语共识域缺乏

新媒体时代，由于高校思想政治教育工作者一时难以适应话语传播的新视域，往往出现教育者和受教育者集体失语的状态。教育者和受教育者双方共识域的缺乏，即共同话语的缺失，使话语传播层面出现多种现象，其中受教育者对这类话语兴趣不大、冷漠，以致抵触，教育者就会感到无奈，甚至对自身职业价值产生怀疑。从教育者的角度看，教育者话语权虚化，在思想政治教育过程中，教育者的话语权形同虚设。他们不能表达真实的自己，只能做政府与社会的代言人，往往用极其刻板、封闭的教学方式传播思想政治教育话语，用严厉、高压的手段控制着受教育者的言行，完全成为受教育者心目中的"他者"而非可以交心的朋友，从而消解了受教育者的表达欲望与探索批判精神。教育者的话语依附着行政的强势话语体系，成了行政话语运用和实现的工具。教育者的言说必须围绕制度性话语，他们的声音被纳入了行政的"话语场"内，代言人的角色决定了他们必须努力去追随行政话语，将自己的话语自觉地隐藏或限制在制度许可的界限内。教育者只能在仔细地揣摩行政话语的意图后发出与自己的生活世界隔离的话语，从而陷入失语的境地、使自己成为自己的"他者",使自己由一个思想政治教育话语传播的"在场者"变成"缺席者",教育者的话语权在这样的场域中被虚化乃至消解。从受教育者的角度看,受教育者话语权弱化。在思想政治教育过程中,受教育者正当的话语权得不到保障,被无情地边缘化。在课堂上表达权被随意中止,话语空间受到特定的话语情境、特定的话语内容、特定的话语方式的限制。因此,受教育者欲说不能的尴尬已经成为普遍的现象,受教育者最终处于失语和缺席状态。教育者和受教育者都陷入了"无我"言说的境地。

4.从话语传播手段上来说:理性话语结构失衡

从本质意义上来说,在高校思想政治教育过程中,教育者和受教育者之间是民主交往关系,但由于工具理性的扩张与宰制,造成了在思想政治教育领域理性话语结构失衡。所谓工具理性,是指人们排除价值判断或立足价值中立,以能够计算和预测后果为条件来实现目的的能力,或是为达到一个明确的目的考虑和使用一切最有效的手段所体现的特质。工具理性所造成的理性话语结构失衡,主要表现在两个方面:一是思想政治教育交往实践在很大程度上撇开了思想政治教育主体之间的交往关系,使思想政治教育话语传播单一化,将思想政治教育本真存在的"主—主"关系介入"主—客"关系,导致了教育者和受教育者之间的关系异化为权威服从关系。二是由于理性话语内在结构的失衡,使得作为独立人格的受教育者对于思想政治教育文本和自身道德行为进行理解、表达、解释和反思的权限受到漠视,加剧了思想政治教育者话语权的垄断和受教育者话语权的缺失。

在新媒体时代,思想政治教育话语传播的,格局已经发生了重大变化,一些高校思想政治教育工作者仍然习惯沿用传统教育环境中对思想政治教育话语的工具理性控制模式,而没有注意到随着新媒体的深入发展,学生的交往话语与从前相比发生了很大的变化。与传统话语相比,网络语言与传统的交往话语有着较大的不同,这种自由、开放的网络语言其实本质上是当代大学生探索自我、追求真理的内在需求的一种外显反映,大学生们已经习惯于在新媒体语境中对话、思考、寻求自我精神的提升,但是,有的思想政治教育工作者并没有及时地了解学生的这一特点,甚至有的教育者故步自封,无视学生的这一需求,刻意回避了新媒体带来的这一新的变化。在这种情况下,高校思想政治教育话语场域,如果放任工具理性的无限扩张显然是不合时宜的,其结果势必在教育双方之间形成理解差异,不仅思想政治教育的价值取向无法彰显,而且丧失思想政治教育话语权也成为一种必然。

5.从话语传播趋势上来说:思想政治教育主导话语权受到解构威胁

随着我国改革开放和社会转型的推进,经济全球化、政治民主化和社会信息化的浪潮,让我们迅速进入到一个文化、价值取向多元化的语境。过去那种在社会相对封闭条件下形成的一元化意识形态控制的主文化"话语优势"受到多元文化的冲击和解构,以致在一定程度上出现了社会主文化"价值失范"的现实问题。这早已经引起人们的关注和重视。对作为受教育者的大学生而言,他们有着自我意识强、个性张扬和求变求新的心理特征,但同时又存在着实践经验欠缺和思想意识不成熟的社会属性,这就难免会使一些大学生对外来、异质文化的"话语""风格"和"趣味"盲目追随和效仿,并转而对社会主义文化主导话语的怀疑、抵触和否定,从而造成对高校思想政治教育主导话语权的解构。这种主导话语权的解构威胁,主要指向三个方面。

(1) 主导话语的权威受到挑战

近年来社会中尤其是网上流行的对传统的、经典的、权威的话语或本文的任意拆解和"恶搞"现象,从某种意义上可以说是一些大学生对主导话语权威的一种反叛和挑战。从行为层面看,这种反叛性又多表现为以一种符号化象征,显现出德国学者沃尔夫·林德内尔所称的"风格化反抗"发型、服饰、流行语、网络语言、音乐、舞蹈、用品以至"另类"行为等象征符号,不仅成为大学生获得身份认同的标志,而且透露出一种个性、独立、反叛、挑战权威等文化意蕴。进入这种文化氛围的受教育者,也就容易在这一文化"集体无意识反抗"的作用下产生对主导话语权威的拒斥或反抗心态,使教育中的沟通出现心理上的隔阂。

(2) 主导话语的价值受到消解

从高校来说,思想政治教育主导话语的价值或意义,就在于体现社会主文化的意志和期望,帮助大学生形成一种"做人"或"为人"的规范。这在教育中是通过对大学生正确的世界观、人生观、价值观、法律观和道德观等"观"的建构及其规范行为的培养而实现的。在这个意义上,这一主导话语所传输的内容本质上是一种社会主文化要求的"规范(正确、约定)的规则"或"游戏规则"。需要指出的是,当代大学生对主导话语价值的消解,大众传媒实际上起着推波助澜的作用,在这一过程中有意无意地迎合了青年文化的反叛性,并围绕这些文化特性制造时尚,促使青年文化走向世俗化甚至庸俗化;容忍甚至宣扬这一文化的反叛性中隐藏着的相对主义价值取向,致使在青年文化中逐渐形成一种无原则的宽容、滑头、世故、玩世不恭和游戏人生等"处世哲学",并渗入大众文化中演变为"潜规则",加速了高校思想政治教育主导话语价值的消解。

(3) 主导话语的教化方式受到抗拒

基于文化传播视角,高校思想政治教育话语也属于一种文化传承(文化的代际传播)的教化方式。文化传承要借助媒介,媒介传播又形成媒介文化。古代的前喻文化是建立在言语符号和印刷符号媒介之上的,它使成人对资讯有着垄断权,长辈教化晚辈就理所当然了;近、现代的并喻、后喻文化是建立在电子符号为代表的大众传播媒介基础上的,它使信息在全社会、全球共享,青年有可能在一定程度上"绕过"成人权威,自主接受文化传承。电子媒介在传播中也自然形成了一个"隐性教育"环境。正是在由电子媒介和网络建构的信息化社会环境中,青年学生能够凭着观念和技术等优势迅速介入成人社会并逐步成为文化变革和创新的主体,从而在文化创造中获得成人社会的认同与新的权威,使文化传承出现长辈向晚辈学习的方式。因此,尽管我们应充分意识到大学生在这种复杂的信息化、网络化的社会环境中自主社会化必然会遇到种种问题,但更应看到的是青年文化形成的双向式、参与式和主动式的新社会化方式必须得到尊重,并努力去改变主导话语权落后的教化方式,在教育中建立一种新的为受教育者所接受的、体现其学习的主体地位和自主学习方式的话语模式。否则,就必然会遇到青年文化的抗拒。而今天高校思想政治教育话语权陷入困境的一个重要原因,就是在这一话语传播中实际上还存在着上述那种传统落后的教化方式。

6.从话语传播者自身上来说:应用新媒体技术能力欠缺

在新媒体环境下,高校大学生思想认识、价值观念、思维方式呈个性化、多元化、复杂化的态势,思想政治教育话语面对着新媒体资源自由性的信息环境和舆论环境。高校思想政治教育工作者若无政治敏感,没有必要的新媒体操作能力和控制能力,就无法占领新媒体思想政治教育的阵地;若不能利用网络发布思想政治教育信息和控制网络上的垃圾信息,就无法引导大学生正确辨别和利用信息。而这些都由于高校思想政治教育工作者自身缺乏应用新媒体技术开展思想政治教育的自觉和能力,再加上教育者往往受到年龄、精力与固有思维模式的影响,在信息占有上甚至不及教育对象,以至于限制了自身话语的威信,已经无法真正独占思想政治教育的话语权。其实,思想政治教育的方式方法,是与科学技术的发展相适应的,面临新媒体环境,思想政治教育工作者只能主动适应,而不能回避。否则,新媒体时代的新要求和思想政治教育工作者与之不相适应之间的矛盾,就会使思想政治教育的效率大打折扣,进而弱化了思想政治教育工作者的话语权。

三、新媒体时代高校思想政治教育的话语重塑

(一) 新媒体时代高校思想政治教育话语重塑的基本原则

新媒体时代高校思想政治教育的话语重塑,应遵循以下基本原则。

1.政治性原则

所谓政治性原则,就是指高校思想政治教育话语重塑要把握政治性,把握社会主义意识形态性。由于思想政治教育的政治性、意识形态性决定了高校思想政治教育话语必须要把握一定的政治性、意识形态性。而这些都需要通过高校思想

政治教育话语来表达、描述和建构。在当代中国，高校思想政治教育话语必须要坚持中国特色社会主义理论体系为指导原则。新媒体时代高校思想政治教育如何坚持话语的政治性呢？首先要坚定马克思主义的话语立场。任何一种思想政治理论都包含有特定的立场，即理论本身反映"谁"的价值和主张，体现"谁"的利益和追求，为"谁"服务。新媒体背景下，各种社会思潮和理论主张五花八门。无论是高校思想政治教育工作者还是大学生，如果立场不坚定，就容易眼花缭乱，陷入理论迷茫。

因此高校师生要提高鉴别力、判断力，应对来自网络媒介的干扰，坚定马克思主义的话语立场；其次在主导思想和话语内容选择方面，要坚持不懈地用马克思列宁主义、毛泽东思想、邓小平理论、"三个代表"重要思想和科学发展观等武装大学生，深入开展党的基本理论、基本路线、基本纲领和基本经验教育，开展中国革命、建设和改革开放的历史教育，开展基本国情和形势政策教育；此外还要强化制度性资源话语。思想政治教育的长效机制，要更多地依靠法律、制度、政策来保障。通过制度化的规范管理，引导大学生的思想，规范他们的行为，使他们在长期遵循某种规章制度中潜移默化地接受蕴含在其中的思想观念，并逐步内化为自己的思想意识，进而规范自己的行为，提升自己的思想境界。

2.主体性原则

所谓主体性原则，是指高校思想政治教育话语对象对思想政治教育信息和环境，具有能动地感受、选择、判断、内化和践行的能力。新媒体的发展使得大学生的独立意识、民主意识、自我意识进一步增强，对自己以及自己和周围的关系有自我的认识和评价。因此，新媒体背景下高校思想政治教育话语重塑必须要突出学生的主体地位，尊重学生的网络自主话语权。

3.人本性原则

所谓人本性原则，是指高校思想政治教育话语传播要坚持以学生为本，既要坚持教育人、引导人、鼓励人、鞭策人，又要做到尊重人、理解人、关心人、帮助人。在新媒体背景下受教育者话语权的获取是对教育者话语霸权的一种消解，因此应采取平等、自由的对话式话语，使双方既阐明和叙述自己的观点，又能倾听和理解对方的意见，站在对方的立场展开置换式思考和沟通。在高校思想政治教育实践中，要突出服务性话语，从注重教育管理转向教育管理和服务并重，充分了解大学生的实际需求和困难，把思想政治教育寓于解决实际困难中，用实际行动来感动人、说服人、教育人、引导人，教育者要积极营造融洽的话语言说场景，真诚地尊重、关爱和激励学生，将积极的情感因素融注到思想政治教育话语中去，从而调动大学生内在的积极情感，实现双方有效的交流与沟通。

4.现实性原则

所谓现实性原则,是指高校思想政治教育话语传播要坚持从实际出发,贴近实际,服务现实,服务生活,以此作为思想政治教育话语传播的落脚点。贴近现实,是新媒体时代高校思想政治教育话语创新的时代性要求,因为思想政治教育话语只有贴近现实,从现实出发,才可以帮助大学生实现思想认识上的飞跃;同时,思想政治教育话语只有服务现实,在服务现实的过程中经受社会实践的检验,才能真正体现出思想政治教育话语传播的效果。服务生活,贴近生活,是思想政治教育话语生存的根基,也是坚持思想政治教育话语现实性原则的深层体现。思想政治教育工作者必须走进大学生的生活世界,增加对学生生活的体验与认识。话语内容要更加贴近现实生活,通过归纳提炼和抽象形成通俗化、生活化的思想政治教育新话语,从而将学术性话语体系向生活性、形象性的话语系统还原,使大学生能在这种话语的熏陶中获得更多的对生活的真正感悟。

5.创新性原则

所谓创新性原则,是指高校思想政治教育话语要坚持时代性,能够超越传统话语的束缚,不断创造适合时代需要的新话语。新媒体的快速发展,对思想政治教育话语创新提出了创新需要,这就要求我们要不断与时俱进,通过理论创新推动实践创新,使思想政治教育话语充满生机和活力。高校思想政治教育话语创新,其内容应该包含有目的创新、内容创新、方法创新,只有带有创新性的目的、内容和方法,才能更好地发挥思想政治教育话语传播的最大功效。

6.开放性原则

所谓开放性原则,是指高校思想政治教育话语要以开放性为基本取向,在话语传播方面要立足国内,放眼全球,形成开放的体系。新媒体是开放的,这就要求新媒体背景下高校思想政治教育话语传播要把握时代脉搏,密切关注网络文化的发展变化,善于从网络话语中汲取新话语,从而丰富高校思想政治教育话语的内容。同时,还要求高校思想政治教育工作者要具有全球性视野,立足于全人类的立场,树立全球意识,着眼现在,远观未来,积极吸纳和借鉴包括发达资本主义国家在内的一些成功的经验和做法,与我国的思想政治教育方法相融合,创新与我国国情相一致的思想政治教育方式方法、同时比较同一背景不同社会制度下思想政治教育的共性,探求思想政治教育规律,深入挖掘多元文化背景下思想政治教育的时代性要素。这是增强高校思想政治教育话语开放性的必然要求。

7.价值性原则

所谓价值性原则,就是指高校思想政治教育话语创新要体现一定时期的价值导向。大学生对新鲜事物的好奇心使得他们对当前社会各种思潮比较感兴趣,然而,他们又对社会思潮的多样性、复杂性等特征难以把握,很难看清楚各种思潮的真面目,容易产生价值混乱。因此,话语创新必须考虑一定社会主流价值观的导向性。

8.有效性原则

所谓有效性原则，在这里包含两种含义：一是话语专业化。就是说高校思想政治教育话语与其他话语要有一定的区别和联系。毕竟不同的学科有不同的话语体系，高校思想政治教育话语不能用其他学科话语体系来代替。二是话语时代性。大学生是一定时期的特殊群体，高校思想政治教育话语创新要体现时代性，符合大学生接受心态和接受方式。如90后、00后之间的话语形式、心理接受方式往往有差别，这就决定了高校思想政治教育话语要取得实效就必须把握大学生的话语接受方式等。

9.统一性原则

所谓统一性原则，是指高校思想政治教育的话语体系，必须坚持体系内部话语的统一性和一致性，应尽量做到协调、统一，减少重复、交叉。在高校思想政治教育话语传播过程中，只有做到内部一致的话语体系，才能表达统一的内在思想。如果在话语的运用上破坏了统一性原则，什么时髦用什么，表面上看可能很新鲜，也颇能迷惑一些人，但实质上往往会造成话语传播上的混乱和矛盾，很难发挥话语对人的正确引导作用。另外，在属性话语的运用中所发现的新话语，即新话语主词、话语观点或新题材提炼的有应用价值的话语，尽管与原有的思想政治教育理论观点不完全相符，甚至从现象上看是矛盾对立的，但是；伴随着思想认识的不断统一，这些话语可运用事物发展的对立统一原则加以论证，从而得出符合马克思主义哲学命题下的思想政治教育新话语。科学辩证地把握好统一性原则，高校思想政治教育就能在话语传播中较为自如地进行边缘属性与非常规属性话语运用方法的构建。

（二）新媒体时代高校思想政治教育话语重塑的路径选择

新媒体时代高校思想政治教育的话语重塑是一项系统工程，需要从多方面进行重塑，可从以下几个方面选择路径。

1.尊重大学生的话语权

针对目前高校思想政治教育话语权的现状，需要切实加强高校思想政治教育工作者的平等对话意识。

（1）建立新型的平等主体交往关系

随着新媒体时代的到来和网络文化的形成，在很大程度上消解了高校传统教育环境下教育者的教育权威，使传统的教师权威模式受到极大挑战，教育者的话语不再具有唯一性，作为受教育者的学生逐渐通过新媒体掌握了话语的主导权。网络语言的形成，也在客观上要求教育者和受教育者双方消除身份、地位的差异，形成一种平等对话的关系，由传授型的对话关系转变为互动型的对话关系。这一关系的确立意味着大学生能够获取对思想政治教育文本和自身道德行为的解释权限，教育者与受教育者双方才能消除身份、地位的差异，敞开心扉进行真诚交流。唯有如此，思想政治教育话语才能真正成为联结教育者与受教育者交往双方的桥梁，教育者才能从一个控制者、支配者转变为一个真诚的对话者。

（2）突出学生的主体地位，尊重学生的网络话语权

要做到这一点，必须充分理解并认同大学生的网络话语权，允许他们把不同的思想通过新媒体表达出来；要积极疏通、引导，支持和弘扬正确的思想观点，反对和批评不正确的观点，引导大学生理性运用话语权，避免话语权的滥用。

（3）转变话语方式，从控制式和劝导式转向对话式

应采取平等、自由的对话式话语，使双方既阐明和叙述自己的观点，又能倾听和理解对方的意见，站在对方的立场展开置换式思考和沟通，这种对话不是封闭式而是开放式的，双方都能敞开各自心扉进行真诚交流，相互之间更易达成真正的理解与共识。在双方的对话中值得注意的是，教育者既要对交往的内容真实性、规范正确性和情感真诚性进行反思，也要对自身权威进行反思，在反思基础上认真听取受教育者对思想政治教育文本、自身道德行为和生命意义的理解与解释、依靠合乎若干有效声称的论据，通过对话与讨论，为受教育者提供可资信服的理由，引导、促进他们的自我觉悟与反思。使之意识到自身与社会要求的不适应，并且愉悦地接受、积极地超越这种不适应。

2.关注生活维度

（1）要在思想政治教育理念上回归生活世界

高校思想政治教育必须面向学生，面向学生生活实际，高校思想政治教育话语是以生活世界作为背景的，不可能游离于学生生活世界之外，不可能在生活世界之外构筑一套理想的思想政治教育话语。回归生活世界的思想政治教育理念，要求高校思想政治教育话语必须深深根植于生活世界之中。以往的思想政治教育偏重于满足社会的即时需要，这种思想观念在思想政治教育实践中，容易造成一种追求近期效果的短期行为。为此，高校思想政治教育话语必须深深地根植于大学生的生活世界中，要勇于和善于介入大学生的生活世界中，放弃高高在上的一贯做法，要更加贴近大学生的生活，在这种近距离的接触中了解和把握大学生丰富多彩的生活世界，并从他们生活世界的实际出发，研究和选择适合的思想政治教育的内容，使得思想政治教育话语更加贴近大学生的实际。

（2）要在价值取向上关注思想政治教育话语的生活维度

其一，对思想政治教育的理解，不能仅仅从政治需要的角度出发，还要从张扬人在生活世界中的主体性出发，将思想政治教育从过去的宏大叙事中解放开来，

真正回到个体生活世界,首先是关注大学生的精神生活的重建,尊重人的生命意义和生命价值,其次才会考虑政治的需要。

其二,思想政治教育应将大学生的日常生活作为价值起点,重视日常生活中的价值构建。思想政治教育应真正尊重个体的生命体验,承认人性的复杂和多元,同时善于从鲜活生动的、富有生命意义的日常生活世界中提炼出真正能够烛照人性,提升人的境界的元素。

其三,强调思想政治教育回归日常生活世界,并不意味着思想政治教育对日常生活世界的沉沦和妥协,而应该是一种建基在对日常生活世界有深刻了解、理性反思基础上的有条件的超越。这也正是高校思想政治教育的价值目标,即既要对生活世界保持谦恭的态度,尊重生活世界的生命体验,又要穿越生活世界的迷雾,对生活世界保持一种审慎的反思态度,一种有所超越的理性态度。

(3)要在话语内容上更加贴近生活世界

一要善于转化语言,把党的重要文件、重要会议、历史文献等类型的语言转化为适合大学生特点的话语,这样既把握住了正确的政治教育方向,又能使大学生乐于接受。二要善于从大学生的校园生活中提炼新话语,使思想政治理论课不断地生活化、现实化,这也是高校思想政治教育向"生活世界"回归的重要内容。三要从大学生的网络话语中汲取新话语。教育者可以大胆借鉴网络中的一些健康、有益、流行的话语形式和内容,丰富其话语体系。四要关涉受教育者当下的虚拟化生存。新媒体的出现极大地拓展了生活世界的内涵,成为受教育者个体日常生活的重要构成,并对其产生着不容忽视的积极和消极的双重影响。思想政治教育话语要为虚拟化生存的规范化提供思想道德文化的支撑,以符合网络特点的网络文本的形式,恰当而生动地展现博大精深的中国传统文化和代表时代特征的马克思主义文化,使受教育者在虚拟环境下通过网络文本的选择与解读接受规范传递与价值引导。

3.借鉴网络话语

积极拓展话语资源,整合有利因素,形成高校思想政治教育工作新的话语优势,是新媒体时代对高校思想政治教育提出的新要求。

(1)要充分利用新媒体技术,积极拓展高校思想政治教育话语的辐射空间

高校思想政治教育工作者要将博大精深的中国传统文化和代表时代特征的马克思主义文化,以符合新媒体特点的网络文本的形式予以恰当而生动的展现;将人类丰富的精神成果,诸如政治、法律、道德、艺术、科学、宗教和哲学的思想和观点,科学理论和艺术作品以及中国五千年的优秀传统文化,尽可能多地转化成网上可点击的内容。只有丰富了网上的信息,才能拓展高校思想政治教育话语的辐射空间,使大学生在网络环境中通过文本的选择与解读以及交流而在潜移默

化中接受规范传递与价值引导。

（2）要善于从网络话语中汲取新话语

网络作为一种新兴的传媒方式，给大学生无限的诱惑和想象的空间。网络的出现大大拓展了思想政治教育的领域和战线，从现实走向虚拟、从宏观走向微观等。网络话语的生成，既是网民的话语沟通和表达形式，又是网民虚拟现实的生活方式。高校思想政治教育工作者要摒弃对网络话语的轻视、漠视心理，了解大学生网络话语的特点和规律，善于运用网络话语。要大胆借鉴网络中的一些健康、有益、良性的话语，借鉴一些符合大学生群体的话语形式和话语内容，丰富高校思想政治教育话语的内容，这样才能与大学生网民更好地对话与沟通。

（3）要密切关注网络文化的发展变化

高校思想政治教育工作者要善于把握时代脉动和网络文化发展趋势，了解当今大学生的审美取向，分析他们的观赏心理，采用大学生常用的话语修辞手法，采撷和创造出更多表现时代和事物特征的新鲜话语，实现思想政治教育工作话语的再创造。

4.注重人文关怀和心理疏导

（1）要坚持人文关怀和心理疏导，增强话语的人文关怀

高校思想政治教育工作实际上是做"人"的工作，必须注重对大学生的人文关怀。一是高校思想政治教育话语传播必须紧密联系大学生的实际生活，教育者应及时了解大学生的所思所想、喜怒哀乐和兴趣爱好，准确把握大学生的思想脉搏，并把这些融进话语当中。二是高校思想政治教育话语应充分尊重和理解大学生的情感和需求，及时关注和化解大学生在现实生活世界遇到的困惑和困难，让他们充分体验到教育者的温情与关爱，营造温馨舒适的话语氛围，从而使大学生真正认同教育者的话语理念，进而内化于心，形成独立的道德人格。三是高校思想政治教育工作者应在网上开设心理知识宣传栏、心理咨询室、心理门诊室等对大学生进行心理疏导。在网上倾听学生的倾诉与情绪宣泄，尊重其感受与体验，引导其主动分析面临的困境，共同探求心理困惑的诱发根源，挖掘大学生内在心理需求，等等。通过双向交流激发大学生的心理潜能，缓解大学生的焦虑、压力等负面情绪，促进大学生健康发展。伴随这一过程，教育者便能赢得大学生们更多的信任，从而增强自身的感染力和话语权的影响力。

（2）要营造融洽的话语言说场景，在话语内蕴上融注更加积极的情感

情感在高校思想政治教育交往中扮演相当重要的角色，在某种程度上，思想政治教育话语传递的只是言语的表层信息，因而在思想政治教育交往中作用相当有限，甚至会由于情感的不当而导致思想政治教育话语的失效或反效。比如教育者在褒奖受教育者时，如果带有明显的讥讽语气或神态，话语本身再具有正当性

也不会被受教育者所接受,教育者与受教育者之间的相互理解与解释就会出现障碍,思想政治教育交往就难以顺利展开,双方也就很难达成相互理解与共识。因而,高校思想政治教育工作者要积极营造融洽的话语言说场景,真诚地尊重、关爱和激励受教育者,将积极的情感因素融注到思想政治教育话语中去,从而调动大学生内在的积极情感,实现双方有效的交流与沟通,为思想政治教育交往的顺利进行提供不可或缺的推动力。

(3) 要发挥大学生的主体性,加强思想政治教育工作者的服务意识

新媒体时代高校思想政治教育对话的有效进行离不开"服务育人"理念的确立。这一理念的确立有利于思想政治教育话语实现知识和爱的统一,由"传达信息—宣传教育"向"传达信息—推销自我"的转变;教育者才能放下架子,真正从学生的立场出发,进行思考和表达,大学生才能从思想政治教育话语中感受到教育者真诚的关爱与帮助。这种饱含爱的思想政治教育话语能够增进受教育者对生命意义与生活价值的理解,提升思想政治教育话语传播有效性,思想政治教育工作者在学生中才会有威信。

5.倡导立体化引导

(1) 充分发挥多种媒体之间的协同作战,以形成话语引导的合力

校园报刊、广播、电视等传统媒体在信息的权威性、受众的广泛性等方面具有独特的优势。面对新媒体环境,我们应将传统媒体与网络媒体相结合,实行立体化的引导,可以推动校园话语共识的形成,而且具有公信力和权威性。由于传统媒体对网络话语进行选择、过滤,容易得到受众的认可,促进话语共识的形成。这种多种媒体之间的协同作战、立体化引导策略,可以带来高校思想政治教育话语引导的合力效应。

(2) 建立网上权威的思想政治教育话语体系,可以从以下几方面入手:第一,通过多种途径对大学生加强理想信念教育,保证话语传播的正确方向。第二,采用"疏堵结合—引导为主"的方针,来引导话语传播。"疏",即把握动态,实施网上疏导,澄清错误言论,及时公布正面信息。"导",即主动出击,因势利导。要主动出击,批驳反面声音,弘扬社会主义主旋律与核心价值体系。再三,要探索多种途径努力发挥高校思想政治教育正面话语功能,在加强监控、有效预防的同时,依法查处利用网络传播有害信息的当事人,不断推进网络道德建设。第四,要在大学生中积极开展媒介素养教育。教会学生正确认识、使用网络的能力,增强他们的网络责任意识和自律能力。第五,在高校建立一批既懂思想政治教育又懂网络技术和网络文化的队伍,用富有教育性、感染力,学生喜闻乐见的方式引导话语传播,增强思想政治教育话语的正面影响力,从而促进大学生网络言行向健康的方向发展。第六,要高度重视网上评论工作,形成一支专兼结合、反应灵

敏的网络评论员队伍。网络评论员要主动介入校园BBS和校外网站的交互式栏目，采取"宜早不宜迟、宜疏不宜堵、宜解不宜激"的策略和"区分性质、讲究策略、把握时机、冷静处理"的要求，主动导帖、积极跟帖，以普通网民、平等方式参与网络讨论，挤压有害信息的传播空间。要建立网络管理和网络评论人员学习、培训、考核机制，加强提升其政治理论水平修养，使其形成马克思主义的价值观和道德观；加强培训其对网络信息技术的驾驭能力，使其能够及时解决网络传播中出现的问题，从而使思想政治教育话语传播生动形象，增强对大学生的吸引力和感染力；加强培养其应变能力，使其能够迅速准确地把握问题，有针对性地开展工作。

（3）积极建设服务大学生发展要求的绿色网络载体

门户网站、专业网站、主题网站等，是大学生最常用的网络载体，在他们的学习、生活和娱乐中发挥着积极的作用。要遵守网络法规和社会道德，正确使用网络载体，共同维护网络载体。要加强技术创新，推出科技含量高、使用便捷性强和适合青年学生特点的绿色网络载体。

（4）营造适合大学生身心特点的绿色网络场所

要对于网络话语的存在形态，如发跟帖、论坛、博客、视频等的管理，倡导网络文明公约，安装合格的过滤软件，防止不良信息对青年学生的伤害，建设有利于青年学生的上网场所。要制定规范和标准，推出促进青年学生成长发展的绿色网络场所。开展多种形式的网络竞赛活动，发现并积极举荐各类青年网络人才，培养更多的绿色网络人才。

6.重塑思想政治教育工作者素质

新媒体背景下，高校思想政治教育工作者要重塑自身素质，努力提高话语创新能力，必须做好以下几个方面。

（1）要能驾驭新媒体技术，熟悉网络文化和网络语言，掌握新媒体的使用技术和操作技巧

对高校思想政治教育工作者来说，只有掌握受教大学生群体的网络话语，适应受教群体的交流方式，才能敏锐地捕捉他们的生活习惯、心理动态，从而把握受教群体思维和行为上的发展变化；只有充分了解并掌握网络话语这一新的沟通方式，才有可能与受教群体建立信息上的沟通和交流，从而实现有效的语言表达形式对传递教育信息的帮助，取得思想政治教育话语传播的成功。

（2）要培养高校思想政治教育工作者参与大学生网络化生活的意识

高校思想政治教育工作者要主动融入网络生活，体验学生在网络空间的交往、学习、娱乐方式以及他们思想、心理及行为的发展变化，真正做到与学生在同一个环境下交流。

(3) 要有创新意识，加强高校思想政治教育话语创新研究

高校思想政治教育工作者要在对传统思想政治教育话语进行深入研究、分析的基础上，积极探索话语创新规律，扩大语汇范围，丰富思想政治教育话语的含义，以构筑一种全新的、理想的话语。只有这样，才能发挥在思想政治教育中的主导作用，重建自己的有效话语。

7.健全新媒体信息监管机制

新媒体对大学生的负面影响的一个重要方面是网上不良信息的影响。大学生思想单纯，思想意识尚未成熟，很容易受到外来信息的影响。新媒体本身只是一种传播媒介，要做到趋利避害，高校就必须加强对新媒体的建设和管理，以增强思想政治教育话语传播的实效性。

(1) 要加强网络管理和网络舆情分析工作

高校要成立专门的网络信息管理部门做好网络管理、网络舆情分析的工作，能够对网上的内容进行收集，制定相对应的管理措施。组建一支反应快速的"网上督查队"，可以由老师和学生骨干共同组成，对校园网进行全天候的监控和整理。比如对校园论坛上的讨论热点问题进行及时的捕捉和反馈，对于不符合事实和不良影响的论点及时澄清并做出正确引导；并且以适当的方式发布积极的学生关心的网络信息，这样可以吸引学生对校园网的关注度，也可以抵消消极信息对学生影响。对于网络上发布的信息要建立审查把关、管理监控的制度，对电子公告的服务信息、个人主页信息都要实行审查式的发布，包括校园网络的链接要一一检查通过，规范大学生上网的安全规定和网络言行规范，真正营造一个积极健康的校园网络环境。

(2) 研究和运用科学技术手段为网络筑造"防火墙"

现在网络上和市场上提供很多种网络防御和过滤软件的下载，能够防止包括特洛伊木马攻击、网页篡改、监视非法入侵的种种网络问题，还能够提供专为青少年设计的过滤保护浏览器、设定上网时间的监控软件，等等。高校思想政治教育工作者应该积极主动地利用一定的网络软件技术手段来保证校园网络的纯净。

(3) 运用法律的手段维护网络的安全，打击网络犯罪

我国为加强对互联网管理，也先后出台了系列法律、法规或公约，高校要加强全校范围内的网络法律、法规的宣传和教育，还应根据本校的实际情况制定相应的校园网络规章制度，规范校园网络的运行和管理，使得高校大学生具备良好的网上法律意识、责任意识和安全意识，规范大学生的网络行为，倡导健康、积极的高校网络态度。

8.坚持话语创新发展，努力构建高校思想政治教育新话语体系

当前，推进高校思想政治教育话语的创新发展，应着力做好以下三个方面

工作。

(1) 加强理论研究

在现阶段，新媒体的发展及其影响在我国尚处于一个不断变化的过程中。对于新媒体建设与应用走在社会前列的高校而言，新媒体的发展及其对于大学生的思想和行为的影响更是处在一个动态变化的阶段，这需要我们立足实践，针对实践发展的具体状况进行理论研究的不断创新和发展。话语鸿沟现象是不断创新和发展的新媒体时代给高校思想政治教育工作带来的新问题之一，随着新媒体对社会的影响不断深入，新媒体必然会给大学生思想政治教育带来更多更新的课题。高校思想政治教育工作者要加强理论研究，坚持用马克思主义的立场、观点和方法分析社会政治、经济、文化、道德问题，以思想政治教育内容体系为支撑依据，对思想政治教育的言论和大量的教育素材进行归纳提炼，形成理性化、通俗化和生活化的思想政治教育说事话语和新话语，构建马克思主义中国化理论语境下思想政治教育话语新体系，形成思想政治教育话语学研究，应用于思想政治教育课教学和日常思想政治教育管理实践中，以激活思想政治教育工作者的教育话语系统，提高思想政治教育话语说事水平，从而提高高校思想政治教育的实效。只有这样，我们才能够在新媒体时代的新环境中，伴随和引导大学生健康成长。

(2) 加强思想政治教育话语整合

在高校思想政治教育的发展过程中，其学科内部形成了实践与研究两类整合乏力的话语。实践话语的主体是思想政治教育的一线工作者。由于现有的思想政治教育理论欠缺应用性的特质，使得思想政治教育工作者普遍漠视现有研究理论的存在，甚至对现有理论存在不信任的态度，但是他们又要把自己的工作状况予以总结归纳、互为交流，因此只能求助于思想政治教育日常工作纯经验式的话语，这种话语非常具体、琐碎，无法形成具有影响力的话语体系。研究话语的主体是思想政治教育理论工作者。由于思想政治教育学科发展时日较短，学科存在着理论奠基的任务，需要一系列的学科结构、学科范畴等思辨性的理论研究为思想政治教育建立学科基础，再加之思想政治教育学科的大部分理论工作者研究过于注重学理化的演绎和抽象，忽视了思想政治教育实践性的特点，使得在思想政治教育理论学界的思辨性话语占主导。在现实生活中，这两种话语往往相互交织，但是话语主体却相互轻视。理论工作者认为实践工作者缺乏理论素养，从事的是低水平活动；实践工作者认为理论工作者缺乏实践能力，从事的是务虚活动，这使得这两种话语沟通交流缺少，整合乏力。因此，加强思想政治教育话语整合，已成为构建高校思想政治教育新话语体系的当务之急。

(3) 加强话语系统的协调性

高校思想政治教育新话语系统要体现话语的协调性，这不仅是实现高校思想政治教育话语创新发展的需要，也是构建高校思想政治教育新话语系统的目标。这是因为：一方面，这种协调性要求教育者与受教育者话语系统在认知基础、价值取向和目的设计等方面的协调融合。当前，我国高校思想政治教育效果较差与话语系统权力主体话语信息重叠率较低有密切联系。所以，新话语必须不断消除话语系统中双方信息传递和交汇的阻力，寻找教育者和受教育者话语系统融合的途径。另一方面，这种协调性要求教育话语与教育环境的协调融合。高校思想政治教育有本体话语系统，但同时它必须受制于另一种非本体话语系统，也就是对应于本体话语系统而言的整个学术界的话语系统。任何一种话语都逃脱不了它所处时代普遍弥散的话语，即受制于特定的语境。社会的多元化必然孕育着价值、信仰与利益之间的冲突，种种冲突只有靠"协商"去解决——有关各方共同协商，以达成某一套解决争论的规则，社会秩序也借此得以维持；种种冲突可以靠协商去解决——教育主导者、社会各界和网络等亚文化思想影响者、受教育者等各方协调，形成受教育者的新思想。而这一过程中，高校思想政治教育新话语系统要实现主流话语与非主流话语的协调，传统话语与现代话语、后现代话语的协调，文本话语与网络话语的协调，全球化话语与地方性、民族性话语的协调。

总之，加强话语系统的协调性，要求高校思想政治教育新话语系统的内容要从偏重政治意识形态，向政治意识形态与政治、经济、文化、社会和个人生活并重转变，从偏重国家话题，向公共需求与个人需求并重转变，以建立起思想政治教育与生活世界的全面广泛的联系，拓宽思想政治教育的对话语境，从而形成一套以科学的"真"为基础、以人文的"善"为内涵、以艺术的"美"为形式、以技术的"实"为手段的新话语系统。

第七章　新时代大学生思想政治教育与素质教育融合实践研究

第一节　大学生文化素质教育概述

一、文化素质教育的内涵

文化素质教育，应根据高等教育的不同类型和特点，以人文教育为主，兼顾科学教育，使二者实现融合。文化素质教育是以文化为载体、指向人的精神的养成教育。人格的熏陶、人文精神的养成和民族精神的培养是文化素质教育的灵魂。它主要从精神角度去审视高等教育，以文化渠道实现这一目标，和现在流行的创新教育、主体性教育等各种名目繁多的教育种类有着本质的不同。

二、文化素质教育和思想政治教育相结合的途径

文化素质教育和思想政治教育必须结合，到底该怎样结合，可以从以下几个方面入手。

（一）在教育目标上要相互促进

大学生的教育目标应该立足于大学生自身成长的需要，以促进大学生身心健康的全面发展和综合素质的全面提高为出发点和最终归宿，为国家培养能较好适应社会发展需要和全面发展的优秀人才。具体来说，就是培养大学生用马克思主义的立场、观点和方法，认识问题，分析问题，解决问题，即教会大学生做事。文化素质教育则是通过对文学、史学、哲学、艺术等知识的传授，实现对大学生人性的滋养和人格的提升，从而引导大学生学会做人。

一个全面发展的人，必须同时具备两种素质：一是做人，二是做事。其中，

做人是做事的内在基础,做事是做人的外在表现,做人先于做事,做人重于做事。所以,真正理想而全面的教育,既要引导大学生学会做人,又要教大学生学会做事。所以,在教学目标上二者不应该相互独立,而应该相互促进。

(二) 在教学内容上要适度补充,相互渗透

思想政治教育与文化素质教育在教学内容上有许多相通之处,功能上也可互补,要找出二者的结合点,适度补充,相互渗透。比如,思想政治教育就是帮助大学生树立正确的世界观、人生观、价值观,而思想政治理论课在表述上显得直接、抽象、枯燥、晦涩;文化素质课程则刚好相反,其内容较为丰富生动,大学生可以通过多样的形式树立正确的世界观、人生观、价值观。这就比单纯的理论说教和知识灌输,更容易在大学生意识深处扎根,效果也更佳。

在文化素质教育里有很多相应的素材和内容,而且,更为难得的是,文化素质课可以在更广的范围内丰富爱国主义和民族精神相关内容。纵向可以从历史的角度探讨不同时期的爱国主义特点,横向可以通过不同国家的爱国主义表现得比较进一步加深对中华民族的爱国主义的理解。这就比单纯的政治理论教育更加生动,也更富有感染力。

大学生全面素质的提高是多门学科知识共同作用的结果,教师要从教学和学生发展的需要出发,大胆地借鉴和吸收文化素质课的素材和内容,把具有爱国主义、民族精神方面的历史事件、文化典籍融入大学生思想政治教育中,解决新形势下大学生思想政治教育中面临的新问题,使思想政治教育走向科学化。

第二节 高校校园文化与思想政治教育

校园文化是社会主义先进文化的重要组成部分,是学校软实力的重要体现,大力建设校园文化,对于推进高等教育改革发展、加强和改进大学生思想政治教育具有重要的作用。

一、高校思想政治教育与文化的关系

(一) 关于文化环境建设与高校思想政治教育的关系问题

高校在进行思想政治教育的过程中,需要保证大学生有一个良好的受教育环境,大学生可以在这个环境中接受优质教育,获得良好的思想政治教育。在这里我们需要明确什么是社会文化环境。社会文化环境是人们在潜意识文化的支配下而产生的一系列行为,并通过这些行为构成的社会文化关系。从中我们可以看出一个良好的社会关系是由人们的行为决定的,而人们的行为又在一定程度上受社

会文化的影响，因此建设一个优良的社会文化环境，对于高校开展思想政治教育来说具有非常重要的作用。社会文化环境包含很多的内容，如在一定社会阶段人们所处的生活环境，所运行的文化模式等。

在实际建设过程中，高校可以运用多种形式将这些要素渗透到大学生的日常生活中，使他们在不知不觉中接受各种优良社会文化的洗礼。简而言之，高校的思想政治教育在方方面面都会受到社会文化环境的影响。随着经济的发展、时代的进步，当今的社会文化环境也会出现一些新的变化，因此，高校思想政治教育需要在这些新的变化、新的趋势中寻找出现代的要素和动力，在与现代文化进行融合的同时，也需要对一些落后的文化进行抵制。

高校思想政治教育改善文化环境、营造良好文化环境的措施主要有以下几种：第一，在思想政治教育中融合先进的文化，净化文化环境；第二，保护民族文化，取其精华，去其糟粕；第三，引导当今大学生选择正确的文化，树立正确的文化消费观念。

（二）高校思想政治教育与文化的关联性研究

高校思想政治教育与文化之间有着非常密切的联系。这是因为高校思想政治教育源自文化，它的发展通常都是以文化为载体。在某种状态下，人们会发现高校思想政治教育与文化存在很多的相似性，如实践性等。但是高校思想政治教育与文化在某种程度上又各具特点，如它们有各自的运行逻辑。有学者指出，高校思想政治教育与文化之间是相互补充的关系，即前者是后者的保障和动力，后者是前者的重要载体和有效途径。从高校思想政治教育与文化的关系来看，可以发现高校思想政治教育带有显著的文化特征，所以人们在某种情形下可以认为它是文化的重要组成部分。高校思想政治教育的开展需要借助文化教育的方法和载体。在实际的教学中，人们会发现高校思想政治教育体现了一种文化力量，它在一定程度上有利于高校进行思想政治教育，增强文化凝聚力。

（三）多元文化对高校思想政治教育的影响

目前，随着经济全球化的发展，多元文化主义已成为社会发展的必然结果。目前，高校思想政治教育面临着多元文化相互交织、相互激发的复杂局面。在这种情况下，我们更应该处理好弘扬主旋律与尊重多样性的关系。在当今社会中，多元文化主义的发展已经对人们的生活产生了深刻的影响。当前我国文化多样性在某种程度上表现为异质文化的冲突、争锋，这种变化在一定程度上会影响大学生价值观的选择，冲击大学生原本正确的价值观念。面对这样的情况，高校需要正视现今文化多样性的现实，并采取多种手段积极应对，这对帮助大学生树立正确的价值观具有积极的作用。

1.多元文化的各种形态及其表现

（1）网络信息文化与高校思想政治教育

网络信息文化的发展，对于大学生的日常生活、学习具有非常大的影响，同时对高校思想政治教育来说影响也很大。网络环境对高校思想政治教育既有利处，也有弊端。利处是它在某种程度上丰富了高校思想政治教育的内容，使其可以与时俱进，同时又在不断改变高校思想政治教育的理念和模式。弊端是如果高校不能很好地把握网络环境对大学生的影响，大学生容易沉迷于网络而不可自拔。

高校进行思想政治教育一旦与网络进行有机的结合，将会显示出非常大的优势。第一，它可以在一定程度上强化大学生学习的观念，同时也有助于大学生掌握先进的网络技术；第二，它在一定程度上有助于大学生掌握现代化的学习方法以及学习理念，同时在某种程度上有利于提高高校的工作实效；第三，有利于拓展教育资源，使大学生学习到更加先进的知识。

（2）手机短信文化与高校思想政治教育

手机短信文化与高校思想政治教育的关系主要体现在手机短信文化的意义和特点、手机短信文化的功能以及手机短信文化对高校思想政治教育的影响等方面。21世纪，很多学者都把手机短信文化称为拇指文化，他们认为，拇指文化的发展将在一定程度上帮助高校推动思想政治教育的发展。因此，高校在开展思想政治教育的时候，可以建立一个崭新的、供大学生交流的网上交流平台，在这个平台上大学生可以畅所欲言地交流，教师可以在这个平台上引导大学生的身心健康发展，创造良好的环境。高校思想政治教育要努力构建和利用拇指文化的载体，积极传播符合中国社会发展要求的思想、价值观等先进文化。

（3）大众文化与高校思想政治教育

大众文化是一种以大众为主体的消费文化，是一种新的消费形态。随着群众文化的发展，大众文化在人们生活中所具有的作用也越来越突出，已然成为新时期高校思想政治教育必须关注并能够有效利用的重要部分。

大众文化的兴起对社会产生了广泛的影响，同时也对高校思想政治教育的开展产生了较大的影响。大众文化在促进人们生活理念、生活方式等转变的同时，也为思想政治教育的发展提供了基础，它在一定程度上有助于帮助人们形成统一的共识。但是大众文化在发展的过程中容易产生一定的误区，即话语权的误区和有效性的误区。

针对大众文化的负面影响，学者们提出了许多对策，高校应有选择地吸收积极因素，同时也需要创新高校思想政治教育的内容和方法，进而构造与大众文化相适应的新格局。此外，需要注意的一点是，内容要具有21世纪的时代感，同时要突出品位，增强文化的亲和力；途径要加强互动，把握规律，增强影响力；载体要转向媒体,增强适应性,增强辐射力。要实现机制的长期有效性,增强内部力量;要减少大众文化的负面影响,必须坚持马克思主义理论教育,注重教育方法的创新;要坚持核心价值体系建设,体现主导性和多样性的统一;要坚持以人为本,确立现代思想政治教育的理念和方法。

2.中国传统文化与高校思想政治教育的关系

关于中国传统文化与高校思想政治教育的关系,大多数学者认为,中国传统文化是高校思想政治教育的有机组成部分。从这一观点来看待高校思想政治教育与传统文化的关系,我们会发现高校想要提升思想政治教育的实效性,就需要深入地研究思想政治教育与传统文化的关系,并从中发现它们的共同点,建立起两者之间的关系纽带,只有这样,才能实现两者之间的有机融合。长期以来,中国传统文化已经深深根植于人们的心灵,它已经与人们的生活习惯密不可分。因此,中国传统文化具有塑造人、培养人的功能,正是因为其具有这样的功能,它才成为思想政治教育不可缺少的一部分。在21世纪,将高校思想政治教育与传统文化相结合是可行的,它与中国社会主义的现实情况相适应。但是随着社会的发展和时代的变迁,传统文化有着合理的积极一面,也有着不合理的消极内容。因此,在实际的教学中,应该学会辩证地进行运用。

二、校园文化对思想政治教育的影响

(一)校园文化是大学生思想政治教育的催化剂

校园文化无论内容如何、形式怎样,都必然是一种积极向上、充满正能量的文化,这使校园文化成为社会主义先进文化的一个有机组成部分。校园文化要吸纳中国传统文化中"和谐"思想的内核,承担起以社会主义先进文化促进社会主义和谐社会建设的时代责任,积极应对和正确解决大学生学习、生活、交往等活动中出现的新情况、新问题、新变化和新动向。

(二)校园文化有利于引导大学生主体作用的发挥

高等教育关系着我国传统文化的传承以及新兴文化的传播,所以无论从传统文化的角度还是从新兴文化的角度来看,教育对社会文化的传承和传播都具有重要作用。

由于社会经历和经验的制约,大学生的人生观和价值观虽然已经基本形成,但是在对价值取向的判断上并没有真正成熟,容易受到外部因素的干扰,导致认知和行为上的偏差,甚至是错误。经过良好的校园文化熏陶,大学生进入社会后虽然仍存在社会经验不足等问题,但是坚定、明确的人生追求和价值取向可以帮助他们做出正确的选择。另外,坚定的人生追求可以帮助大学生建立起自信心,并以饱满的热情和活力感染周围的同学和朋友,发挥自己在思想政治教育中的主体作用。

(三)校园文化丰富了大学生思想政治教育的内容

校园文化具有整合、引导、塑造的作用,对大学生思想政治教育有显著的影响,这在很大程度上丰富了大学生思想政治教育的内容。

1.校园文化具有追求务实、追求崇高的凝聚力

在当代,这种崇高的精神境界就是"以人为本"的人文精神、"求真务实"的科学精神、"着眼未来"的超越精神和"自强不息"的奋斗精神。正是有这些精神因素的存在,才能聚集成建设中国特色社会主义的共同理想,把师生的智慧和力量团结到构建和谐校园的共同事业之中。

2.校园文化对大学生具有重要的教育导向作用

通过丰富多彩的校园文化,大学生可以得到精神上的熏陶和教育,从而形成乐观自信、勤奋敬业、严谨笃学等优秀的人格品质。校园文化对勤奋、踏实、诚实、守信、敢于创新的良好学风,以及崇尚科学、严谨求实、善于创新的良好校风具有极为有利的促进作用。在良好校园文化的帮助和促进下,高校教育才能发挥出最大的作用。

3.校园文化具有源源不断的创造力

高校是思想最活跃、最富有创造力的地方,它同时也是新知识、新思想、新文化的重要发源地,其创造力主要来自承担社会责任的知识分子群体追求真理、体现公平正义的社会理想,发挥文化对社会进步的强大影响作用。

三、当前我国校园文化面临的挑战

随着我国改革开放和全球化步伐的日益加快,随之而来的文化多元化、意识形态多元化、生活方式多元化等,呈现出由"一"到"多"的特点,且当下信息高速传播,渠道日趋丰富,外来文化冲击着原有的文化模式和思维方式,使校园文化呈现出新的特点。

(一)内容——丰富性与复杂性并存

全球化带来了物质和文化上的极大丰富,新的观念和方法也随着文化一同出现在人们的生活中。不同文化之间不可避免地互相渗透、影响,这种互相吸收和补充,形成了"你中有我,我中有你"的局面。但这也对原有的文化观念提出了挑战。要做好不同文化的相互融合,进行正确的价值判断,需要较高的判断力和分析力,这对个人素质提出了更高要求。当前在校的大学生正处在身心快速发展的阶段,他们涉世未深、阅历较浅,对很多社会现象还不能很好地把握,较容易

受到影响。只有提升大学生的文化甄别能力，才能尽可能地避免负面效应。

（二）评价标准——创新性与变化性相依

校园文化建设的目的是实现育人的功能。不同的时代背景和社会需求，对人才的要求也是不同的。高校培育的人才要能适应社会发展、实现自我的完善，因此育人的理念不是一成不变的，要能与时俱进，适当地进行调整。当今社会，全球联系广泛加强，高新技术快速更新，经济发展日新月异，文化交融错综复杂，这对高校育人提出了更高的要求，要求高校培育出满足社会多元需求的复合型人才。这要求大学生要有国际化视野，与经济全球化、教育国际化和文化多元化等时代特点相适应，全面提升综合素质。因此，校园文化的评价标准也会随之发生变化。

（三）文化选择——多元性与甄别性共生

当下的文化交融日益增多，大学生在校园里接受各种文化的熏陶，思维活跃，善于思考，因此不同类型的文化在大学校园里共同产生作用。要进行选择，做出适宜的价值判断，大学生必须对其进行全面的了解，凭借敏锐的观察力，通过缜密的分析，根据自身实际情况做出取舍，这样才能促进个人的健康发展。如先前在一些大学生中出现的拜金主义、享乐主义等，即是对一些外来文化的盲目追求、片面理解、曲解和误解而形成的一种不良风气。在当前多元文化背景下，本土文化被越来越多的外来文化观念影响，但我们不能简单地沿用和吸收这些外来文化，而要对其进行甄别。校园文化建设是对大学生进行思想引领的重要方面，对大学生的世界观、人生观和价值观有着深刻的影响。

（四）文化理念——开放性与传统性交融

校园文化作为校园里的一种精神文化，对大学生的教育引导功能十分明显，因此它也必须是在长期的实践检验中不断完善和延续而形成的。校园文化元素本身就包含了相对稳定和传统的成分，在历史的积淀中，逐渐被广大师生所接受，具有一定的社会影响力。但现代社会，新的文化思潮带来了许多与传统不太相同的理念，若一味地因循守旧，延续陈旧的做法，必然会和大学生当下的生活理念发生冲突，容易遭受质疑。校园文化应该兼收并蓄，广泛吸收新文化理念，进行加工改造，以更具时代特色的新形式出现。

四、建设校园文化要坚持的基本原则

（一）坚持主旋律与尊重多样性的统一

高校是人类文化传承、创新与发展的重要基地，不但要传承和创新知识，更具有熔铸、守望人文精神的神圣使命。校园文化建设是实现这一使命的必然途径，是学校精神文明建设的重要基础和重要前提。

高校必须建设一个文化层次较高的校园文化环境，传承大学精神，使广大青年学生能养成良好的思想道德品质。党的十四届六中全会决议提出的社会主义精神文明建设指导思想中，提出了"以科学的理论武装人，以正确的舆论引导人，以高尚的精神塑造人，以优秀的作品鼓舞人"的理论指示。这也就要求校园文化建设必须坚持正确的政治方向、价值导向和审美旨向，贯彻党的基本路线和教育方针，高扬社会主义、爱国主义和集体主义主旋律。当今社会处于文化井喷时代，各种类型的文化层出不穷，相互交融并得以发展。社会发展必将呈现出更大的开放性和适应性，文化多样性将是一种必然趋势。历史无数次证明保守和封闭只能走向停滞和僵化，建设高水平的校园文化必须使校园与社会联网，走开放之路，尊重主体多样性发展。

当然，尊重校园文化多样性也不等于忽视主旋律建设的精神引领作用。文化主旋律和文化多样性是相互促进的关系，也就是必须坚持主旋律与尊重多样性的统一，这才是进行校园文化建设应该持有的态度。

（二）坚持积淀传承与创新发展的统一

文化是由历史的积淀而形成的。不经过一定的历史积淀和传承，文化的优秀品质难以体现。在高校长期发展的历史积淀中形成的具有相对稳定性的文化传统意识是现代校园文化传统中最宝贵的部分，是高校抵抗挫折、谋求发展的顽强生命力的底蕴所在，是高校的灵魂，是高校精神与氛围的集中体现，也是高校赖以生存的根基，更是高校可持续发展的精神动力，对于稳定高校的风格和水准具有至关重要的作用。

高校能够持续健康发展的推动力，源自优秀的校园文化。校园文化的建设与创造，既是一个继承、借鉴、创新的综合过程，也是一个德育与智育、科学与价值以及人与人相互作用、相互促进的复杂过程，需要精心构建，需要在理念上精心提炼，在实践中长期培育。传承学校的特色与优势文化需要依靠学校师生的共同努力与不懈创造。

（三）坚持立足国情与面向世界的统一

面对经济全球化的挑战，校园文化不应回避，而应积极主动地融入世界大潮之中，通过与大风大浪的搏击，使自己的羽翼逐渐丰满，从而实现国际化与民族化的统一，实现自身的完善和发展。

从根本上说，对待面向世界和立足国情的态度与我们对外来文化和传统文化的态度是一致的。对外来文化和传统文化，校园文化的基本原则是采取分析辩证的态度，积极利用其合理成分，并结合具体情况加以批判继承、消化吸收。

五、加强校园文化建设，突出文化育人

高校校园文化建设要以文化为载体，着眼于人才培养，着力于精神文化塑造。高校应牢牢把握育人为本的校园文化建设主线，努力开创校园文化建设的新局面。

（一）加强校园环境建设，保障校园物质文化和精神文化发展的协调性

环境在育人中的作用不可忽视，在校园文化建设中，要突出环境在大学生思想政治教育中的育人功能。加强校园文化的环境建设，这主要包括自然环境与人文环境的建设。

1.加强校容校貌等自然环境的建设

校容校貌的建设水平包括学校的建筑风格、绿化美化的程度、自然风景特色、环境整洁水平、设备现代化层次等。校园内一般应有与本校相关的大家、名师的雕像，主题文化广场，校友捐赠的奇石，校园的花草树木，学校的文明标识牌等。

2.加强校园人文环境的建设

校园人文环境是大学生对自己学校最值得自豪和骄傲的内容。"大学之大，非大楼之大，乃大师之大。"大师之大总体来说，就是校园的人文环境建设，大师的精神要通过校史、板报、宣传窗、校训标识、电子标语等方式向大学生传播。所以校园的人文环境建设能够起到对师生的人文情趣的引导作用。

（二）突出文化育人，使校园科学精神与人文精神和谐发展

在当前多元社会文化的影响下，学校校园文化建设应始终坚持人文精神和科学精神的相互依存、和谐发展。在学校校园文化建设中，科学精神和人文精神是大学生观察与认识世界不可或缺的两种素养。

1.加强科学精神培养的重要性

当今世界国际化程度越来越高，社会生活日新月异，结合我国社会的发展现状和高等教育的发展改革，满足社会对于各种人才的客观要求，校园文化的发展必须加强对大学生科学精神的培养。当今世界各国主导的观念是把高校定位成一个集科学研究、人才培养和服务社会等各项功能于一体的综合型教育机构。要完成好这一任务，必然要求大学教育的重点放在培养严谨规范、求实创新的科学精神上，使高校在大学生有限的学习时间里，充分利用各种教育资源，传授给大学生这一科学精神，从而完成国家和社会赋予高等教育的神圣使命。从我国高等教育改革发展的目标来看，要想充分适应我国社会国际化、信息化发展的客观需求，培养出综合素质高、拓展能力强的合格人才，在高校校园文化建设中，都应该围

绕一个核心，那就是培养和激发大学生的自主精神，独立思考、善于创新的综合能力，在教学设计的理念方面、课程体系及内容方面、教学方法与手段方面，进一步更新、调整和变革，而这些都与科学精神的本质和内涵相辅相成。

2.加强人文精神培养的重要性

国际化对高校校园文化建设中人文精神的培养提出了更高的要求。

（1）随着西方社会思潮的侵入，许多大学生的价值观产生偏差，在校园学习生活中感到目标不明确，前进无动力。加强大学生人文精神培养，有助于大学生世界观、人生观和价值观的完善，能帮助大学生培养积极向上的精神面貌，树立远大的理想抱负，执着于人生目标的追求。

（2）提高人文精神有助于增强大学生的民族自豪感，培养大学生的爱国主义情感。人文精神本身就体现了强烈的民族性，不同的民族有不同的历史，不同的国家有不同的文化。

（3）高校校园文化建设加强人文精神培养，有助于解决大学生的心理问题，保持其精神生活的健康。

3.保证科学精神与人文精神的统一

高校校园文化建设保持人文精神与科学精神的统一，是突出校园文化育人功能的关键。高等教育培养的社会主义事业的建设者和接班人，应该是既有严谨认真的科学素养，又有健康崇高的人文精神的现代意义上的完整的人。从人类发展的文明史来看，自然科学和人文科学之间是相互补充、不可替代的。我国高等教育担负着培养中国特色社会主义建设需要的合格人才的重要任务，高校应充分认识到，校园文化建设中培养健康合格大学生的关键在于倡导和推进科学精神与人文精神的和谐发展，由此培养的高素质的大学生才能在国家发展建设中起到中流砥柱的作用。

（三）加强组织领导建设，完善校园文化建设制度

1.加强组织领导建设

在大学校园文化建设中，加强组织领导建设具有重要意义，完善的组织领导体系可以促进其建设发展。具体包括：一是政策方式，即通过制定相关政策引导高校进行文化建设的行为；二是经济方式，即在拨款、资助、投资奖励和招标等教育经费分配过程中通过合理的倾斜来调整提高文化建设方面的投入；三是信息服务的方式，即通过提供信息服务来使高校有选择地决策自己的行为；四是监督评价方式，即通过检查、鉴定、评估等活动对文化建设情况进行检查、监督。

2.完善校园文化建设制度

大学校园文化建设需要制度框架的支撑。只有完善各项制度措施，大学校园

文化的凝聚力和创新力才能竞相迸发，大学校园文化才能卓尔不群、历久弥坚。

具体来说，各项制度措施的完善必须着眼于以下几个方面：第一，在起点上，一项制度措施的制定与完善首先要建立在民主和法治的基础之上，反映在大学校园文化建设中，就是依法治校和民主管理，有这样一个逻辑前提，才有可能营造一个宽松和谐的学术环境，发扬批判和独立的精神，鼓励教师进行开创性的研究。第二，转变学校行政职能，要更多地体现"精神性"而非"物质性"，"全员性"而非"科层性"，加强教授治学、教师参与学校学术事务管理的权利。第三，各学科的高度交叉和融合是当前全球环境学术发展的必然选择，因此，改革现有的学科和科研管理的组织模式，不断提高大学的学科和科研的管理水平，以更好地适应现代学科的发展，促进学科交叉和科技创新。

第三节　大学生思想政治教育中的文化建设

一、大学生思想政治教育中文化建设的依据

大学生思想政治教育和文化建设可以被看成是两个相互独立但又密切联系的系统。虽然大学生思想政治教育与文化建设是两个不同的概念，各有特定的含义和内容，但是在具体的实践中，它们是互相联系、密不可分的，在许多方面都是相同、相通或相融的。

（一）主客体的关联性

1.大学生思想政治教育与文化建设的主客体具有内在一致性

（1）工作对象具有一致性

大学生思想政治教育着重解决大学生的思想认识、观点和立场问题，所以高校应始终坚持以育人为业，以培养大学生的价值观为本，只有这样才能培育出社会主义现代化的优秀人才。相较于大学生思想政治教育，文化建设主要从培育大学生的价值观出发，更注重培育大学生的优良作风，以及塑造其良好品质。

（2）坚持以人为本，强调人文关怀

人是社会最基本的组成部分，同时也是推动社会不断变革的关键力量。因此，对于社会来说，人的作用是十分巨大的。在现代社会生活的任何一个领域中，人都发挥着非常重要的作用，所以，高校在开展思想政治教育的时候需要将人放在突出的位置，对人的观点和建议进行充分的考量。大学生思想政治教育和文化建设都强调人、重视人，注重发挥每个人的作用。

2.大学生思想政治教育与文化建设在主客体的范围上有所不同

大学生思想政治教育与文化建设的主客体都是从事社会实践活动的人，在这方面两者是相同的，但是，大学生思想政治教育与文化建设在主客体的范围上存在一些不同。文化建设强调将个体融入群体中，更加注重个体在群体中发挥的作用。与此同时，文化建设更加注重个体在群体中的道德品行，从而使个体的价值取向与社会所要求的价值取向相一致。大学生思想政治教育更强调一个人作为个体的不同，鼓励每个人在社会价值观允许的情况下，充分发挥自身的主观能动性。

（二）方法的互鉴性

大学生思想政治教育与文化建设虽然是两个不同的系统，但它们在很多方面却有着一定的相似性。大学生思想政治教育在育人方面不直接影响人的行为，而是通过影响人的思想，进而影响人的价值观的形成。从宏观上说，大学生思想政治教育和文化建设都是通过影响人们的思想，进而影响人们的行为。在实施手段上，大学生思想政治教育和文化建设有许多相似的地方。文化建设通常会采用一些经济类、教育类的手段引导人们进行各种活动。这些也是大学生思想政治教育常用的方式。

二、大学生思想政治教育中文化建设的意义

经济社会发展带来文化的繁荣发展，文化建设已成为大学生思想政治教育中一个无法回避的领域。大学生思想政治教育所包含的政治思想、价值观念、道德规范等内容，都是文化建设的一部分，这些内容体现在大学生思想政治教育运行的全过程中。

（一）有利于提高大学生的思想道德素质和科学文化素质

1.促进大学生形成正确的政治态度、政治思想

（1）有利于帮助大学生树立正确的政治态度

政治态度是指人们在政治生活中所表现出来的政治意识与政治价值等。大学生思想政治教育的作用之一就是帮助大学生树立正确的政治态度。实践证明，大学生思想政治教育已经成为帮助他们树立正确政治态度的有效手段。因此，在大学生思想政治教育中融入文化建设就显得十分必要，这可以在一定程度上帮助大学生接受政治知识、形成政治目标，进而树立正确的政治态度。

（2）有利于引导大学生形成正确的政治思想

政治思想是指人们在社会政治生活中形成的对政治的观点和见解的总和。政治思想是政治文化的核心，是人们对社会政治生活的自觉的、系统的反映。在一定社会政治思想体系中的人们，经过长时间的洗礼会形成与社会相适应的政治思想。因此，对大学生进行思想政治教育，将有利于大学生形成正确的政治思想。

2.促进大学生树立正确的世界观、人生观、价值观,坚定理想信念

世界观、人生观、价值观决定着一个人思想道德素质的水平,同时也影响着人们的精神世界,它在一定程度上决定着人们对社会的认知。从一定程度上来说,"三观"决定着一个社会的整体精神面貌,同时也决定着这个时期人们的道德素质。因此,对于大学生思想政治教育来说,培养大学生正确的"三观"是非常必要的,这也是高校进行文化建设的重要内容。在适时的时候进行价值的引导,将有利于帮助大学生坚定理想信念。

(二)有利于推动大学生思想政治教育的改革创新

将文化建设融入大学生思想政治教育,不仅可以使大学生思想政治教育的内涵得以丰富,还可以使高校思想政治教育的内容得以外延,这不仅增强了思想政治教育的时代性,也进一步强化了思想政治教育的作用,有利于推动大学生思想政治教育的改革创新,并为高校思想政治教育的发展提供新的方式、方法。

1.文化建设推动大学生思想政治教育的理论创新

20世纪以来,文化的发展对于推动高校思想政治教育的发展具有极其重要的作用,这是因为它的发展可以为高校思想政治教育的发展提供理论上的借鉴。大学生思想政治教育的理论研究也需要在特定的文化环境中进行,换句话说,高校思想政治教育的发展需要有一定的文化作为支撑。因此,在大学生思想政治教育中融入一定的文化取向、一定的文化学研究理论将有助于大学生思想政治教育的开展。大学生思想政治教育与文化建设的融合,有助于深化人们对大学生思想政治教育理论研究的认识,从而进一步正确认识大学生思想政治教育的本质、目的和功能,以及科学把握大学生思想政治教育的规律。

2.文化建设促进大学生思想政治教育与经济发展的有机结合

经济社会的全面发展,一方面依靠社会主义物质文明的发展,另一方面依靠社会主义精神文明的进步,所以"两个文明"必须一起抓,齐头并进。做好大学生思想政治教育工作,一定要紧紧围绕经济和生产经营活动来开展,这样做可以在一定程度上促进两者的共同发展。历史证明,想要做好思想政治教育工作,就需要将其与经济任务、经济政策密切联系起来,这是因为思想政治教育在一定程度上对经济具有促进作用。换句话说,文化建设对大学生思想政治教育具有积极的促进作用,它既体现了社会生产、经营、管理的需要,也反映了广大大学生的精神追求。

三、大学生思想政治教育中文化建设的影响因素

(一) 影响文化建设的主观因素

1.社会发展的需要

社会发展的需要是影响社会文化发展和个人文化选择的根本原因和主要驱动力，是影响人们文化需求的主要因素。人类在历史发展的过程中持续进行各种实践活动，以满足个体的不同需要。所以，社会发展的需要成为文化建设的重要主观因素。

2.对物质文化生活的期望

文化的发展程度最终是由经济发展水平决定的。正常情况下，人们物质生活水平越高，可支配收入越多，对文化的需求就越大。

(二) 科学技术的发展与进步对文化建设的影响

科学技术的发展与进步，是一个复杂的过程，它不仅是人类利用自然力的过程，也是社会文化的发展过程。科学技术的发展不仅是一种纯粹的工具变革，而且蕴含着丰富的文化内涵。可见，科学技术不仅包含物质的力量，还包含文化的力量。

1.科学技术已成为影响国家实力的重要因素

随着经济的发展，科学技术的发展已经越来越迅速，同时科学技术对一个国家综合国力的提升、经济的发展所提供的帮助也越来越多。从现今的发展状况可以看出，科学技术已经成为第一生产力，同时也已经成为一个国家国际地位的象征。

2.科学技术的发展对思想观念和文化发展的影响

科学技术的发展影响了人们对生活环境以及生活方式的选择，同时也影响着人们价值观念的形成，并在一定程度上影响着国家的教育环境。

四、大学生思想政治教育中文化建设的具体路径

(一) 坚持文化建设的理念和原则

1.树立文化建设的基本理念

思想政治教育与文化建设是两种相互独立的个体，两者之间不可相互替代，所以也不能将两者完全融合，使其丧失独立性。大学生思想政治教育以及文化建设并不是一朝一夕就能完成的，需要人们经过长期的、艰苦的努力才能实现。因此，要重视大学生思想政治教育和文化建设之间的整合和融会贯通，应避免将大学生思想政治教育和文化建设简单地进行配置，而是应该将二者进行均衡与整合，

这在一定程度上可以提高大学生科学文化素养。

2.确立文化建设的主要原则

（1）系统性原则

从系统论的角度看，大学生思想政治教育与文化建设是两个不同的系统，这两个系统相互独立，彼此之间互不联系。但如果从两者的性质和功能来看待它们，会发现它们之间是相互贯通的。因此，推动大学生思想政治教育的文化建设，就是促进大学生思想政治教育和文化建设的系统融入，从而发挥大学生思想政治教育的整体功能。

（2）创新性原则

推动大学生思想政治教育的文化建设，应坚持与时代发展保持同步的原则，紧跟时代发展的步伐，因为超前或者落后的文化建设都不利于思想政治教育的发展。

（二）扩大文化建设的内容范围

1.坚持以中国特色社会主义为核心教育内容

中国特色社会主义道路是中国共产党带领全国各族人民共同团结奋斗的结果，其中凝结了无数中国共产党人的智慧和心血。实践证明，中国特色社会主义道路是科学的道路，因此在实际的教学中，高校应该使广大大学生意识到中国社会主义道路的正确性，同时也要强化大学生对中国特色社会主义道路的认同。

任何一个社会都以一定的社会制度为基础，而建立起具有一定优越性的制度是所有社会所共同追求的。制度问题更带有根本性、全局性、稳定性和长期性。中国特色社会主义制度的建立，标志着人类制度文明的又一个先进形态的出现。中国特色社会主义的产生和发展，不是一次偶发性的事件，而是历史发展到一定阶段的必然选择，它是在结合中国特色国情的基础上形成的独具特色的制度体系。

所以，高校在进行思想政治教育的时候，需要明确中国特色社会主义制度的优越性，需要让大学生鲎得它的存在符合中国的实际情况，同时也促进了中国的发展。

2.以社会主义核心价值体系为共同导向

社会主义核心价值体系对于我国人民来说具有非常重要的意义，具体表现在社会主义核心价值体系是引领思潮、凝聚共识的重要武器。高校在进行社会主义核心价值体系教育的过程中，需要首先明确其重要性，同时也需要明确中国共产党在这个体系中的重要地位。高校加强社会主义核心价值体系教育需要从三个方面进行：第一，高校在进行教育的过程中需要先让大学生理解和认同；第二，高校需将社会主义核心价值体系融入思想政治教育、教学的整个过程中；第三，高校应使社会主义核心价值体系融入大学生的日常生活中,使之成为大学生的精神信仰,成为大学生毕生追求的事业。

(三) 创新促进文化建设的方式方法

大学生思想政治教育对文化的借鉴,很大一部分是方式方法的借鉴和吸收。将文化建设融入大学生思想政治教育,集中体现在将文化的方式方法运用到大学生思想政治教育当中,进一步推动大学生思想政治教育方式方法的改进和创新。

1.推动方法创新

(1) 创新文化建设融入的方式

①直接融入法。直接融入法就是将与文化有关的内容直接注入思想政治教育中,进而通过教育的方式使这些内容得以显现,从而实现两者交融的目的。

②间接融入法。间接融入法就是大学生思想政治教育的内容通过依托某种载体而显现出来,因此,在教育的过程中,教育者只需要将这些载体传递给受教育者,就可以使受教育者获得教育。

(2) 营造良好的文化环境

文化环境需要积极地介入大学生思想政治教育和文化建设的运行以及大学生思想政治教育的文化融入的全部过程,这种文化环境的介入体现为特定的文化情境。

2.推动文化载体创新

文化建设中包含着很多的载体,既包括物质文化载体、环境文化载体等,又包括网络文化载体、手机文化载体等。这些载体都能够为大学生思想政治教育内容的传播提供有效的服务。推动大学生思想政治教育的载体创新,重点在于推动大学生思想政治教育文化载体的创新。

(1) 充分利用现代信息技术手段

推动文化载体创新,要充分利用现代信息技术,提升大学生思想政治教育的形象性、生动性和灵活性。互联网、手机短信等新媒体逐渐引起了人们的关注,为传播文化信息提供了"声光"。色彩、电学等多种方法和途径已成为大学生思想政治教育文化整合的重要技术手段和有效载体。

运用影视作品、诗歌散文、小说戏剧等各种文化形式,有利于将抽象的马克思主义理论形象化、生动化,进而使马克思主义的最新理论成果易于理解和提炼,这在一定程度上可以增强大学生对中国特色社会主义的认识,激发他们学习的积极性。要促进思想政治教育的文化建设,就要善于运用这些现代传播工具,充分利用这些媒体工具,拓宽信息交流渠道,同时需要根据大学生的特点,开展多种形式的文化活动。

促进大学生思想政治教育的文化建设,特别是充分利用现代网络技术,积累符合我国社会主义发展需要的思想文化、价值观、道德等内容,可以掌握网络传播的主动性和话语权。一是充分利用互联网技术,积极创建各类红色网站,建立各类红色主题页面,系统传播中国特色社会主义理论,强化科学发展观、社会主义和谐社会、社会主义核心价值体系等。二是善于通过互联网进行沟通,及时掌握大学生的思想动态,及时纠正错误的思想、纾解不良的情绪。三是充分利用网络博客、官方微博、手机微信等新媒体传播方式开展教育活动。

(2)充分利用各种文化活动和文化设施

①开展形式多样的文化活动。广泛开展各种文化活动,使大学生能够陶冶情操、净化心灵。此外,广泛开展以创建文明单位和文明社区为重点的社会主义精神文明活动,也可以为大学生思想政治教育的文化建设提供广阔的空间。充分开展这些文化活动,不仅可以传播中华民族的传统美德和社会主义时代的创新精神,而且可以培养大学生健康的生活方式和积极的生活态度。

②建设和利用各类文化设施。随着物质财富的增长,人们对思想政治教育和文化建设的硬件设施提出了更高的要求。人们要促进文化更好地融入大学生思想政治教育,就要充分利用大众传播媒介和各种公共文化设施对大学生进行教育和渗透,因此,需要建设和利用各种文化设施。

第八章　新时代大学生思想政治教育与创新创业教育融合实践研究

思创融合模式主要是指将创新创业和思政教育融合在一起而形成的新的育人模式，是新时代思想政治教育工作的新事务，主要表现为思想政治教育与创新工作融合及思想政治教育与创业工作融合两种形式。

第一节　思想政治教育与创新工作融合的基本问题

要实现思想政治教育与创新工作融合，需要处理好一些辩证关系。

一、处理好守正出新的关系

首先，要理解"守正"与"出新"的含义。李树杰对此进行了深入的阐述，"'守正'是中国传统文化的核心价值。司马迁在《史记·礼书》中讲：'循法守正者见侮于世，奢溢僭差者谓之显荣。'乃是针砭时弊，强调要恪守正道。'正'者，大道也。既包含道德操守，又包含客观规律，还包含正确理论。从哲学上讲，它是事物的本质和规律。一切被实践所证明了的正确东西，以及从无数次成功失败中得出的宝贵经验，都谓之为'正道'"。

"'出新'，则是创新、变化。哲学家说：世界上唯一不变的是变化。《吕氏春秋》中也说：'治国无法则乱，守法而弗变则悖，悖乱不可以持国。世易时移，变法宜矣。'有位著名企业家畅谈成功的秘诀也是一句话：'拥抱变化。'事物是发展变化的。守正不是守成，不是冥顽不化。古往今来，适者生存。在不断变革的社会背景下，必须审时度势，推陈出新，与时俱进。抱残守缺，刻舟求剑，不思变化，只会越来越被动，越来越落后。"

其次，要理解"守正"与"出新"的辩证统一关系。李树杰对此也有进一步的说明，"'守正'是根基。我们需要与时俱进，不断顺应时代变革，但前提是把握事物本质、遵循客观规律。'马克思主义是我们立党立国的根本指导思想。背离或放弃马克思主义，我们党就会失去灵魂、迷失方向。'习近平总书记在'七一'重要讲话中，就党和国家的发展，十分明晰地阐明了我们的坚守和根本。一些国家出现这样那样的问题，原因很多，但在守正与出新中迷茫，盲目求变而失去根基，是其重要原因"。

"'出新'是希望。当年列宁把马克思和恩格斯提出的社会主义革命只有在经济发达的西方几个国家同时发生才能取得胜利的'同时胜利论'，发展为社会主义革命在一定条件下可以在一个经济文化比较落后的国家首先取得胜利的'一国胜利论'，这就是对马克思主义的'出新'。这样的'出新'带来了十月革命，也带来中国新民主主义革命。改革开放以来，世界和中国都发生了重大变革。今天，时代变化和我国发展的广度和深度远远超出了马克思主义经典作家当时的想象。'面对新的时代特点和实践要求，马克思主义也面临着进一步中国化、时代化、大众化的问题。马克思主义并没有结束真理，而是开辟了通向真理的道路。'我们必须大步向前，结合新的实践不断作出新的理论创造，用发展着的理论指导发展着的实践，才能在变化的节律中不失方寸。"

二、在实际工作中处理好守正和出新的关系

要实现思想政治教育与创新工作融合，守正是基础。所谓守正就是坚持思想政治教育工作的基本规律。这就需要做好如下两项工作：第一，要认真学习习近平新时代中国特色社会主义思想；第二，要认真学习马克思主义经典著作。

当前在思想政治教育工作队伍中，尤其是一部分高校辅导员认为马克思经典著作太深奥、读不懂，平时只注重学习文件，害怕学习经典理论；甚至极个别高校辅导员经典著作读得很少，这就导致其理论功底较差，直接影响了守正的效果。

在实际工作中出新就是要认真领会"因材施教"的多样性，要努力做到"因地施教"（充分考虑学校所在地区的经济文化发展特点开展思想政治教育工作创新）、"因校施教"（充分考虑学校的类型特点开展思想政治教育工作创新）、"因科施教"（充分考虑具体学科的专业特点开展思想政治教育工作创新）、"因课施教"（充分考虑不同类型课程的特点开展思想政治教育工作创新）、"因师施教"（充分考虑教师专业优势特点开展思想政治教育工作创新）、"因生施教"（充分考虑生源特点开展思想政治教育工作创新）。

同时还要注意不要受传统观点中"创新与传统观点格格不入的思想"的影响。许多创新都是在打破旧有观点和观念的基础上实现的，没有旧有的事物作基础，任何新事物都无法产生，创新本身就是一个辩证否定的过程。批判地继承绝不等于全面打倒，与传统观点有差异更不等于与传统观点格格不入，这才是守正出新的精髓。

三、处理好思想政治教育主体渠道与辅助体系的关系

要实现思想政治教育与创新工作融合,需要讲好思想政治理论课,做好日常思想政治教育工作,同时还要做好课程思政。

推而广之,就会发现课程思政与思政课程以及日常思想政治教育工作同等重要。一方面,思想政治教育工作者不要不愿意与专业课教师交流,不要自我封闭;另一方面,专业课教师也要主动研究思想政治教育工作的规律,实现课程思政。中国戏曲学院、中央美术学院、中国音乐学院、北京服装学院、北京舞蹈学院开展的课程思政就是典型的成功案例。几所学校发挥本校艺术大师众多的优势,开发"艺术名家领读经典"市级思政课,艺术领域名家以自己的学术理念对学生们循循善诱,专家以丰厚的学养、诙谐的语言讲述艺术的传承与创新,让同学们受益匪浅,对传承与创新有了更深层次的理解,实现了思想政治教育与创新工作的融合。该课程也吸引了很多校外教师和研究者前来旁听,取得了很大成功。

第二节 地方高等院校开展中国近现代史纲要课程的创新探索

思想政治教育与创新工作的融合涉及很多内容。在思想政治教育领域,加强党史、国史教育,通过学习历史,引导大学生树立正确的世界观、人生观、价值观,意义十分重大。

2013年,习近平总书记在中共中央政治局就中国特色社会主义理论和实践进行第七次集体学习时强调:"历史是最好的教科书。学习党史、国史,是坚持和发展中国特色社会主义、把党和国家各项事业继续推向前进的必修课。这门功课不仅必修,而且必须修好。"这就要求青年大学生要继续加强对党史、国史的学习,在对历史的深入思考中做好现实工作,更好地走向未来,用奋斗的青春交出满意的时代答卷。在实现中华民族伟大复兴的道路上,学习历史意义十分重大。中共中央宣传部、教育部发布的《〈中共中央宣传部教育部关于进一步加强和改进高等学校思想政治理论课的意见〉实施方案》,将中国近现代史纲要定为本科生四门必修课之一,明确规定:"开展中国近现代史的教育,帮助学生了解国史、国情,深刻领会历史和人民是怎样选择了马克思主义,选择了中国共产党,选择了社会主义道路。"

一、地方高等院校开展中国近现代史纲要课程教育创新的总体思路

在地方高等院校开展中国近现代史纲要课程教育的创新实践,需要做好三项工作,即激发中国近现代史纲要课程教师开展教育创新实践的欲望、处理好中国

近现代史纲要课程教育创新实践过程中所涉及的典型关系、建立中国近现代史纲要课程教育创新的保障体系。

(一) 教师参与教育创新实践是实现中国近现代史纲要课程教育创新目标的基础

1.中国近现代史纲要课程教师开展教育创新实践的价值分析

在以往的中国近现代史纲要课程教学活动中,部分课程教师认为,中国近现代史纲要课程理论与教学方法的研究只是该课程教学专家、课程负责人或专门研究者的事,与自己毫不相干。这种情况导致部分教师主动认识问题、解决问题和对自己的教学行为反思的意识逐渐减弱、淡化,他们的工作也就成为一种单纯的执行教学计划的行为。然而,课程理论研究的成果表明,教师在开展中国近现代史纲要课程教育创新实践方面有着得天独厚的优势,他们不仅处于最佳研究位置,还拥有最佳的研究机会。所以,教师自己要敢于开展研究,制订研究计划,收集和研究反馈信息并调整行动、评价结果、应用研究成果等,这些正体现了教师的主体作用。当然,为了提高研究的质量,取得更好的教育创新实践成果,要有专业研究者、专家学者的指导,并与参与中国近现代史纲要课程的教师一起开展研究,这也是中国近现代史纲要课程教学活动实践中迫切需要解决的问题。因此,教师在开展研究活动时必须根植于中国近现代史纲要课程的教学活动,广泛收集信息、发现问题、研究问题、解决问题。

在具体的课程教学实践研究中,研究的过程具有系统性和开放性。系统性表现为研究活动的开展有一般的操作程序。教育创新实践是一个螺旋式的发展过程,是一个由计划、实施、观察和反思四个环节构成的循环往复的运作系统。因此,研究计划应有充分的灵活性和开放性,通过不断的观察和反思,重视中国近现代史纲要课程教学活动中出现的新问题,依据发展中的实际情况,研究者可以修改部分实施计划,也可以修改总体计划,甚至可以更改研究课题。

2.中国近现代史纲要课程教师教育创新实践能力的培养思路

中国近现代史纲要课程教学实践研究是教师研究教学工作、培育教学工作理念、改进并提高教学质量、实现教师专业发展的重要手段。因此,在开展中国近现代史纲要课程教育创新实践中,要注意培养教师的四种能力。

(1) 培养教师对中国近现代史纲要课程教学问题的敏感性。教师要以积极、探究的心态留心观察身边正在发生的各种与中国近现代史纲要课程教学相关的现象,并在初步分析的基础上提出问题。在长期的教学活动实践中,有些现象司空见惯,教师很容易将所遇到的问题看作理所当然的,不加以质疑。因此,要培养教师对中国近现代史纲要课程教学问题的敏感性,并深入思考其意义。

（2）采用灵活的研究方法。如文献研究、调查研究、中国近现代史纲要课程教学观察、个案研究、经验总结、中国近现代史纲要课程教学测量等。教师应根据实际情况，选择适合解决问题的方法与途径，并在此基础上，拟订科学合理的研究计划，确保行动研究在一段时间内取得明显成效。

（3）收集详细资料。中国近现代史纲要课程教育创新实践就是一个总结、研究、积累资料并逐步提升的过程，其成功与否取决于收集的资料是否真实可信。这就要求教师要用心观察，努力记录，缜密思考，尽可能收集第一手资料，观察、深入访谈、进行文件分析等。

（4）增强合作与交流。中国近现代史纲要课程教师开展教育创新实践，需要本课程组教师的共同参与和合作，开展多层次研究，比如可以参与各类研讨会、座谈会等，也可以与其他学校学者、专家真诚合作共同研究，交流经验，这样才会使教育创新实践产生理想的效果，教师才能不断成长与提升创新能力。

（二）中国近现代史纲要课程教育创新需要处理好的几对关系

中国近现代史纲要课程教育创新实践是各高等院校做好党史、国史教育工作的重要手段，在这一过程中，需要关注和处理好如下几对关系。

1.正确处理好本科政治课与高中历史课的关系

在目前中学的历史课教学大纲中，中国近现代史是必修内容，其课程定位是中国通史的重要组成部分，教学内容涉及政治、经济、文化、教育、社会、军事、外交等诸多方面。因此，是一门历史课课程，课程教师也是历史教师。《中共中央宣传部教育部关于进一步加强和改进高等学校思想政治理论课的意见》，将"中国近现代史纲要"定位为四门本科生思想政治教育理论课之一。该课程的教学目的是通过对中国近现代基本史实的讲授，重点讲清"三个选择"，即历史和中国人民怎样选择了马克思主义、中国共产党的领导、中国特色社会主义道路。上述问题是中国近现代史的基本问题，也是当代中国政治领域的重大问题。"三个选择"是中国近现代史纲要课程的教学重点。

从上述分析不难看出，作为本科政治课的中国近现代史纲要与高中历史课虽然都要讲授历史，但其属性是不同的。历史课要求学生掌握历史知识、重大历史事件及其意义。政治课的教学目的是帮助学生树立正确的世界观、价值观、人生观，坚定学生对马克思主义的信仰，对中国特色社会主义的信念，对改革开放和社会主义现代化建设的信心，对中国共产党的信赖。虽然两者属性不同，但是中国近现代史纲要课程教学要遵循马克思主义学科的教学规律，使用马克思主义要处理好两者的关系，就需要教师做好两方面工作。一方面，教师要时刻强化政治意识，在教学和考试中严格按照政治课教学规律办事。在具备丰富的历史知识的基础上，掌握马克思主义的历史观，时刻坚持将两者紧密结合，并将两者有机统一起来。另一方面，教师要加强自身马克思主义理论修养，尤其是提升个人马克思主义哲学素养，善于把历史现象上升到哲学高度，用抽象的理论教学和政治理论语言讲授课程，真正实现教学目标。

2.正确处理好课程理论教学与课程实践教学的关系

思想政治理论课教师的理论讲授十分重要，但是必要的实践教学环节也同样重要。由于当前大多数教学班的教学规模（单个教学班的人数）都较大，因此在当下中国近现代史纲要课程教学中的实践教学活动场所主要是课堂。要做到理论教学与实践教学环节有机结合，需要做好以下工作。

首先，坚持用理论指导实践活动。正如前文所述，中国近现代史纲要课程是通过历史事实来实现讲清"三个选择"，因此，仅仅靠教师的讲授难以达到最佳的教学效果，应组织学生参加教学实践活动，让学生把学到的理论应用到解决社会现实问题中去。这就要求教师在理论教学环节要努力把理论讲透，让理论成为实践活动的指南。学生在实践活动中要主动使用所学到的理论解决实际问题，使实践活动成为证明理论正确性的有效途径。

其次，要始终坚持以教材和大纲为指南。在中共中央发布的《关于进一步繁荣发展哲学社会科学的意见》中，提出实施马克思主义理论研究和建设工程。当前，国内高校使用的《中国近现代史纲要》教材，都是由国家统一组织编写的、纳入马克思主义理论研究和建设工程的教材，具有高度的科学性和权威性。任课教师在授课和设计实践活动过程中，要始终围绕教学目的，遵循教材的基本观点、基本结论，以及对一些历史事件和历史人物的基本评价，即便是在实践教学环节，教师也不能根据自己的想法任意发挥。

最后，分析当代大学生的思想特点和行为特征。当代中国正处于一个高速发展的时期，社会、经济飞速发展以及社会上不同媒体传播的信息，都对大学生的思想和行为产生着巨大的影响。教师在理论教学中要强化正确的思想导向，教育学生用正确的思想思考、解读现实问题。在实践教学中有的放矢地设计实践环节，激发学生独立思考的意识，引导学生积极参与实践教学，努力达到中国近现代史纲要课程教学的实效性目标。

3.正确处理好必修课课内教学与课外活动的关系

在必修课课内教学的基础上，开展课外参观和社会调查活动是提高中国近现代史纲要课程教学效果的重要手段。在具体工作中，需要关注如下几点。

首先，坚持用现代教育理念处理两者关系。传统教育理念指导下的教学工作是以教师讲授为主，强调知识的讲解，而现代教育理念重视学生在教学中的主体性的发挥。因此，在课内教学过程中，教师要坚持传授知识与传授方法并重；在课外活动环节要激发学生的创造性思维，实现创造性解决问题的目标。这就要求教师要有针对性地设计课内教学内容和课外活动教学环节，实现两者有机结合、有效衔接。具体表现在：组织、引导学生主动参与课外活动，努力为学生创造独立思考、自由发挥、自主学习的时间和空间；理性认识历史、理性认识社会，促进学生认知和情感的全面和谐发展；提高学生的综合素质，实现从专才教育向通识教育转变的目标。

其次，要注意两者教学内容设计上的差别。必修课课内教学，可以按照统一大纲设计教学内容。课外活动则可以在正确思想的引导下，认真调研、收集、整理学生对于中国近现代史中典型问题的疑点、困惑，结合社会热点设计具体的活动方案。例如，在抗日战争胜利70周年的背景下，就可以组织学生参观中国人民抗日战争纪念馆，组织学生调研城市周边的抗日战争遗迹、遗址，访谈抗日战争亲历者等。

最后，要注意两者教学环境的不同。必修课课内教学环境是课堂，课外活动大多是校外公共场所。因此，开展课外活动要加强社会基本公德规范和安全教育，提醒学生注意自身和学校的形象，杜绝不良行为，促进学生全面健康发展。

4.正确处理好思想政治理论课必修课与选修课的关系

教育部发布的《高等学校思想政治理论课建设标准（暂行）》指出，"积极创造条件开设本科生和研究生层次思想政治理论课选修课"，说明了开设思想政治理论课选修课的重大意义。但是，在执行过程中如何处理好思想政治课必修课与选修课的关系，是一个崭新的话题。

中国近现代史纲要课程是本科生必修课，由国家统一制定教学大纲，全国著名专家编写教材，并且不断提供教学辅助资料。与中国近现代史内容相关的公共选修课，是根据教育部的指导意见以及本校实际情况设计的课程，教学大纲是授课教师根据所在学校的规定编写的，一般没有教材，教师建议学生阅读一些课外图书。这种公共选修课大多数是选择一类历史事件开设课程，比如以红色影视作品赏析的形式出现的艺术欣赏课、与革命传统教育相结合的课程，或者以某一具体历史阶段为背景开设的课程。

教师在设计和开设与中国近现代史内容相关的公共选修课时，应当注意以下几方面。

首先，教师要认识到所有的思想政治理论课都是为培养学生树立正确的世界观、人生观、价值观、历史观而开设的。同时，要认识到思想政治理论课选修课起的是辅助作用，要和必修课的教学理念保持一致。

其次，教师要认识到思想政治理论课选修课应有完备的体系，而完备体系的建立是在党和国家思想政治教育的指导思想下进行的。

再次，教师要认识到中国近现代史纲要课程是以整个历史脉络为教学内容的，思想政治理论课选修课可以选择一个点作为其课程教学体系设计的指导。在相同的教学指导思想下，前者要保证教学内容的全面性、系统性，后者可以用一个角度实现讲清"三个选择"的目标，两者可以互为补充。

最后，教师要认识到中国近现代史纲要课程虽然也需要引入现代教学的方式方法，但要根据教学大纲的要求进行选择。为了激发学生的学习兴趣，可以选择一个历史阶段作为教学重点，也可以适当运用影视类教学辅助材料，但这类辅助材料要少而精。

（三）建立中国近现代史纲要课程教育创新实践的保障体系

结合调研，笔者认为，要实现中国近现代史纲要课程教育创新实践目标，就需要营造良好的外部环境。因此，建立中国近现代史纲要课程教育创新实践保障机制十分必要。要实现这一目标，需要做好以下工作。

1.建立为教育创新实践服务的教研组织

中国近现代史纲要课程教研组织是保障中国近现代史纲要课程教学工作顺利进行的基础，也是开展中国近现代史纲要课程教育创新实践的载体。该教研组织一旦成立，就可以发挥做好中国近现代史纲要课程教学教育工作的功能，实现中国近现代史纲要课程按照国家教学大纲要求开展教学工作的目标。事实证明，中国近现代史纲要课程教研组织建设是促进中国近现代史纲要课程教学效果不断提高的保障。

中国近现代史纲要课程教研组织是以完成课程教学任务为主要职责的机构，它具有管理、指导、执行等功能，是开展中国近现代史纲要课程教学工作的重要保证。加强近中国现代史纲要课程教研组织建设，教师就可以不断领会中国近现代史纲要课程教学的新思路，不断丰富教学体系，探索教学新方法。

2.教师在职培训制度保障

为了加强中国近现代史纲要课程教学工作的管理力度，保证日常教学工作和教育创新实践活动的顺利开展，必须深入研究、认真思考，制定有关中国近现代史纲要课程教学工作的管理制度，并在实施过程中不断完善，使中国近现代史纲要课程日常教学工作和教育创新实践活动有章可循，保证其走向科学化、规范化。同时，为了提高教师的教学能力和创新实践能力，可以制定中国近现代史纲要课程教师在职培训制度，并保证内容具体、翔实，富有操作性，培养一支高水平的近现代史纲要课程教师队伍，有力地保障中国近现代史纲要课程日常教学工作和教育创新实践活动的顺利开展。在具体工作中应当围绕中国近现代史纲要课程的目标，从五个方面培养教师的素质，即教学热情、教学品德、教学情感、教育创新意识、教学能力，制定具体的在职培训制度，尤其是分层培训（对课程负责人、教学骨干和全体教师分层次培训），通过课程负责人、教学骨干带动全体中国近现代史纲要课程教师。

(1) 课程负责人培训。课程负责人要成为成功的管理者，有赖于自身对中国近现代史纲要课程教学相关理论素养的提高。任何有经验的课程负责人，如果不坚持不断地学习，仅靠经验并不能达到中国近现代史纲要课程教学所要求的高度。中国近现代史纲要课程教学理论素养的提高，不仅要通过不断的学习，还必须积极参加中国近现代史纲要课程教学研究活动，并在教学活动中把教学理论和教学实践结合起来，提高教学工作水平。在培训内容上，以提高被培训者的教学能力和教学情感为中心，不断优化本单位的中国近现代史纲要课程教学工作体系。在培训形式上，要采取半脱产分阶段集中辅导、与成功者交流经验、去其他学校参观学习考察等形式。培训可以包括三个阶段：一是读书交流与自主学习阶段，以自学、交流、研讨为主，总结学习体会；二是自主学习与实践创新阶段，在提高理论水平的基础上，考察先进学校经验，根据本校中国近现代史纲要课程教学工作的实际确定中国近现代史纲要课程教育创新实践的主题并开展实践活动；三是在理论与实践相结合的基础上，提升理论高度，提出具有一定理论价值的中国近现代史纲要课程教育创新实践工作方案。

(2) 骨干教师培训。中国近现代史纲要课程教育创新实践工作全面启动需要一批课程教学骨干的带动，这一教育创新实践过程是课程教学骨干成长的必由之路，是"经验型"教师转变为"研究型""学者型"教师的捷径。通过培训，可以提高他们的专业知识、学术水平和教学能力，也可以培养他们的创新精神和实践能力，使他们在中国近现代史纲要课程教育创新实践工作中充分发挥带头示范作用。

(3) 全体教师培训。中国近现代史纲要课程教学工作是以实现以人为本、促进大学生素质提升为教学目标的，对课程教师的角色提出了更高更新的要求。教师不仅要组织和完成教学活动，还要成为大学生素质提升的帮助者、指导者、促进者和合作者，成为中国近现代史纲要课程教学资源的开发者、研究者和使用者，成为中国近现代史纲要课程教育创新实践活动的组织者、探究者和实践的反思者。培训活动是教师转变角色的重要手段，培训方式要注重针对性和实效性。在对全体教师的培训可分四个阶段。一是学习阶段。从教师教学能力不断进步和终身学习的战略高度出发，本着前瞻性与实效性相结合、专业知识与教育研究方法相结合的原则，建设开放性培训体系。组织广大中国近现代史纲要课程教师深入学习中国近现代史纲要课程教学理念，开展中国近现代史纲要课程教学的专题研讨，组织以座谈会形式谈体会、讲经验，让广大教师充分认识到培训对自身成长和发展的重要作用,从而不断强化课程教学意识。二是反思阶段。在教师培训过程中,被培训者的反思能力可以通过各种干预性研究得以加强,所以培养教师的反思能力是关键。教师要善于在中国近现代史纲要课程教学实践中形成问题意识和研究意识,开展"反思自查"活动,要对自己的实际工作进行反思,并做笔记。三是提出问题阶段。根据反思结果,大胆提出问题,并运用教学理论提出中国近现代史纲要课程教育创新实践相关问题的假想、解决。四是课题立项阶段。在对实际问题的假想和解决中,提出自己要研究的课题。通过这四个阶段的落实,强化教师的教学意识,提高他们的教学能力,使教师认识到开展中国近现代史纲要课程教育创新实践必须立足本校实际,必须牢牢地根植于具体的教学实践,运用理论指导实践,最终达到解决问题、提高中国近现代史纲要课程教学工作水平的目的。

3.中国近现代史纲要课程教育创新实践的经费保障

中国近现代史纲要课程教育创新实践既需要人的投入,也需要必要的资金投入。在具体工作中可以实施"中国近现代史纲要课程教育创新实践补贴"模式,扶持教育创新实践活动的开展,即结合具体的中国近现代史纲要课程教育创新实践活动设定目标,由教师提出教改设想,经过专家审查后确定教改活动,按照活动所需给予补贴。在活动完成后根据完成效果进行评价,并对效果好者给予奖励。

4.中国近现代史纲要课程教育创新实践活动基地保障

要建设好中国近现代史纲要课程教学基地,主要应做好如下两方面工作。

一方面,建立中国近现代史纲要课程教学实践基地,发挥示范、辐射作用。在具体工作中,要加强组织领导,成立由教学部门负责人和合作基地负责人组成的基地建设领导小组,统一管理、协调基地建设工作,领导小组的主要工作由课程负责人承担。扶持重点,优先考虑课程教学实践基地所需的资料、信息,为每个教学基地创造开展实践教学工作的良好环境。积极引导普通教师在教学实践基地建设中充分发挥作用,抓关键,抓核心,以点带面,充分利用教学实践基地,带动课程教学水平整体提高。

另一方面,中国近现代史纲要课程教学实践基地的建设发展,离不开教学专家的引领。专家在高等院校近中国现代史纲要课程教育创新实践中的作用主要体现在四个方面。一是信息作用。由于专家身处著名高校或研究机构,长期进行中国近现代史纲要课程理论和教学研究工作,了解该课程教学的发展动态,掌握最新信息,会起到信息传播的作用。二是理论指导作用。相对于普通教师,专家们理论功底深厚,他们在传授理论知识、课题设计论证等方面都能起到指导作用。三是咨询服务作用。专家可以就教师在中国近现代史纲要课程教学活动中遇到的实际问题进行解答、分析等。四是培训师资作用。专家可以运用自己的学识、能力,通过讲座、课题参与等对教师进行培训,帮助教师提高课程教学工作质量。

二、地方高等院校中国近现代史纲要课程教育创新的具体对策

在技术创新领域，一些学者根据创新进入市场时间的先后，将技术创新分为率先创新和模仿创新两个基本类型。率先创新是指依靠自身的努力和探索，突破核心技术或核心概念，并在此基础上依靠企业自身的能力完成创新的后续环节，率先实现技术的商品化和市场开拓，向市场推出全新的产品或率先使用全新工艺的一类创新行为。在技术创新领域，率先创新都是根本性的创新，开辟的一般都是全新的市场和领域。模仿创新是指企业以率先创新者的创新思路和创新行为为榜样，并以其创新产品为示范，跟随率先创新者的足迹，充分吸取率先创新者成功的经验和失败的教训，通过引进、购买或反求破译等手段吸收和掌握率先创新的核心技术和技术秘密（以不违法为前提），并在此基础上对率先创新进行改进和完善，进一步开发和生产富有竞争力的产品，是参与竞争的一种渐进性创新活动。

在此应明确指出在技术创新实践中，率先创新与模仿创新两种工作模式是不能截然分开的，两种工作模式在战略层面、战术层面上相互渗透、交融。在率先创新中，系统核心技术或核心概念取得突破性成果的同时，要对于相关的辅助（或次要）子系统采用模仿创新模式以加快创新步伐与效率，节约资源，使创新活动实现事半功倍的目标。而模仿创新也应在取得即时成果的同时，充分消化吸收先进技术，寻求突破原有技术的途径，实现率先创新，以取得超越性成果。

在此，笔者将这两个概念引入中国近现代史纲要课程教育创新领域。笔者认为中国近现代史纲要教学中的创新实践活动是一项探索性的工作，在教育领域，模仿创新、率先创新与在技术创新领域的表现不同。因为，在物质产品生产领域产生的依旧是具体的物质产品，而在教育领域，模仿创新和率先创新产生的都不是具体的物质产品，而是一种工作理念或工作模式。因为成功者所处的环境、教育者、受教育者、教学内容等具体情况不可能与创新经验移植者的实际情况完全相同，所以采取模仿创新引进先进经验时，必须要根据自身实际有所创新，不能简单模仿，否则就会出现"南橘北枳"的现象。

由于一些地方高等院校人文学科发展不足，中国近现代史纲要课程教育创新实践活动大多难以实现率先创新。因此，根据学校的基本情况，分析学生和专业特点，开展模仿创新就成为地方院校的必然选择。以教育部印发的《高等学校思想政治理论课建设标准（2021年本）》为指导，以改革教学方法、优化教学手段为抓手，以改革考试评价方式为契机，建立健全科学全面准确的考试考核评价体系，注重过程考核理念，合理安排课堂教学时间，引导学生真心投入实践教学，总体思路如下。

（一）引入学术性辅助教学手段

中国近现代史纲要课程是马克思主义学科体系中的课程，要开展教育创新实践应引入学术性辅助教学手段。一些地方院校要实现上述目标，模仿创新是必然选择，而学习研究著名高校的先进经验是第一步。笔者将介绍清华大学马克思主义学院蔡乐苏教授的中国近现代史纲要课程教学和考核体系，并以此为蓝本分析一些地方院校模仿创新的路径选择。

首先，根据清华大学创造的网络课堂硬件条件，课程开始后，蔡教授把课件及本课程建议学生阅读的书目全部放入该课程的网络课堂空间，这样，选择该堂课的学生可以使用自己的课程密码进入空间获得教学资源，课上可以更专注于教师的教学，记笔记的重点就由记课件内容转换为记教师讲授的核心内容，拥有了更多的思考空间。其次，布置二选一作业：可以写一篇中国近现代史人物传记，以人物为蓝本，鼓励用古文写作；也可以选择周恩来、宋子文、胡适等历史人物撰写小组课堂展示材料。最后，参加教师组织的课外初选，被初选选中的最优秀的作业进行课堂展示。参加初选者所提交的材料与所写的人物传记作业计入学生50%成绩，与课程结束后开卷考试的50%成绩合计为总分。

以北京农学院为例，因地处北京，学校硬件条件要好于地方同类学校。但是，校园网也难以支撑大量教学资源访问；同时，学生学习的主动性是无法与清华大学学生相比的。因此，不建议课前给课件，只建议学生课前阅读提供的参考书目。在课堂展示环节，建议学习清华大学布置二选一作业模式，题目要有深度，不要选择普通的演讲；不建议选择辩论赛作为展示手段，主要原因是中国近现代史上的内容作为辩题需要准备大量的材料，辩题更深、更难，如果准备不充分就会流于形式。

要学习先进学校的经验，认真组织学生课外阅读，要求学生写读书心得，按照一定比例计入考试成绩。在引导学生开展研究性课外阅读辅助必修课的教学中，要引导学生认真阅读马克思主义经典著作，培养学生独立思考的能力，从而准确地领会和理解马克思主义经典著作的原意。

综上所述，引导学生阅读、独立思考，让学生自己得出正确的结论，比教师直接讲结论效果更好。

（二）历史情景剧纳入教学体系

以北京农学院为例，艺术类课程教师是思想政治理论教学科研部的组成部分。发挥艺术类课程教师的特长，开展历史情景剧教学，是开展中国近现代史纲要课程教育创新实践的新途径之一。

（三）健全与完善中国近现代史纲要课程课外参观实习制度

一些二类本科院校学生素质下降的最突出表现就是学习热情不高、自主学习意识不强。因此，健全与完善课外参观实习制度十分重要。在具体的工作中，需要关注以下几个问题。

首先，以北京为例，可以整合北京行政辖区内所有可供参观资源，形成课外参观实习备选实习地点名录。比如，国家博物馆、北京新文化运动纪念馆、中国人民抗日战争纪念馆、北京市禁毒教育基地、李大钊故居、一二·九纪念亭，以及抗战雕塑园、平西人民抗日斗争纪念馆、平北人民抗日斗争纪念馆、鱼子山抗日战争纪念馆、顺义焦庄户地道战遗址纪念馆、"没有共产党就没有新中国"纪念馆、抗日烈士佟麟阁将军墓、赵登禹将军墓等。

其次，建立完备的安全预案，保障课外参观实习活动的安全。开展中国近现代史纲要课程课外参观实习活动，安全工作最重要。因此，就要在吸引大多数学生参与的同时，建立合理、切实可行的安全保障体系。在具体的工作中，每一次活动前组织者都要制定详细的安全预案，保障课外参观实习活动的安全，依据安全预案把学生分成若干组，每一层级均确定具体负责的学生，同时将交通路线精确到点，下发全体学生。

再次，组织者全程参与，保证课外参观实习活动的质量。在学生自主学习意识不强、自主学习欲望下降的背景下开展课外实习，如果仅仅是让学生自由选择时间参加，即便纳入教学环节都有可能出现学生草草参观走过场的情况。因此，在自由参加的中国近现代史纲要课程课外参观实习活动中更要加强协调工作，组织者切不可把学生带进博物馆就撒手不管，而是要全程参与，保证实践活动质量。比如在参观"复兴之路"展览时，组织者要全程讲解，并与学生互动交流，这样学生就会更加深刻理解"三个选择"，认识到活动的社会价值。

最后，努力创新实践活动形式，为优秀学生搭建展示平台。中国近现代史纲要课程课外参观实习可以让大多数学生获得感性认识，在参观的基础上开展中国近现代史遗迹寻访等课外访谈内容也给对中国近现代史有浓厚兴趣的学生创造了更好地提升空间。访谈成果可以是对历史遗迹寻访的总结，或者是以"口述历史"的形式记录访谈。这就要求组织者要逐步向学生渗透参与这种活动的价值和意义。同时，还应努力争取与一些红色遗迹单位和所在地政府协商组织讲解志愿者活动，为优秀学生找寻展示平台，让学生取得更大收获。

第三节 开设思想政治理论课选修课的创新探索

一、开设思想政治理论课选修课的创新探索

教育部发布的《高等学校思想政治理论课建设标准（2021年本）》明确规定："除马克思主义理论学科下属的本科专业外，马克思主义理论学科点不办其他本科专业。"二类本科院校的思想政治理论课教学部门大多不具备研究生教育资格，导致二类本科院校思想政治理论课教学部门教师大多忙于教学，关注教学以外的活动较少。在当前的社会背景下，部分二类本科院校校名冠以"学院"，原有"985""211"高校，乃至部分校名为大学二类本科院校所办的国有民办分院（三类本科）独立并命名为某某学院，迫使许多以学院冠名的二本院校常常需要在不熟悉高校者面前解释自身的历史，被迫通过"更名"的方式使自己成为"大学"是一种无奈的选择。于是就会出现按照现行大学指标向学校的二级单位加码的现象，而指标对应的往往是科研成果指标、科研经费指标、教材出版数量等，这就很容易造成二类本科院校思想政治理论课教学部门与学校小环境中的核心工作关系不大，进而造成教师以不出问题为重点，科研上不敢突破。在教学上由于学生的接受能力相对较差，教学压力更为突出。为了解决这个问题，部分学校不得不压缩教学内容，在一部分二类本科院校中的"马克思主义基本原理概论"已经被迫变成只讲哲学原理、不讲政治经济学的课程，学生就不能系统、全面地掌握马克思主义基本原理，一定程度上也影响了学生理论水平的提升。

如前文所述，教育由大众化向普及化发展导致二类本科院校学生的综合素质有所下降。"中华民族伟大复兴"的观点被提出后，学生的关注度并不高。笔者在部分二本院校抽样调查结果显示，部分学生认为"中华民族伟大复兴"是国家的事、是"985""211"等精英学校学生的事，与自己无关。而加上"中国梦"后，一些学生逐步感觉到了"中国梦"是与自己的理想、人生目标密切联系的，从关注自己开始关注国家。

提高马克思主义理论底蕴，丰富学生党史、国史知识水平和第一课堂理论教学的时间是开展思想政治教育必须要解决的主要问题。解决这些主要问题有两条思路：一是通过引导学生阅读马克思主义经典著作，比如清华大学等国内著名高校利用网络学堂等现代媒体，由教师精选马克思主义经典著作供学生学习，效果很好；二是努力在思想政治理论课必修课教学之外，开设思想政治理论公共选修课，补充学生的知识，提高学生的理论水平。

（一）依托公共选修课开展中国近现代史教育创新实践

结合实践，笔者认为依托公共选修课开展中国近现代史教育创新实践是提高二类本科院校学生马克思主义理论水平的有效途径之一。在具体的工作中，应该主要做好如下几方面工作。

首先，选择强有力的理论依据，征得学校教学管理部门的支持。开设公共选修课，需要向学校教学管理部门提出申请，而申请依据的可信性很重要。教育部发布的《高等学校思想政治理论课建设标准（2021年本）》规定，"积极创造条件开设本科生和研究生层次思想政治理论课选修课"，并且该标准作为A类指标，为开设思想政治理论课公共选修课定了基础。

其次，设计合理的教学内容使课程成为有益于学生的课程。开设思想政治理论课公共选修课会面对来自其他方面的质疑，比较典型的就是"思想政治理论课必修课学生听课态度都不是十分好，选修课效果会好吗？""思想政治理论课所讲的理论深奥，必修课已经讲过理论，选修课还讲有意义吗？"面对这些质疑，针锋相对地反驳是毫无意义的，只有认真研究质疑，把质疑当作改进工作的建议，设计合理的教学内容，使课程成为有益于学生自身能力提高的课程才能达到开设这门选修课的目的。例如，北京某高校教师在认真调研的基础上，根据本学校学生的特点，结合党史、国史教育要求，先后开设和设计了"北京的近代史遗迹漫谈""中国近现代史影视赏析"等适合本科生的思想政治理论类公共选修课，并取得了较好的效果。

再次，多种考核结合是保证授课质量的关键因素。评定成绩是教学必不可少的环节，然而为考试而考试，学生的压力必然增大，久而生厌，考试变成了一种负担。因而有必要对考试进行改革，具体改革措施如下：一是在每一单元结束后，都进行一次考核。考核的方式是多样的，既可以采用笔试，也可以采用口试或单元总结报告等方式进行。通过考试可以正确地掌握学生的学习情况，为有针对性地矫正错误提供依据。同时，要进行总结、讲评，促使学生思考，掌握前导知识以促进以后的学习。二是结合答疑进行训练，同样是考核的一种方式。通过答疑，特别是有计划地准备问题，可以全面了解学生的学习情况，特别是疑惑和难点。在帮助学生解疑的同时也促进了后续教学的改进。三是开展小论文写作，培养综合能力。作业作为检验教学的一种方式，一直为教师所采用。然而，对作业抓得不紧和缺乏典型性也会使学生产生单纯的任务观点，滋生厌烦情绪、产生心理障碍，甚至抄袭他人作业。因此，可以将作业改成小论文形式，并作为考核的重要依据。小论文在包含所学知识的同时，要有意识地在广度与深度上有所延伸，使学生在熟悉、运用所学知识的同时，提升训练分析、概括与综合能力以及查阅资料与书面表达能力。四是鼓励学生以多样化形式完成小论文，例如，允许学生编写中国近现代史题材的小话剧，以剧本作为课程作业，鼓励学生把编写的中国近现代史题材小话剧排演出来，成为学生文艺演出作品。

最后，在其他公共选修课程中，加入党史、国史教育内容。如在公共选修课程"旅游与文博文化赏析"中，教师在讲授敦煌旅游文化时，不仅要传授学生敦煌莫高窟艺术的知识点，还要讲述敦煌莫高窟藏经洞珍贵文物遭到浩劫的历程，引出国力衰弱时传统文化瑰宝无法保全的事实，激发学生的爱国情感，提高学生保护文物的意识。在公共选修课程"公共管理与公务员考录训练"中，教师在讲述中国独有的政治协商制度时，通过介绍政协的历史，帮助学生深刻理解中国共产党的统一战线理论和多党合作制度。

通过上述教学改革，学生会觉得必修课的内容不再是抽象的理论，而是身边活生生的现实，也会感觉到党史、国史与其他学科的知识是相通的，学好党史和国史有利于更加系统地掌握相关学科的知识。学生还会更加坚持中国特色社会主义道路自信、理论自信、制度自信、文化自信，不断为实现中华民族伟大复兴贡献力量。

（二）依托公共选修课开展中国近现代史教育创新实践个案分析

在高校党史、国史教育工作中，开展中国近现代史教育类公共选修课是必修课的有益补充。前文提到的"北京的近代史遗迹漫谈"和"中国近现代史影视赏析"都是此类公共选修课的课程。下面笔者以上述两门课程的课程设计和教学实践为例，分析依托公共选修课实现中国近现代史教育创新的手段。

1."北京的近代史遗迹漫谈"课程设计和教学实践分析

在"北京的近代史遗迹漫谈"课程设计和教学过程中，笔者重点开展了三方面的探索。

首先，课程总体设计思路是针对当前中国近现代史纲要课程（包括中学历史教学）不可能过多关注地方史的现象，以讲述地方近代史重大历史事件为切入点，通过讲述一些学生不太熟悉的历史事件和历史人物，让学生品读历史事件和历史人物所反映出来的积极向上的元素，激发学生研读城市历史的兴趣，进一步讲清"三个选择"的重大意义。

其次，在课程教学内容选择上，注重体现地方特色。开设"北京的近代史遗迹漫谈"的主要原因是笔者在针对学生的调研中发现：一方面，北京有丰富的近现代史资源；另一方面，受传统高考模式的影响以及部分中小学考虑交通成本和安全等问题，不仅非北京生源对北京近现代史遗迹不熟悉，大多数北京生源也不熟悉北京近现代史遗迹。于是，选择课上讲授历史遗迹、给学生提供课外阅读材料和参观指南的形式开展教学。

最后，在教学环节上采取课内教学和课外实地参观有机结合，体现学校办学特色。学校可以根据本校的课程特点，组织学生利用周参观去红色文化类博物馆，这样可以为学生提供更加形象、生动的学习场所。在参观过程中，教师要全程介入分批讲解，让学生在参观学习中树立正确的历史观，激发他们的爱国情感。

2.以"红色影视作品评论"写作实现历史观教育与艺术欣赏教育并举

"中国近现代史影视赏析"是高校在总结所属街道（社区）党史、国史教育工作实践经验的基础上，根据学校实际情况和对学生进行的需求调研结论设计的公共选修课。课程总体设计思路是以教师对重新剪辑的红色影视作品片段为主要教学资料，以10分钟内的短视频结合知识点讲述，学生撰写影评作为评定课程成绩的作业，最终实现提高教学效果的目标。在具体课程设计的过程中，还需要在街道（社区）的党史、国史教育工作的基础上，根据大学生的知识结构，引导大学生开展红色影视作品评论写作，帮助他们树立正确的历史观，提高他们的艺术欣赏水平，实现其素质的全面提升。

影视评论的写作过程，就是影视评论者运用一定的评论标准（即思想伦理标准和艺术标准），结合自己的知识积累、生活经验和理论修养，对影视作品的创作者、影视作品进行具体化的欣赏、议论和评价的过程。这是评论者对影视作品创作者、影视作品的一种特定的心理反应和审美反馈。由于各人的知识结构、思想观念、美学追求和审美情趣不同，即使同时鉴赏同一部作品，写出来的影视评论也是千差万别的。在开展红色影视作品评论写作训练时，教师可以从开展红色影视作品评论的写作方法教学和提高大学生红色影视作品写作评论水平两个角度实现历史观教育与艺术欣赏教育并举，使党史、国史教育和艺术教育有机结合。

首先，从实际出发，量力而行。只有这样才能实现党史、国史教育与艺术欣赏有机结合。在具体的教学工作中要做好三方面工作：一是要从红色影视作品的实际出发，抓其突出特点、创新之处，结合相关史实选择可谈并且能够谈出特色的角度；二是要从学生的实际出发，如资料占有、知识积累、党史和国史理论水平等，选择适合自己、能够写出独到见解的角度；三是要选择前人没有谈过或评论较少的红色影视作品，这样才能充分发挥自己的创造性思维和独到见解。

其次，抓准特点，深入挖掘。虽然红色影视作品的第一要务是弘扬主旋律，但是每一部影视作品都有许多特点，深入挖掘具体红色影视作品的特点，就会有的放矢，写出声情并茂的评论。在教学工作中教师应当引导学生做好如下工作：一是充分做好心理准备。教师应当提醒学生观看红色影视作品不是为了娱乐消遣，而是为写好评论树立正确的历史观。因此，要求学生带着探索精神欣赏作品，不要满足于了解红色影视作品的故事情节，要边看边思索，努力发现红色影视作品在宣讲历史过程中的特殊之处，观看后要进行有针对性的分析。二是做好有关资料的准备工作。写好红色影视作品评论,就要注意收集作品相关的历史背景、故事梗概、编剧、导演、演员等资料,这些准备工作有助于学生准确把握和理解作品,写出有较高思想政治理论水平的影视评论,也便于学生发现作品的独特之处。三是教师应当引导学生结合红色影视作品的历史背景,由表及里,深入挖掘,多做理性分析,提出新的见解。

最后,掌握方法,大胆创新。红色影视作品评论不仅强调"红色",还要从历史深度、国际视野、信仰理路、美学逻辑、青春气息、生活质感等多方面给予作品肯定。

二、应用专题式和案例教学方法的创新实践

依托公共选修课开展中国近现代史教育创新实践,引入更加有效的教学方法十分必要。在具体的教学中,使用多种教学方法可以提高课程的吸引力,专题式教学法和案例教学法是中国近现代史教育类公共选修课的重要载体和手段。笔者以北京某公共选修课"北京的近代史遗迹漫谈"为例,分析这两种教学方法在中国近现代史教育创新实践中的应用。

(一)专题式教学法与党史、国史教育类公共选修课建设

1.专题式教学法及其在党史、国史教育类公共选修课中的意义

专题式教学法,是指教师以先进的教育教学理论为指导,以教学目标为指针,打破教材和课程章节体系的限制,结合教学内容、社会现实、学生实际,确定教学专题,并通过对专题教学内容结构、教学手段与方法等方面的整体设计与优化,以专题形式开展的教学活动。

专题式教学法可以紧扣教学目标,把课堂教学内容和其他教学内容划分为若干有机联系而又相对独立的专题,然后再把它们组合成完整的教学体系,并以多样化的教学手段与方法开展教学。包括教学内容专题化与教学活动专题化两个方面。所谓教学内容专题化,是指把课堂讲授的内容设计成若干既有联系又相对独立的专题。所谓教学活动专题化,是指结合课堂专题讲授开展其他形式的教学活动,如把主题教育小组专题研究(调查研究、课题讨论)、历史情境活动等设计成专题,有目的、有计划地开展辅助教学。主题教育探究是指学生围绕一个主题,从收集材料开始到展示成果的探究。小组专题研究是指把学生分成小组,开展社会调查研究,主动获取知识的教学方式。历史情境活动是指在一定的主题情景下,以学生主动建构紧扣教学内容的活动为主线,实现教学目标的专题式教学方式。

专题式教学法是在专题化设计的基础上,通过科学的分配不同专题的教学时间,合理地安排教学专题的先后顺序,精选各种教学手段与方法,构成一个完整

的教学体系。在专题教学中，教师可以引导学生小中见大，透过某一具体历史事件或历史主题，来阐释党史、国史教育工作中需要解决的理论和实际问题。

在党史、国史教育类公共选修课中，使用专题式教学法的意义主要表现在如下几方面。

首先，使用专题式教学法可以提高党史、国史教育教学的针对性、体现学生的主体性。当前，在党史、国史教育工作中出现了学生学习中国近现代史纲要课程兴趣不浓、教学实效性不强的现象。通过笔者访谈和抽样调查发现，产生这种现象的主要原因有：第一，部分学生认为自己上大学是学习所选专业知识的，认为只有学好专业知识才能获得立足社会的基本条件，因而忽视对党史、国史教育类课程的学习。第二，部分学生的学习兴趣没有被充分调动起来。根据现行的教育大纲，中学阶段都要开设历史课，而中国近现代史是历史课的组成部分，学生在进入大学前学习了相关历史知识，因此，对中国近现代史的历史史实、重大历史事件和重要历史人物已经有了基本了解。大多数中国近现代史纲要课程的任课教师都是历史专业毕业的，而不是思想政治教育专业毕业的，这就容易出现任课教师只教授历史知识，忽视了党史、国史教育。第三，部分教师不能结合课程解决学生的现实困惑。全球化、信息化导致意识形态斗争日益加剧，一些不良思潮与被歪曲的历史，通过网络等各种渠道出现在学生面前，部分教师不能立足现实，直面热点、难点问题，而只会拘泥于教材，蜻蜓点水式地讲授，无法为学生答疑解惑。

要解决上述问题，就要认真分析大学生的实际情况，关注热点，在街道（社区）党史、国史教育实践基础上设计教学专题，努力建立理论与实际的动态联系，实现党史、国史教育公共选修课的教学目标。笔者在调研大学生的实际情况时发现，当代大学生主体意识更加强烈，他们更希望个人能够加入教育活动之中、喜欢独立思考，并通过上述活动提高自身能力。在设计教学内容时，要以贴近实际、贴近生活、贴近学生为原则，让课程内容具有更鲜明的针对性，使之与大学生成长发展的关系更直接是十分重要的。

其次，专题式教学法可以成为中国近现代史纲要课程教学的有益补充，有助于实现学科体系与教学体系的统一，增强教学的实效性，实现党史、国史教育课程体系、教材体系与教学体系的统一。正如前文分析，中国近现代史纲要课程内容宏大、课时较少，当前一些学校只讲上编及中编的内容。在公共选修课程中使用专题式教学法可以从"三个选择"出发设计专题，确立教学的主题、主线，构建科学合理的专题式教学内容，将教学切入点由一般性知识讲授转化为对重点、热点与难点问题的思考，深化对大学生爱国情感和价值观的教育。这样，一方面可以秉承宏观的历史视野与清晰的历史脉络，另一方面可以培养大学生运用历史的眼光分析现实问题、明辨是非的能力。

最后,使用专题式教学法可以实现教学相长,展现党史、国史教育类课程的魅力。教师在使用专题式教学法时,要把握教学体系的灵魂,在提高自身理论修养的前提下,领会党史、国史教育的思想,合理地、有针对性地整合教学内容。在此基础上充分发挥教师的学术专长,围绕某些专题深究、拓展,关注学术前沿,实现教学资源的优化配置,实现提升教学水平的目标。专题式教学法以问题为教学切入点引导学生思考,使学生在思考中感受中学历史课与党史、国史教育类公共选修课的区别,激发学生的学习欲望,这样学生就会更愿意参与到教学活动中,促进互动教学手段发挥作用,形成多维立体式的教学体系。

2.党史、国史教育类课程中专题式教学工作的目标和原则

党史、国史教育类课程中开展专题式教学工作的目标主要体现在三个层面。首先,在知识目标层面上,可以在梳理中国近现代史脉络的前提下选择教学内容,帮助学生了解党史、国史。其次,在能力目标层面上,教师可以联系现实与热点问题,帮助学生深刻领会历史和人民怎样选择了马克思主义,选择了中国共产党,选择了中国特色社会主义道路。最后,在历史观、价值观目标层面上,教师可以通过教学帮助学生树立正确的历史观、价值观。

在党史、国史教育类课程中开展专题式教学工作中应当遵循以下原则。首先,以正确的思想引导工作。要善于挖掘教学内容的思想,并不断丰富其思想内涵。用正确的思想引领教学,让准确无误的史实材料、精准合理的案例成为正确思想的佐证。其次,以明确的教学目标为指导。要用明确的教学目标作为设计专题的指导。党史、国史教育类课程要始终围绕近代中国的两大历史任务——求得民族独立和人民解放、实现国家繁荣富强和人民共同富裕——这个历史主题,以中国人民不屈不挠的抗争和探索为主线,内容既相对独立又要保持内在联系,这样才能讲清"两个了解""三个选择"。例如,可以列举日本侵华时设立"满映"的例子。"满映"作为日本帝国主义文化侵华的重要机构,从设立起,便开始了长达8年的电影垄断。这一实例,让学生认识到中国近代以来遭受的侵略不仅来自武力,还来自其他领域。因此,大学生要警惕全盘西化思潮等观念的侵蚀。最后,以理论联系实际为标准设计专题。在设计专题前,教师应当围绕党史、国史教育在大学生中开展知识、能力等方面的调研,力图掌握大学生对本门公共选修课程的需求,并收集大学生关心的热点问题。结合调研结论,梳理历史脉络选择合适的专题帮助学生答疑解惑。比如,在"北京的近代史遗迹漫谈"课程中,在设计专题"历史没有假如"时采用了第二次鸦片战争中的八里桥之战,先用电影《火烧圆明园》的片段介绍由僧格林沁统率的骑兵、步兵17000人,勇敢杀敌却大部分阵亡于八里桥的历史事实。而后,切入到2009年国庆阅兵时直升机飞过天安门广场的

画面，同时讲述2009年10月1日，同样在通州张家湾——当年中国蒙古骑兵倒下的地方，中国人民解放军某部机场，现代意义上的骑兵——武装直升机部队，正整装待发，准备飞过天安门广场接受党和人民的检阅，向世界宣示，外敌胆敢入侵，我们将用鲜血和生命捍卫国家主权。这个时候每一个熟悉八里桥之战历史的中国人都会发自内心地说：只有国家的强盛，才有民族的自豪，长城就修在我们的肩上……课程结束后很久，一个学生在该教师另外一门课的课堂上说："老师，您的那堂课是我听到的最让我热血沸腾的征兵动员报告，今年本科毕业我准备报名参军，成为一名新时代的军人。"

3.党史、国史教育类课程中专题式教学工作的基本程序

党史、国史教育类课程中专题式教学工作往往会因教学环境差异有所不同，但是一般来说主要包括如下三个阶段。

第一阶段，专题设计准备阶段。在开展专题式教学之前，教师需要进行设计和准备。具体地说应当做好如下工作。首先，抽样调查。教师应当借鉴在街道（社区）开展党史、国史教育的工作模式，通过抽取样本，以问卷和访谈形式，对选课大学生进行调查，通过调查掌握大学生的思想动态、关注的社会热点问题，以及他们对课程教学的要求与建议。其次，设计专题。对抽样调查数据进行分析，经过数据整理、归类、筛选、提炼，找出大学生最关心的问题，根据问题确定教学目标、主题、主线，设计有针对性的教学专题，构建本次课程教学的逻辑体系。最后，准备材料。以已经确立的教学专题为指导，根据不同专题涉及的核心问题列出各专题的教学重点、难点和热点，收集整理教学资料，制订教学计划，制作多媒体课件。

第二阶段，教学实施阶段。首先，开展专题讲授。教师结合专题教学目标，讲授专题的知识框架与基本理论，同时将本专题涉及的主要史料、典型的现实材料和相关背景材料提供给学生，提出本专题需要讨论和解决的具体问题，为学生参与互动做准备。其次，引导学生开展课内外专题活动。教师根据教学计划设计、组织和引导学生围绕具体专题中的相关问题展开自主学习。在具体的活动中，可以划分小组，保障学生拥有独立思考的时间和空间，并且要求在完成文献阅读后，开展课堂专题讨论会、辩论会、演讲会。

第三阶段，反思总结阶段。这个阶段，一方面可以通过学生课堂展示、教师讲评的方式，对教学专题进行进一步梳理、总结；另一方面可以发放问卷，收集学生的意见，达到改进教学的目的。

（二）案例教学方法与党史、国史教育类公共选修课建设

在党史、国史教育类公共选修课中采用案例教学法是指教师根据教学目标与

教学任务的要求，设计并提供经典案例，通过组织学生对事件的构成进行积极主动的探究活动，从而提高学生创造性地运用知识、分析和解决实际问题的能力的一种教学模式。通过经典案例的选取和活动过程的设定、当时情境的再现，可以在党史、国史教育类公共选修课中，引导学生多角度解读中国近现代史相关理论，提高学生分析问题、解决问题的能力。

党史、国史教育类公共选修课中使用案例教学法的目标是：培养学生理论联系实际分析问题、解决问题的能力。为实现这一目标，需要遵循方向性指导原则和循序渐进、启发诱导原则。教师在不预设标准答案和思维路径的前提下，通过组织、指导学生开展案例讨论引导学生主动参与教学活动，帮助学生独立寻找解决问题的思路，实现解决问题的目标。案例教学法具有情景性、创新性、自主性、实践性等特征。

1.党史、国史教育类公共选修课中案例教学法的分类

在党史、国史教育类公共选修课程中开展案例教学，主要有四种方法。

第一，案例讲授法。受选课的人数和课时限定等因素的影响，案例讲授方法是党史、国史教育类公共选修课重要的教学方法之一。案例讲授法主要包括教师用讲解案例的办法说明理论和教师讲授基本理论之后，用案例进行证明。

第二，案例讨论法。案例讨论方法是指学生在教师的指导下对案例进行讨论分析的一种教学方法。具体的实施方法包括直接出题课上讨论、课下准备课上研讨以及借助网络或微信群进行讨论三种方式。

第三，案例辩论法。案例辩论法就是在讲解案例的基础上，出一道辩论题，让学生展开辩论。这种方式能够提高学生的写作能力、应变能力、思维能力和语言表达能力。如在与党史、国史教育相关的公共选修课程"辩论欣赏"及"辩论实务"课上，引入辩题"外来文化传播对民族文化发展利大于弊还是弊大于利"，点评时分析中国近代史上西方列强的侵略是导致中国成为半殖民地半封建国家的本质原因，直面一些社会思潮对学生的影响。

第四，案例作业法。案例作业法是通过学生在案例教学课后撰写研究论文或调查分析报告的形式，或者在课后和单元练习及考试时，引入典型案例，来提高学生总结分析问题的能力以及语言表达能力的一种方法。案例作业既可以由学生个人完成，也可以分组提交小组作业。

2.党史、国史教育类公共选修课程中开展案例教学法的步骤

在党史、国史教育类公共选修课中开展案例教学，案例选择、情境设定、确立并讨论问题、总结点评十分重要。案例教学法可以分为案例准备、案例研讨和案例总结三个阶段。

第一阶段，案例准备阶段。案例准备阶段的关键是选取合适的案例。教师可

以根据教学目标和学生实际,认真查找相关资料,联系社会现实问题精选案例。

第二阶段,案例研讨阶段。这一阶段主要是教师把案例交给学生并提出问题,以问题启发学生深入思考,尽可能地使每个学生都能融入讨论中,从了解案例、个人分析、小组发言到全课堂交流,实现教学目标。

第三阶段,案例总结阶段。这一阶段主要是教师在学生发言的基础上进行点评,得出结论案例总结,可以促进教师对教学方式的反思,提升教学水平。

在当代多媒体和网络教学技术不断发展的情况下,可以把案例教学与网络有机结合起来,通过多媒体展示案例、开展讨论,创新教学模式,更能提高学生参与课堂教学的积极性。

第四节 思想政治教育融入工匠精神和创新人才培养工作的探索

当今社会很多人追求"短、平、快"(投资少、周期短、见效快)带来的即时利益,从而忽略了产品的品质灵魂。因此企业更需要工匠精神,才能在长期的竞争中获得成功。当一些企业热衷于"圈钱、做死某款产品、再出新品、再圈钱"的循环时,坚持"工匠精神"的企业,依靠信念、信仰,不断改进、不断完善产品,最终通过高标准检验之后,成为众多用户的选择。无论成功与否,这个过程展现出来的"工匠精神"却是职业道德和职业品质的体现。

一、工匠精神为思想政治教育融入创新人才培养提供了契机

"工匠精神"是一种职业精神,是职业道德、职业能力、职业品质的体现,是从业者的一种职业价值取向和行为表现。工匠们对所从事的事业的爱心和忠心,令人高山仰止。中国航天科技集团一院火箭总装厂高级技师高凤林,30多年来一直从事火箭的"心脏"——发动机焊接工作,他以国为重、扎根一线,是发动机焊接第一人,面对很多企业的高薪聘请不为所动,他说:"每每看到自己生产的发动机把卫星送到太空,就有一种成功后的自豪感,这种自豪感用金钱买不到。"这也代表了大国工匠们的心声。

"工匠精神"是一种工作态度。在工匠们的心目中,制作出来的产品没有最好,只有更好。高凤林在多年的工作中,攻克了200多项技术难关,经他的手打造了140多发火箭的发动机,焊接的焊缝总长达到了12万多米,没有出现过一次质量问题。他先后获得过部院科技进步一等奖、国家科技进步二等奖、2014年德国纽伦堡国际发明展金奖等30多项奖励,而这没有一丝不苟的工作态度显然是无法做到的。

随着时代的发展,工匠的工作或许会逐渐被机器所取代,但是"工匠精神"

却不可能被代替。我国作为一个拥有四大发明的文明古国，具有历史悠久而技艺高超的手工业，薪火相传的能工巧匠们留下了数不胜数的传世佳作。我们今天弘扬"工匠精神"，不仅是对传统技艺的继承与弘扬，而且是对一切职业的道德呼唤。"工匠精神"不仅是制造业的需要、企业家的需要，它还代表一个时代的气质，是我们每一个人的事业追求与人生态度。

在2016年政府工作报告中，"工匠精神"首次被提出，这让人们耳目一新，有媒体将其列入"十大新词"予以解读。古语云："玉不琢，不成器。"工匠精神不仅体现了对产品的精心打造、精工制作的理念和追求，还要不断吸收最前沿的技术，创造出新成果。

如何解决当前面向大众的传统工艺产品设计单调、制作简陋、包装低劣等问题？怎样改善传统工艺领域模仿传统的多、创意创新的少，陈设把玩的多、实用常用的少，大众的不精致、精致的不大众等现象？

文化和旅游部在全国非物质文化遗产保护工作会议上提出启动制订传统工艺振兴计划，促进传统工艺走进现代生活、现代设计走进传统工艺，促进传统工艺提高品质、形成品牌、走进生活、增加就业。

党的十八届五中全会明确提出，要"构建中华优秀传统文化传承体系，加强文化遗产保护，振兴传统工艺"。振兴传统工艺上升为国家战略，是对非遗保护工作的新要求，也是全面提升非遗保护水平的新契机。制订传统工艺振兴计划的基本目标是在尊重非遗真实性、整体性和传承性的前提下，搭建起传统工艺与艺术、学术、现代科技、现代设计及当代教育的桥梁，明显提高了传统工艺从业人群的传承水平，明显提高了传统工艺为现代大众的接受程度，明显提高了传统工艺制品的品质和效益，明显提高了传统工艺对城乡就业的促进作用。

围绕传统工艺振兴计划的制订，将着重开展三项措施。一是以传统工艺为重点实施好研修研习培训计划，进一步选择能够充分反映手工精神、生活化程度高、产品可成系列的项目，协调高校和企业开展增加专门的研修、研习及培训，帮助传统工艺从业者开阔眼界，提高设计和制作水平，着重培养其走进生活的意识和追求精致与完美的手工精神。二是鼓励和支持优秀文创企业、设计企业和高校到民族地区及传统工艺项目所在地，包括各个文化生态保护实验区，设立工作站。三是支持商业网站与相关专业网站设立传统工艺展示和销售平台，帮助传承人推介传统工艺产品特别是创新产品。

此外，还将鼓励和支持企业与高校申请设立重点实验室，解决与传统工艺相关的关键技术问题；以民族地区和18个文化生态保护实验区为重点，依托传统村落和历史文化街区，再增设一批非遗传习中心，促进形成浓厚的传习和交流氛围；在具备条件的历史文化街区、文化生态保护实验区、自然与人文景区，支持设立非遗展示、展演和产品展销基地；利用非遗节、非遗博览会等平台，举办多种形式的传统工艺比赛。

培养年轻人对传统工艺的喜爱，使他们能够耐得住性子学习。有关部门和学校，尤其是培养技能型人才的职业院校的思想政治教育工作部门，应该抓住这一契机，邀请非物质文化传承人作为校友教师，与现代教育有机结合，培养工匠精神。

二、思想政治教育融入工匠精神和创新人才培养工作的具体工作

要实现思想政治教育融入工匠精神和创新人才培养工作的目标，需要做好如下工作。

第一，培养工匠精神就要把工匠和工匠精神放到社会发展的大背景下去综合思考。虽然工匠可以不花时间和精力去研究哲学、社会学，但是高等职业教育研究者、高等职业教育工作者，需要研究和思考与工匠和工匠精神密切相关的哲学、社会学问题，例如探讨实践活动特点及发展规律，研究工匠及其生产实践系统的主要内容，分析培育工匠精神的主客体特点及其矛盾关系。这些工作看起来与工匠技能培养没有关系，却是培育工匠精神、教授工匠技能等工作的前提。只有解决相关的哲学问题，才能确保培育工匠精神工作获得思想方法的支持。思想政治教育工作者应当在教学中开展工匠精神和创新方法介绍，结合课程开展创造性思维、创新方法介绍，进而帮助大学生树立远大的理想、掌握创新知识、全面提高能力，为投身祖国建设打下坚实的基础。

第二，工匠精神是抽象的，但又需要以过硬的技能为基础。一个优秀的工匠或一群优秀的工匠，也不会因为境遇或生产实践环境变化了就失去了工匠精神。我们谈培养工匠精神，不能就精神而谈精神，当下一名工匠需要掌握现代科学技术知识，并把知识与不断进步的技能有机结合，这是工匠赖以谋生的资本，也是工匠生产实践系统的基础，更是塑造工匠精神的奠基石。

第三，工匠与技术、技能以外问题的关系可能有多种情况，在培养工匠精神的过程中应当高度重视思想品质和职业道德的培养。工匠的社会责任感往往表现为他们对社会和工作的态度。热爱国家、立志服务社会、坚持精益求精生产高质量的产品是工匠精神的表现。以往，这些优秀的品质大多是通过师傅带徒弟的方式实现的，越来越多的现代工匠都是经过高等职业院校系统学习后走向生产实践第一线的，因此高等职业院校有义务在思想政治教育理论课教学和实践活动体系中把热爱国家、社会责任感教育的内容与未来工匠从业涉及的问题结合起来，培养优秀工匠所需的品质，并将职业道德教育融入其中，形成有利于培育工匠精神的思想政治教育工作体系。

第四，优秀的工匠是在实践中琢磨、总结、概括一些规律。但是，必须承认这条路是相对漫长的，得到的结论往往缺少条理性，甚至不系统、不全面。如果能够在学习过程中增加一些相关课程，引导他们阅读一些课外读物，并且与自己在实践活动中的体验——对照，往往会较快地得到有益的启示。工匠也有不同的类型和层次。有的刚从事制造、操作、维修工作，有的是工作多年的高级技师，后者工作经验丰富，会更加理解对工匠开展非技术、技能教育的重要性。因此，虽然在传统的以工厂生产线为载体的工匠培养体系中，往往要等到工匠成为高级工人、工人技师、高级技师后才会有人意识到要学习非技术、技能方面的知识，但是当代中国高等职业教育的发展是迅速的，在高等教育阶段就应当把工匠参与创新活动所需要的创造性思维、问题意识以及工匠取得成果后总结、传播经验所需的表达能力，写进教学计划。

第五，培养工匠精神是系统性工作，综合、全方位的实践能力培养是工匠精神的另一个重要内容。工匠的工作是直接的改造世界，他们的成果也被人类所使用。虽然工匠的工作也需要总结，甚至可以提炼出工匠精神，但是工匠工作还是具体的实践活动，因此高等职业院校应坚持实践教学与理论课程相结合，建立双师型教师团队，引进优秀工人高级技师作为学校兼职教师，建立起具有自己特色的第二课堂校内实习、实践体系。在此基础上，开拓校外教育空间，努力与相应的公司、企业展开合作，学生就能够真正到实习基地中进行生产实践活动；创造学生顶岗实习条件，让学生提前到企业生产第一线认师傅、学本领，给学生创造尽快适应未来工作环境的机会。这样就可以培养出进入企业后马上就能用得上的人才，也能够迅速提升学生的竞争力。大学生毕业后进入企业也就有机会把所学知识和技能用到工作中，迅速脱颖而出，成为后备技师以及工匠精神的传承者。

参考文献

[1] 丰娴静著. 新时代高校学生管理中思想政治教育理论与实践研究 [M]. 长春：吉林大学出版社，2023.01.

[2] 鲁力，刘洋著. 新时代思想政治教育丛书 现代思想政治教育的多维探索 [M]. 天津：天津人民出版社，2023.01.

[3] 林蕾，杨桂宏著. 高校思想政治理论课教学研究 [M]. 北京：中华工商联合出版社，2022.01.

[4] 高华，张艳亮著. 高校大学生思想政治教育的多维探索 [M]. 长春：吉林大学出版社，2022.05.

[5] 孙苓，孙天罡，金明兰著. 高校思想政治理论课实践教学创新研究 [M]. 北京：北京工业大学出版社，2023.04.

[6] 王旭东著. 新时代高校思想政治理论课教学研究 [M]. 哈尔滨：哈尔滨工程大学出版社，2023.03.

[7] 王莉著. 新时代高校铸魂育人目标导向下的思想政治工作研究 [M]. 北京：经济日报出版社，2022.12.

[8] 孙武安著. 高校思想政治理论课教学质量提升研究 [M]. 杭州：浙江工商大学出版社，2022.06.

[9] 徐玉钦著. 新媒体时代高校思想政治教学模式研究 [M]. 长春：北方妇女儿童出版社，2021.08.

[10] 陈丽萍. 新时代高校思想政治理论课教学改革研究 [M]. 湘潭：湘潭大学出版社，2022.01.

[11] 随新民著. 高校思想政治理论课教学创新研究 [M]. 郑州：河南人民出版社，2021.09.

[12] 沈大光，张高臣著. 高校思想政治理论课"三循环"教学改革研究

[M].北京：中国政法大学出版社，2021.12.

[13] 韦世艺著.高校思想政治理论课教学过程论［M］.天津：南开大学出版社，2020.09.

[14] 吉爱明著.新时代大学生思想政治教育发展探索［M］.北京：北京工业大学出版社，2020.04.

[15] 陈莉.新时代高校思想政治教育教学改革与实践研究［M］.西安：西北大学出版社，2020.09.

[16] 王东，陈先.新时期高校思想政治教育理论与实践［M］.北京：九州出版社，2019.05.

[17] 顾永新，刘萍丽.高校思想政治理论课实践教学案例研究［M］.西安：西北工业大学出版社，2019.05.

[18] 史凤萍；边和平，刘薇.高校思想政治理论课教学课程论［M］.徐州：中国矿业大学出版社，2019.04.

[19] 陈胜国.新时代高校思想政治教育创新发展研究［M］.北京：印刷工业出版社，2019.01.

[20] 肖国香.新媒体时代高校思想政治教育十论［M］.长春：吉林文史出版社，2019.05.

[21] 李芳.高校思想政治理论课教学方法科学化研究［M］.北京：中央编译出版社，2019.03.

[22] 徐原，陆颖，韩晓欧."互联网＋"时代高校思想政治教育创新研究［M］.秦皇岛：燕山大学出版社，2019.07.

[23] 代黎明.高校思想政治教育实效性研究［M］.北京：北京理工大学出版社，2018.07.

[24] 奚冬梅，胡飒.高校思想政治教育教学与实践研究［M］.北京：光明日报出版社，2018.01.

[25] 徐茂华.高校思想政治教育的时代主题［M］.长春：东北师范大学出版社，2018.02.

[26] 岳云强.高校思想政治教育理论专题研究［M］.北京：九州出版社，2018.10.

[27] 何孟飞.新时代高校思想政治理论教学研究［M］.厦门：厦门大学出版社，2018.12.

[28] 魏榛.高校思想政治与心理教育研究［M］.西安：世界图书出版西安有限公司，2017.06.

[29] 胡飒，奚冬梅.高校思想政治教育教学与实践研究［M］.北京：光明日

报出版社，2017.12.

［30］陈虹，孟梦，李艺炜.新媒体视角下的高校思想政治教育创新研究［M］.天津：天津社会科学院出版社，2017.07.

［31］余勇编.高校思想政治理论课实践教学 实践与创新［M］.成都：电子科技大学出版社，2017.11.

［32］汤雪峰.高校思想政治教育多元化发展［M］.长春：吉林大学出版社，2016.04.